公共科技创新投入与经济增长

张宏洲 著

上海科学普及出版社

图书在版编目(CIP)数据

公共科技创新投入与经济增长/张宏洲著.—上海：
上海科学普及出版社,2015.8
ISBN 978-7-5427-6541-3

Ⅰ.①公… Ⅱ.①张… Ⅲ.①技术革新—投入产出分析—中国 Ⅳ.①F124.3

中国版本图书馆 CIP 数据核字(2015)第 191021 号

责任编辑 陈爱梅

公共科技创新投入与经济增长
张宏洲 著
上海科学普及出版社出版发行
(上海中山北路 832 号 邮政编码 200070)
http://www.pspsh.com

各地新华书店经销 上海叶大印务发展有限公司印刷
开本 787×1092 1/16 印张 15.5 字数 310 000
2015 年 8 月第 1 版 2015 年 8 月第 1 次印刷

ISBN 978-7-5427-6541-3 定价：45.00 元

 上海科技发展基金会(www.sstdf.org)的宗旨是促进科学技术的繁荣和发展,促进科学技术的普及和推广,促进科技人才的成长和提高,为推动科技进步,提高广大人民群众的科学文化水平作贡献。本书受"上海科技发展基金会"资助出版。

"上海市科协资助青年科技人才出版科技著作晨光计划"出版说明

"上海市科协资助青年科技人才出版科技著作晨光计划"(以下简称"晨光计划")由上海市科协、上海科技发展基金会联合主办,上海科学普及出版社有限责任公司协办。"晨光计划"旨在支持和鼓励上海青年科技人才著书立说,加快科学技术研究和传播,促进青年科技人才成长,切实推动建设具有全球影响力的科技创新中心。"晨光计划"专门资助上海青年科技人才出版自然科学领域的优秀首部原创性学术或科普著作,原则上每年资助10人,每人资助一种著作1 500册的出版费用(每人资助额不超过10万元)。申请人经市科协所属学会、协会、研究会,区县科协,园区科协等基层科协,高等院校、科研院所、企业等有关单位推荐,或经本人所在单位同意后直接向上海市科协提出资助申请,申请资料可在上海市科协网站(www.sast.gov.cn)"通知通告"栏下载。

序 一

宏洲同志是个有才气的青年科协工作者,在全国科普教育基地的创建过程中,在院士专家企业工作站的建设过程中,在调研走访小微科技型企业创新服务的过程中,他给我留下了深刻的印象。作为基层科协主席,他有独特想法,有创新思路,有表达能力;既有一往无前的工作干劲,又有缜密扎实的理论功底,在聚焦经济建设主战场、增强科技创新对经济社会发展的引领作用等方面,有着自己独到的思考和见解。

当前,上海进入了加快向全球科技创新中心进军的新时期。今年5月,上海市委、市政府正式发布《关于加快建设具有全球影响力的科技创新中心的意见》,提出努力把上海建设成为世界创新人才、科技要素和高新科技企业集聚度高,创新创造创意成果多,科技创新基础设施和服务体系完善的综合性开放型科技创新中心,成为全球创新网络的重要枢纽和国际性重大科学发展、原创技术和高新科技产业的重要策源地之一,跻身全球重要的创新城市行列。

上海建设科技创新中心,不仅仅是科技领域的创新,而是以制度创新为核心,全方位、系统性的创新,是"科学＋"的创新,是以科学精神、创新思维促进创新人才、科技社团、创新企业和社会大众发挥作用,将科学技术的创新成果深度融合于经济社会各领域之中。以"科学＋科技人才"为先进理念,确立择天下英才而用之的人才观;以"科学＋科技社团"为辅助动力,充分发挥科技社团在科技创新中的重要助推作用;以"科学＋科学素养"为社会基础,全面提高公民科学素养;以"科学＋企业创新"为市场驱动力,充分发挥企业科技创新主体的作用,调动各类市场主体的动力和活力。

上海科技工作者是上海科创中心建设的主要推动者。作为青浦区科协主席,宏洲同志组织支持青浦区科技工作者积极投身科技创新组织、管理和实践工作中,在基层坚定实践着"科学＋"的理念。几年来,青浦区建设了10多个院士专家企业工作站,30多个科普教育基地,同时鼓励扶持区域内

280余家企业科技创新,其中11家科技企业成为上市公司,34家科技企业在上海股权交易中心和新三板挂牌,青浦区正在逐步成为上海市产业创新的主要基地之一。

作为本书的作者,他通过对科技创新内涵、经济增长影响的理论研究,以计量分析和数学建模的方式,科学理性地记录和分析公共科技创新投入与经济增长之间的相关性,深刻揭示了科技创新的公共财政要素与科技产业市场之间互为关联、互相制约的关系,共同作用于整个社会的经济增长,并提出了建设性、可操作的具体政策建议。

衷心期待宏洲同志能够再接再厉,在理论研究中深入思考,在工作开展中大胆实践,进一步组织支持青浦区广大科技工作者,努力成为区域科技创新的中坚力量,为将上海建设成具有全球影响力的科技创新中心做出更多的贡献。

上海市科学技术协会党组书记

杨建荣

2015年6月

序　二

拿到宏洲的这部书稿,我还是感到非常欣慰的。因为,透过这部书稿,更深地看到了宏洲的勤奋好学,善于钻研,坚韧顽强和信守承诺。宏洲是从硕士论文研究阶段开始跟我做研究的,由于是从工科方向转来做经济研究,理论基础需要补的就比较多;又由于在职读书做研究,家事和公事也要兼顾,所以,无论是做论文、发文章,还是考博士,我还是蛮担心他的。但是,7年来,宏洲不断用他的勤奋和成果打消我的担心,从做硕士论文、考博士、做博士论文,一直到出版这本书。出版的由头其实也仅仅是我在他完成博士论文后轻轻提了一句而已。但是,每次在我提出时间和质量要求后,他都是诚恳地点头答应,然后消失一段时间,再在约定的时间节点上拿成果来向我汇报。我的担心和疑虑就在这个过程中一点点打消了。同时,我也在他不断克服困难的过程中看到他一次次地转型,一次次地成长。我是能够想象他的艰苦的。问他怎么做到的,他只是淡淡地说:"辛苦么,还好,挤时间就是,每天晚点睡,开车时背单词、听书,会议间隔看论文,业余时间写论文,很充实的……"

宏洲的这个研究题目,是从去年以来上海经济学界大热的研究方向,因为碰到了上海建设具有全球影响力的科技创新中心城市这个波澜壮阔的大背景。但是现在回想起来,当初选题是没有这么功利的讨巧的想法的,因为那时候既没有召开全国科技创新大会,更没有十八大以来的关于创新驱动的新提法。选这个题就是想在宏洲的经济管理工作和理论研究间找一个比较好的结合点来进行深入突破。2011年底,他刚刚担任青浦区科委主任、科协主席不久,正一门心思研究新岗位的工作内涵、外延,研究新工作的重要意义和创新的突破方向,研究怎样带领新的团队为区域经济社会创新驱动转型发展有效率地做贡献。所以,基于这些非常朴素而实在的想法,稍加点拨,宏洲当即决心调整研究方向,由研究了五年之久的现代服务业方向转过来,重新找文献,找模型,找数据……在浩如烟海的前人研究成果中找可以突破的那一点。

重新看了一遍宏洲的书稿,感觉他的整个研究还是比较严谨、完整、有深度、有突破的。他不仅详尽界定了科技创新、公共科技创新投入的概念,构建了一个公共科技创新投入促进增长的作用机制概念模型,将科技创新各种相关要素的作用关系给出一个完整的阐述,而且继承了新熊彼特主义内生增长的思想,构建了一个包括公共创新投入多变量的四研发部门内生增长模型;还以大数据理念,使用协整理论等检验了数学模型,分别计量出了我国公共科技创新投入的不同投向、不同来源以及不同方式对产出增长的不同影响,分析了具体改进方向。他的这一成果填补了国内基于内生增长视角的公共科技创新投入产出乘数具体作用研究的空白,不仅从理论角度揭示了公共科技创新投入与经济增长内在的联系机制,计量分析了我国公共科技创新投入促进产出增长的实际作用效果,而且提出了优化我国公共科技创新资金配置和管理的政策建议。所有研究紧扣当前阶段我国提出建设创新型国家和上海市建设成为具有全球影响力的科技创新中心的目标,相信对他的近期工作是提供了相当大的帮助的,同时也可以为推进我国的科技创新工作实践提供有益的参考。整个研究具有一定的创新性,研究过程基础理论运用扎实,论据数据使用充分,推导过程逻辑严密,计量分析先进可靠,研究结论完整可信,富有理论意义和实际意义。作为导师,对他的这个研究成果,我还是比较满意的。

更出乎我意料的是,作为一个非理论研究工作人员,宏洲在博士研究生毕业以后,依然保持不倦的学习热情,竟然从大专课程起步涉猎新的领域,一门一门地去考高等教育自学考试,还去考会计资格、职称,还计划考专利管理工程师、专利代理人等等。每次开会碰到,他都会谈起最近一个阶段的学习体会,谈学习成果对工作的促进,谈下一阶段的学习计划,也看到他在同门微信群中与其他同学互相激励加强学习。相信他一定会活到老学到老。当然,也更赞同他的话:持续学习使人持续成长,持续学习有助保持年轻。希望,他能够永远保持这渴望学习的年轻心态,在这个伟大的时代背景下持续成长。希望,一如本书中他的研究成果——持续的公共科技创新投入有效促进经济增长一样,以他自身对学习的投入促进他人生的持续成长!

华东师范大学商学院院长

2015年6月

前　言

　　20世纪无疑是科技创新空前大发展时代，全世界因为这一百年的科技创新而产生巨大改变。科技创新的成果已经包围、席卷了人们的工作与生活。对科技产品的赞叹与恐惧，对科技创新的推崇与反感，对创新冲击的认同与抵制，交织在一起，成为现代人普遍的心理情结。

　　现代经济增长是一个经济体中技术和产业不断创新的结果，这在发达国家和发展中国家都是一样的。差别在于，发达国家的技术和产业处于全世界的前沿，创新来自自己的发明。发展中国家则处于世界技术和产业链当中，创新可以依靠引进和模仿来实现，风险和成本远低于发达国家，这种途径如果利用得当，其经济增长的速度可以数倍于发达国家。我国自改革开放以来经济的飞速增长在相当大程度上正是依靠这种后发优势。但是，随着经济的增长，我国与发达国家的技术、产业和收入的差距不断缩小，最终也要走上和发达国家同样的创新道路。如何未雨绸缪，以迎接创新方式转变时代的到来，是实现中华民族伟大复兴之梦所必须提前思考的一个重要课题。

　　事实上，熊彼特在1912年提出创新这一经济学概念，但是直到进入21世纪后创新一词在我国方始渐热。虽然，在改革开放之初，小平同志提出"科学技术是第一生产力"，但是长期以来我国一直将投资、消费和出口作为拉动经济增长的"三驾马车"。2008年爆发全球金融危机后，我国政府逐渐意识到中华民族的真正繁荣取决于创新活动的广度和深度，取决于民众对创新过程的普遍参与，意识到把科技创新作为经济增长的内生动力才是真正的可持续发展之道，意识到大众创业、万众创新的重大意义。在这一背景下，2012年召开了全国科技创新大会，提出到2020年把我国建设成为创新型国家的目标。但在现实中,政府和企业界还没有充分认识科技创新的重要作用并深刻践行。对于政府投入大量资金支持科技创新也存在质疑的声音,特别是偶有学术腐败或者公共科技资金管理者寻租后质疑更大。这使我们不得不面对一系列问题:公共科技创新投入促进经济增长了吗?科技创新究竟作用几何?公共科技创新投入是如何发挥作用的?作用究竟有多大?如何才能更好地发挥公共科技创新资金的作用?

本书就是为了回答这些问题而展开的深入研究。

首先,本书构建一个公共科技创新投入促进经济增长的作用机制概念模型,揭示出公共科技创新资金通过降低企业科技创新成本激励企业加大科技创新投入,科技创新成果通过"创造性破坏"发生作用,再通过科技创新及产业化的规模效应、联结效应和网络效应逐级放大,最终表现为促进经济增长的乘数作用的全过程作用机理。

然后,在概念模型的基础上,构建公共科技创新投入内生增长数学模型。通过模型求解和模拟分析发现,高等院校和公共研发部门的人力资本积累和公共研发活动通过影响社会创新而间接影响经济增长;公共科技创新投入的不同方式或不同来源都对提高经济增长率有正向影响,但正效应存在区别;合理增加公共科技创新投入总量,或提高其财政支出合理占比,都有助于经济增长。

经过数学模型推导分析后,本书运用协整理论对数学模型进行检验,使用 VAR 模型、脉冲响应函数等研究我国公共科技创新投入对经济增长的实际影响。计量分析证明,我国公共科技创新投入总量和不同投向、不同级别财政来源对全社会科技创新的投入都有激励引导作用,对科技创新的产出特别是经济增长有明显乘数作用,并且表现出从局部到整体的乘数放大作用;具体的不同乘数有很大差别,说明对经济增长影响效应不同;公共科技创新资金资助公共研发部门应用研究的乘数作用最大,资助高等院校作用效果次之;地方财政科技拨款对产出增长的乘数作用和长期趋势影响不及中央财政科技拨款。计量分析还证明,研发费加计扣除折算补贴和高新技术企业减免税对经济增长的乘数作用都明显大于财政科技拨款的影响乘数;高新技术企业减免税比研发费加计扣除折算补贴的影响作用大。

从国际比较角度,本书研究了美国、日本、韩国以公共科技创新投入促进经济增长的历程及经验,分析了部分发达国家以公共科技创新投入促进经济增长的新趋势。研究发现,发达国家科技创新具有明显的阶段性特征,我国目前还处于经济起飞阶段,应尽快突破这一阶段;发达国家科技创新投入强度高,我国应不断加大公共科技创新投入水平;发达国家的科技创新投入结构普遍经历了从政府投入占主导到企业投资占主导的转换过程,我国应加快推动相应转变;当前阶段发达国家公共科技创新投入资助重点为基础研究和高等院校,我国应进一步提高资助基础研究和高等院校水平。

最后,根据概念模型研究、数学模型模拟、计量分析和国际比较研究的研究结论,以及带给我们的启示给出综合性的政策建议:优化制度设计,为提高我国公共科技创新投入水平及绩效提供保障;拓宽投入渠道,切实加大我国公共科技创新投入并以之引导提升全社会科技创新投入水平;严格公共科技创新投入资金管理,提升公共科技创新资金促进经济增长绩效水平,为公共科技创新投入更好地发挥内生影响经济增长作用提供参考。同时通过一个完整的研究过程,回答研究之初提出的一系列问题。

没有哪个国家的政府能从零开始创造一整套制度和文化,以产生自主科技创新所需要的经济活力。在很多方面,这种制度和文化是通过政府、企业家、金融家和用户们的试错以及产业的新陈代谢演化而来。然而政府在历史上会不时地积极参与制度和文化的建设,有时由于不可避免的知识和能力的不完备,造成不完美的干预结果。期望本书的研究能够为我国当前阶段建设创新型国家的伟业做出哪怕是沧海一粟的贡献。

目　　录

第一章　绪论 ··· 001
　第一节　科技创新有意义吗 ·· 001
　第二节　怎样定义科技创新及有关投入 ································ 006
　第三节　怎样研究这个问题 ·· 018

第一部分　机　　理

第二章　什么样的机制在发挥作用 ·· 025
　第一节　内生增长理论的百年启示 ······································ 025
　第二节　公共科技创新投入促进经济增长的作用机制模型 ······ 028
　第三节　公共科技创新投入以成本、品质和规模经济效应促进企业成长
　　　　 ·· 036
　第四节　公共科技创新投入以集聚、结构和范围经济效应促进行业增长
　　　　 ·· 041
　第五节　公共科技创新投入以结构、网络和乘数经济效应促进产业增长
　　　　 ·· 044

第三章　数学模型的帮助 ·· 048
　第一节　Aghion & Howitt 模型 ·· 049
　第二节　公共科技创新投入促进增长模型的构建与求解 ········· 054
　第三节　模型分析结论与启示 ··· 062

第二部分　实　　证

第四章　公共科技创新投入不同投向影响经济增长有差异吗
　　　　 ·· 069
　第一节　协整检验计量分析方法 ··· 069

第二节　公共科技创新投入不同投向影响经济增长差异的理论分析
　　　　……………………………………………………………………… 074
　　第三节　公共科技创新投入不同投向影响经济增长差异的计量分析
　　　　……………………………………………………………………… 079
　　第四节　公共科技创新投入总量影响经济增长的计量分析……… 108
　　第五节　本章计量分析结论………………………………………… 114

第五章　源于不同级别财政的公共科技创新投入影响经济增长有差
　　　　异吗……………………………………………………………… 117
　　第一节　公共科技创新投入不同来源影响经济增长差异的理论分析
　　　　……………………………………………………………………… 117
　　第二节　公共科技创新投入不同来源影响经济增长差异的计量分析
　　　　……………………………………………………………………… 123
　　第三节　本章计量分析结论………………………………………… 150

第六章　公共科技创新投入的不同方式影响经济增长有差异吗
　　　　……………………………………………………………………… 154
　　第一节　公共科技创新投入不同方式影响经济增长差异的理论分析
　　　　……………………………………………………………………… 155
　　第二节　公共科技创新投入不同方式影响经济增长差异的计量分析
　　　　……………………………………………………………………… 160
　　第三节　本章计量分析结论………………………………………… 178

第三部分　比　　较

第七章　部分发达国家以公共科技创新投入促进经济增长的启示
　　　　……………………………………………………………………… 183
　　第一节　美国以公共科技创新投入促进经济增长的历程及经验…… 183
　　第二节　日本以公共科技创新投入促进经济增长的历程及经验…… 189
　　第三节　韩国以公共科技创新投入促进经济增长的历程及经验…… 194
　　第四节　发达国家以公共科技创新投入促进经济增长的新趋势…… 199
　　第五节　本章比较研究结论………………………………………… 200

第四部分　结　　论

第八章　研究结论与改进建议 ……………………………… 205
　第一节　研究结论 ……………………………………………… 205
　第二节　改进公共科技创新投入管理政策的建议 …………… 207

附录：第三章命题的证明 …………………………………… 218
参考文献 ……………………………………………………… 226
后记 …………………………………………………………… 231

第一章 绪 论

第一节 科技创新有意义吗

改革开放以来,我国取得了连续超过30年的高速增长。2013年,国内生产总值达到568 845亿元,是1978年的3 645亿元的156倍,取得了举世瞩目的成就,被世界誉为"中国奇迹"。与此同时,我国的出口贸易和产业结构调整也取得了巨大成就:2013年,出口贸易额达到22 096亿美元,是1978年的98亿美元的225倍,出口贸易额在世界排位由1978年的第27位跃升到2012年的第1位。

改革开放以来,出口贸易逐步成为拉动我国经济增长的"三驾马车"之一,对我国的经济增长发挥着举足轻重的促进作用。同时,出口贸易增长伴随发生的产业结构优化升级也对我国经济增长发挥着积极作用,成为我国经济增长和转变经济增长方式的重要途径。加入世界贸易组织后,我国的改革开放继续深入,经济市场化、国际化乃至全球化进程得到进一步推进。目前,中国已经拥有全球最好的供应链基地,比如全球手机60%~70%都产自中国。经过三十几年的技术沉淀和创新,在某些领域的商品制造已经是全球最佳。中国的出口贸易已经与全球经济和各国人民生活紧密相连。近几年,世界经济更加呈现出经济全球化、区域经济一体化的发展趋势,大量实践证明,科技创新已经成为我国出口贸易和产业结构优化升级的根本保障。

百多年来的现代世界史证明,科技创新是经济社会发展的主要驱动力。洪银兴(2013)研究指出,每个历史阶段要谋求经济快速发展都需要寻求根本驱动力,农村工业化和城市化是我国改革开放初期阶段经济发展的主要驱动力,引进和利用外资是发展开放型经济阶段的主要驱动力,科技创新则将成为当前创新驱动发展阶段新的驱动力①。特别是自2008年金融危机冲击以来,世界经济低迷持续数年之久,能源问题、粮食安全、人口与健康、气候变化等全球性问题反复突出涌现,整体经济至今尚未取得周期性恢复。在这一背景下,新的技术革命开始孕育,科技创新与产业变革的深度融合开始深刻改变经济社会的发展形态,这不仅成为当代世界最为鲜明的特征之一,也将为从深层次上解决国际金融危机的负面影响,改善当期经济结构和未来实现可持续增长创造重大机遇。2012年7月,我国召开全国科技创新大会,提出到2020年把我国建设成为创新型国家的要求,对实施创新驱动发展战略,加快推进科技改革发展作出全面部署。党的十八大报告明确提出:"科技创新是提高社会生产力和综合国力的战略支撑,必须摆在国家发展全局的核心位置。"因此,在当前阶段,研究科技创新促进经济增长的作用机制,分析现阶段我国科技创新方面存在的问题,进而探索提升科技创新能力的路径,从而逐步强化企业的科技创新主体地位,加强政产学研用协同创新,建立良好的科技创新生态,具有重要的理论意义和现实意义。

首先,科技创新是现阶段促进我国经济发展的至关重要的途径。经济学界达成的共识是,现代经济于19世纪中叶在西方国家普遍兴起,通过鼓励创造力、实验和创新改变了人们的生活体验,也因此在世界历史上形成重要的分水岭。技术流轨理论指出,即使在资本充分自由流动的情形下,技术跨国界的流动也是不充分的,因此在学习曲线很陡、供给基础设施和核心技术很难或很昂贵的产业中,政府干预自主创新活动具有合理性。实践中,美国在《有助于美国经济增长的技术:增强经济实力的新方向》报告中明确指出:"联邦政府在技术开发方面的传统角色仅仅是支持基础研究和国防部、NASA和其他机构从事的使命性研究。这一战略对于上一代人来说是适当的,但是对于今天我们所面临的深远挑战来说就不合适了。我们不能依赖于国防技术在私营部门的偶然应用。我们必须直面这些新挑战并将我们的精力集中于我们所面临的这些新机会之上,承认政府可以发挥关键作用以帮助企业利用创新并从中获利。"同时,《技术与国家利益》报告中也"承认政府在提高私人部门的能力方面发挥着极其重要的作用"。而且,还明确提出了联邦政府所应追求的5个自主创新的政策目标:第一,创造一个推动私人部门创

---

① 洪银兴.关于创新驱动和协同创新的若干重要概念[J].经济理论与经济管理,2013,(5):4—12.

新和竞争的商业环境;第二,鼓励技术开发、商业化和应用;第三,投资建设世界一流的基础设施以支持美国工业并促进商业的发展;第四,推进军用和民用工业基础设施的一体化;第五,确保美国拥有一支世界一流的、能够参与迅速变化的以知识为基础的经济的劳动大军[①]。此外,日本也提出:"作为今后技术开发政策的基本方向,那些规模大、周期长、风险高的技术开发,国家必须发挥火车头的作用,亲自领导实施开发。国家还要支援民间实施的产业技术革新,系统地整顿扩充振兴产业技术的基础。为使技术为人类社会顺利地接收,还必须切实实行产业技术管理"[②]。

熊彼特在100多年前就提出了创新这一经济学概念,遗憾的是,在他提出创新概念的前七十年间,在中国只有学界对他和创新一词有所了解。虽然,在改革开放之初,邓小平同志提出了"科学技术是第一生产力",1996年江泽民同志说"创新是一个民族进步的灵魂",但是长期以来中国号称投资、消费和出口为推动经济增长的"三驾马车",事实上,中国的经济增长主要还是依靠要素驱动和投资驱动为主。政府部门和企业界都没有充分认识到科技创新对于企业发展和经济增长极端重要的作用,也没有理清科技创新与企业发展、增加就业、拉动内需、刺激投资、外贸增长、经济发展之间的逻辑关系。近年来,我们在全世界范围内观察到,政府、产业界和金融界流行急功近利的观念,减少了创新的供给——创新所需要的创新精神、风险资本和敢于冒险的终端客户的萎缩。当追求财富与追求创新之间存在冲突时,很多国家或者个人会选择离开创新之路。特别是在投资人和经理人对挣快钱的兴趣提高后,金融业通过增加资金杠杆在其熟悉的领域投入巨额赌注,并进入没有太多经验的领域,使得实业部门的扩张和投资受到挤压。由于可观的金钱回报,越来越多有天赋的年轻人选择投身金融业,而非产业部门。同时,大量资本也从产业部门转移到金融行业,使产业投资和创新行为受到影响。这一现象在2008年全球金融危机殃及中国经济,4万亿元新增投资砸向"铁公基[③]"后引发难以控制的物价上涨印证深刻,而中国经济同时陷入人口红利衰减和自然资源、环境资源困境的多重约束,有关部门方意识到

---

① [美]国家科学技术委员会.技术与国家利益[M].北京:科学技术文献出版社,1999.
② [日]日本通产省政策史编撰委员会.日本通商产业政策史(第14卷)[M].北京:中国青年出版社,1996.
③ 指铁路、公路和基本建设投资项目。

把科技创新作为经济发展的内生动力才是可持续发展之道。近年来,少数学者就此展开研究,陈璋、黄彪(2013)研究发现,中国经济的不平衡增长方式是在国际产业转移和国内技术引进背景下形成的,要保持高速经济增长就必须采取不平衡增长方式;随着中国经济发展和国际环境的变化,旧的不平衡增长方式将难以维系,只有自主创新替代技术引进才能从根本上解决中国经济结构问题[①]。但是,由于这种研究很不充分,所以当前仍然存在两种现实情况,一是各级政府都将"创新驱动转型发展"挂在嘴上,却很少有人说得清楚怎么创新怎么转型;一是都说科技创新很重要,但政府和企业都不愿加大科技创新投入。因此,通过理论和实证研究证明科技创新对我国现阶段转型和未来的可持续发展具有重要意义非常必要。

其次,增加科技创新投入有利于促进经济增长。科技创新投入是科学技术研究的人力和物力资源的根本保障,是推动科学技术前进的基本动力,也是衡量一个国家或地区科技水平的重要指标之一。埃蒙德·费尔普斯(2013)指出,在一个规模足够大的经济体中,新的商业创意每天都在产生,这些创意的开发通常需要企业有足够的专业能力,但未必都能找到资金支持,资本只会流向那些企业家和投资者认为有良好市场前景的项目,能够最终成功的创意可能是万里挑一[②]。麦肯锡公司开展的一项研究发现,大约每10 000个商业创意会产生1 000家企业,其中100家会得到风险资本,20家可以上市,2家最终会成为市场领先者。这一观察已经在现代经济体中得到广泛认同。尤其是当前阶段,世界范围内的新一轮科技革命和产业变革正在蓬勃兴起,全球化与信息化融合、交织在一起,国际金融危机波及全球,影响深刻,发展过程中的结构转换问题已经成为全球面临的共同问题。在此背景下,大范围的科技创新和产业变革深度融合,世界各国特别是各主要发达国家纷纷围绕科技创新加大投入,不断加强竞争与合作,试图以革命性的科技创新成果应用来突破当前的经济社会运行难关。2012年召开的全国科技创新大会提出了到2020年把我国建设成为创新型国家的宏伟目标,这对我国各级政府、广大企业都提出了很高的要求,需要政府和企业全

---

① 陈璋,黄彪."引进式技术进步方式"下的中国经济增长与不平衡结构特征[J].经济理论与经济管理,2013,(3):4-15.
② [美]埃蒙德·费尔普斯.大繁荣——大众创新如何带来国家繁荣.余江译[M].北京:中信出版社,2013.

面动员起来加大各种科技创新资源的投入,不断提高科技创新效率,并努力在科技创新的过程中实现经济的可持续增长,经济增长方式也要逐步转变为创新驱动,以更好地发挥拉动经济增长的功能。

第三,增加公共科技创新投入有利于引导全社会增加科技创新投入进而更好地促进经济增长。近年来,看过许多的正面负面案例,我们意识到,没有明智的政府的正面刺激,没有哪个国家能够实现经济的持续增长。在早期和成熟的长期创新经济的崛起过程中,各种经济制度的创造和演变是不可或缺的部分,在某些情况下,这些因素被称为"框架条件",经济制度的某些部分对于保护和促进创新活动及其成果是必不可少的。政府设定适当的社会制度并以一定的公共科技创新投入来奖励那些从事创新工作的人,根据他们的远见、洞察力和判断力的贡献(也就是取得的创新成果,而非单纯的投入时间的多少)论功行赏尤其关键。在理论研究中,无论是秉承熊彼特创新观点的技术创新理论,还是将技术内生化的内生增长理论,都将政府的公共科技创新活动当作矫正研发活动市场失灵的手段而已,研究重点集中于讨论其解决研发市场失灵的有效性上,较少涉及政府公共科技创新投入对经济增长直接作用的机制。斯蒂格利茨(1990)研究发现,标准的市场经济理论排斥政府的积极作用,但现实中要引入创新却需要政府主动介入,积极引导,在引导创新的过程中,政府的作用比市场更为有效[①]。何况,我国当前仍处于社会主义初级阶段,市场经济尚未发展成熟,既存在"市场缺失"现象,又处于"赶超阶段",借鉴发达国家的经验,对于正处于转型过程中的大国中国而言,未来相当长的一段时间内,政府都应该在创新发展过程中扮演重要的多重角色。因此,在强调"使市场在资源配置中起决定性作用的同时",根据我国的发展现状和历史传承,政府除了作为科研活动的主要资助者的角色以外,更应在推进自主创新方面发挥更为重要的作用。可喜的是,我们已经意识到我国正处于一个重要战略机遇期,建设创新型国家已成为国家战略之一。虽然目前我国已经初步建立起企业、政府多元化的科技创新投入格局,但由于种种原因,公共科技创新投入仍扮演重要角色,企业对科技创新的投入明显不足。同时,公共科技创新资金的绩效仍有待提升。因此,从理论角度揭示公共科技创新投入

---

① [美]斯蒂格利茨.社会主义向何处去:经济体制转型的理论和证据.周立群等译[M].长春:吉林人民出版社,1998.

与科技企业成长和经济增长内在的联系机制,有效发挥公共科技创新投入在促进经济增长中的积极作用,提高我国的自主创新能力,在当前紧迫而富有现实意义。

第二节 怎样定义科技创新及有关投入

一、科技创新

近年来,理论界存在一个有趣的现象,在技术先进的发达国家,研究科技创新概念的学者反而比较少。理论界提得比较多的概念是"创新"或者"技术创新""技术进步"。显然,"技术进步"是"技术创新"的成果。只有为数不多的学者如 Aghion 等坚持将"科学"、"技术"、"创新"作为一个整体概念。Aghion 等人(2009)研究发现,在盎格鲁-撒克逊主流文献中,"科学、技术和创新"并未被独立地视为单独的议题,而是被当作"科学、科技和创新经济学"领域里的分支专业,仅仅放在动态的一般均衡情境下加以讨论。同时,在《经济文献杂志》广泛使用的分类法中,找不到有此类下属"子领域"的"领域"。对于科学社会学的学生而言,这一遗漏是非常有趣而且值得研究的异常现象。或许可以通过审视另一个相关的谜题得出一种解释:美国顶尖高等院校的经济学学位课程中,以及仿照其设立的其他学校的课程中,虽然其中某些专业将"科学及技术经济学"列入学位课程,但并未将其视为博士研究生的专业方向[①],所以科技创新不容易被选择为最热门的研究方向。Aghion 等人(2009)还指出,一方面,人们越来越意识到技术变迁和创新,以及科学与进步之间密切的多重联系,另一方面,社会经济配套制度在既定情境下运行,因而越来越有必要对"科学、技术、创新和增长系统"加以定义,使之成为今后政策导向研究的课题。关于科技创新的新的概念框架,包括更能接受革命性的复杂系统动态分析的概念框架可能也会就此出现。

---

① Aghion, P. David A. Foray, D. Sciencr Technology and Innovation for Economic Growth: Linking Policy Research and Practice in 'STIG Systems'[J]. Research Policy, 2009,(38): 681-693.

在中国，直到2012年召开全国科技创新大会后"科技创新"才成为一个热名词。过去很多年中，经济学界将"创新"或者"研发"作为研究主体的占据主流，尤其是以研发作为主要研究对象的研究文献数量要远远大于研究科技创新的。在中国，将"科学（Science）"、"技术（Technic）"、与"创新（Innovation）"组合成一个词"科技创新（STI）"来研究和讨论是近些年的事。现在，人们越来越发现"科学"、"技术"与"创新"分别具有不同的含义又有内在的逻辑联系，甚至很多时候是连续的过程。"科学"较多意味着发现一个客观自然规律，"技术"更多和发明与改进产生关联，发明通常指首次提出一种新产品或新工艺的想法，而创新则是首次尝试将这个想法付诸实施。比如说，德国的实验室发明了MP3，但是是美国的技术公司（尤其是著名的苹果公司）的规模化生产能力才将其潜在价值释放出来。所以，把发明也就是最基础的创新，用第二甚至第三级创新对其进行成功的优化推广才构成完整的科技创新过程。有时候，科学发现、技术发明和创新是紧密联系的，难以严格区分，比如在生命科学领域。但在很多情况下，科学发现、技术发明和创新是可以清楚界定的，而且不同进程间存在明显的时间差。Rogers(1995)曾研究发现，从科学发现到技术发明再到应用创新之间存在几十年甚至更长的时间差都是普遍现象[1]。这种时间差也说明，提出想法与实施想法的要求是不同的。实践证明，科学发现与技术发明可能发生在任何地方（比如大学和科研机构里），但是应用创新虽然也可能发生在其他组织（比如医院里），但是主要还是发生在企业里。为了把科学发现与技术发明转化成创新，企业通常需要将各种知识、能力、技能和资源组合起来。

熊彼特1934年就指出，创新在经济和社会变迁中起着重要作用，经济发展是一个同时包含量变和质变的过程，经济发展在其经历的某一个历史时期会被创新推动而产生质变[2]。熊彼特把创新划分为五个不同的类型：新产品、新的生产工艺、新的供应源、开辟新市场、新的企业组织方式。然而，在经济学的研究中，研究者大多只关注前两种类型的创新。也有学者基于新技术相对于已有技术的差异程度将创新进一步划分为两类，即根本性

---

[1] Rogeers, S. E. Diffision of Innovation[M]. New York: The Free Press, 1995.
[2] [美]约瑟夫·熊彼特. 经济发展理论[M]. 北京：商务印书馆, 1990.

创新和持续改进型创新①。Solow(1951)首次提出了构成技术创新的两个条件,即新的思想出现和以后该新思想在应用实施阶段的进一步发展②。这个技术创新的"两步论"后来被广泛应用于对技术创新进行概念界定。Solow之后,技术创新的研究在经济学、管理学、社会学和哲学等各个领域都逐步发展起来。Enos(1962)首次明确了技术创新的概念,他基于组织行为集合的角度,将技术创新定义为:选择发明方向、投入必要的资本,也包括建立管理和执行机构、制定详细的实施计划、招聘技术人员和工人生产新产品以及为新产品开拓市场等多种行为或事件综合起来共同作用的结果③。Mansfield(1968)提出,企业对产品进行创新的真正起点是从企业发动构思新产品的念头开始,以新产品生产出来向市场上推广销售并最终交付使用为行为终点的探索性行为,是一项发明的首次商业化应用,是发明的后续阶段④。Utterback(1974)提出,与一项发明本身或者一个具体的技术样品不同的是,创新就是技术的实际采用或首次应用⑤。Freeman(1973)提出,技术创新是一个过程,这一过程导致新产品的市场实现或者新技术工艺与装备的商业化应用。9年之后,Freeman(1982)进一步明确指出,技术创新就是指新产品、新过程、新系统和新服务的首次商业化转化⑥。Mueser(1985)收集了300多篇文献用以研究技术创新的概念界定,他发现,约有超过3/4的文献接近这一表述:当一种新的思想以及一种不一定连续的技术行为或者活动,经过一个阶段的探索和尝试,逐步发展到实际向市场推广和技术成功进行应用的阶段后,就是技术创新的行为或过程⑦。因此,他提出,"技术创新是一种有现实意义的不连续行为或事件,具备构思的新颖性

---

① Freeman, C. Soete, L. The Economics of Industrial Innovation, 3rd edn [M]. London: Printer, 1997.

② Solow, R. Innovation in the capitalist process: a critique of the Schumpeterian theory[J]. The Quarterly Journal of Economics, 1951,65(3): 44-72.

③ Enos, J. L. Petroleum Progress and Profits. [M]. MIT Press, 1962.

④ Mansfield, E. Industrial Research and Innovation [J]. Quarterly Journal of Econometric Analysis, 1968: 112-133.

⑤ Utterback, J M. Innovation in industry and the diffusion of technology[J]. Science, 1974 (183).

⑥ Freeman, C. The economics of industrial innovation Sec ed. [M]. London: 1982.

⑦ R. Mueser. Identifying Technical Innovations. IEEE Transactions on Engineering Management. 1985,32(4): 159-160.

和可以成功实现价值等两个鲜明特征①"。

柳卸林(1993)认为,技术创新是这样一种活动,是与新产品的研发和制造、新的生产工艺或制造流程以及新的生产制造设备进行的首次商业化应用事件等几种行为有关的所有技术的、设计的、制造及商业的各种类别的活动。具体可分为三种活动,一是产品创新,二是过程创新,三是扩散②。傅家骥(1998)指出:"技术创新是企业家抓住市场的潜在盈利机会,以获取商业利益为目标,重新组织生产条件和要素,建立起效能更强、效率更高和费用更低的生产经营系统,从而推出新的产品、新的生产(工艺)方法、开辟新的市场、获得新的原材料或半成品供给来源或建立企业的新的组织,它是包括科技、组织、商业和金融等一系列活动的综合过程③。"张培刚(1998)认为,技术创新是以新技术替代旧技术,并应用于生产的过程,是一个无限循环往复并且在循环中逐步提高的过程④。赵玉林(2006)认为,技术创新是一种行为过程,也是多元变革的过程,企业家在这一过程中敏感地发现一项新技术在应用后引发的可能赢利机会,组织必要的生产条件,投入必要的生产要素,将新技术首次实际引入产品生产制造系统,进而获得新的原材料来源、应用新的工艺、制造出新的产品、开辟出新的销售市场等等,包括这一过程中引发的金融方面的变革、组织行为方面的变革和制度方面的变革等多元变革⑤。董景荣(2009)认为,所谓技术创新,就是以企业为组织和行为的主体,以市场实际需求为发展导向,以最终提高企业的经济效益、增强企业的核心竞争力、培育新的增长点为行为目标,以创造性的产品和技术构思以及在市场上成功实现价值等为基本行为特征的具有多层次性行为特点的综合技术活动与经济活动的一个完整过程,由包括产生新产品或新技术的设想、研发活动、应用性试验、商业化生产、开拓新市场、终端销售与技术扩散等等一系列环节构成⑥。陈国政(2013)认为,科技创新是原创性的科学研究和技术创新及成果应用的活动总称,指的是创造和应用新知识和新技术、

---

① 唐晓燕.中国高新技术产业市场结构与技术创新[D].吉林大学博士论文,2011:29-40.
② 柳卸林.技术创新经济学[M].北京:中国经济出版社,1993:1-3.
③ 傅家骥.技术创新学[M].北京:清华大学出版社,1998:13.
④ 金履忠,张培刚.谈技术创新[R].科技部中国技术促进发展研究中心《调查报告》,1998(19):44-49.
⑤ 赵玉林.创新经济学[M].北京:中国经济出版社,2006:14-16.
⑥ 董景荣.技术创新扩散的理论、方法与实践[M].北京:科学出版社,2009:27-29.

新工艺,采用新的生产方式和新的经营管理模式,开发出新产品,提高产品的质量,提供新服务的过程。科技创新可以分为三种不同类型,一是知识创新,二是技术创新,三是管理创新[1]。洪银兴(2013)研究发现,过去常用的概念是技术创新,现在开始逐步突出科技创新概念,概念上虽然只是一字之差,内涵上却反映出创新源头的改变,也就是创新成果开始由依靠生产过程中经验的积累、技术的改进、企业内部的新技术研发更多转向依靠科学发现产生的原始创新的创新成果[2]。

研究还发现,虽然在当代资本主义国家中,有组织的研发活动是科技创新一个重要的源泉,但是科技创新的源泉不只此一个。研发是科技创新成功的必要条件,但不是充分条件,研发活动只有在合适的政策推动下成功产业化,才会形成市场价值,即完成科技创新过程。一个组织如果仅仅关注研发,会导致忽视或者忽略以其他源泉(比如高级技术工人的"干中学")为基础的科技创新活动。基于此,Pavitt(1984)将经济系统中为其他部门提供技术服务的部门分为两个在科技创新方式上迥然不同的高科技部门,其中一个,他称之为"基于科学"的部门,该部门开展大量有组织的研发活动并与科学有紧密联系;另外一个,他称之为"专业供应者"——该部门以工程能力为基础,并且与用户有频繁的互动。他研究发现,导致各个产业(部门)创新成功的因素存在很大差异,如果技术或者创新政策仅关注一种因素(比如对研发的资助)就会出现创新不成功的问题[3]。此外,还有研究发现,科技创新在所有的经济部门中都是普遍存在的,并不是仅仅局限于高科技活动中,在许多平常所谓的低技术活动中也会包含高比例的企业科技创新活动,企业也经常从新产品或者改进产品中获得很高的销售额[4]。还有一个比较普遍的现象,在所有国家和部门中,创新的投入和产出呈现出高度不均衡的分

---

[1] 陈国政.上海科技创新环境面临的问题与对策建议[J].上海经济研究,2013,(2):52-59.

[2] 洪银兴.关于创新驱动和协同创新的若干重要概念[J].经济理论与经济管理,2013,(5):4-12.

[3] Pavitt, K. Patterns of Technical Change: Towards a Taxonomy and a Theory[J]. Research Policy, 1984,(13): 343-374.

[4] SPRU. Innovation Outputs in European Industry(CIS)[R]. Report to the European Innovation Monitoring System, 1996.

布——以 CIS① 衡量,很小比例的企业占据了高比例的创新产出②。

综合以上 16 位国内外学者的研究和对"创新""技术创新""科技创新"的定义,笔者认为,当前阶段广泛所指的"科技创新"是一个"经济"过程,绝非单纯的"技术"概念,科技创新的实质就是以最合适的技术取得最多的经济效益。"科技创新"的含义可以概括关于"科学""技术"以及"创新"的所有相关过程,包括所有原创性的科学研究、技术开发以及成果应用的活动。如果对科技创新再进行分类,可以根据这三种活动特性分为三种不同类型,一是科学研究活动促成的知识创新;二是应用科学发现进行具体流程和产品开发的技术创新;三是应用知识创新和技术创新成果的经济、社会和企业管理创新,管理创新包括当前热门的商业业态创新和商业模式创新等。

二、科技创新投入

内生经济增长理论指出,在经济体系运行过程中,科技创新往往表现为一个连续的过程,包括科研人员的科学发现、工程技术人员的技术发明、企业对发明成果的引进、传播、产业化等一系列活动。在这一系列活动和过程中,科技创新对经济增长的影响和促进形式主要有四种,分别是知识外溢、人力资本积累、研发活动和国际技术扩散,它们分别通过不同的方式和机理发生作用③。

影响和促进形式一:知识外溢。知识外溢是由 Romer(1986)在知识溢出模型中最早提出的概念,指的是经济体系内的一个厂商或个体创造出的知识免费或低成本地为经济体系内部其他厂商或者个体分享,从而使得经济系统内的知识得以循环积累④。Uzawa(1965)改造了 Solow-Swan 模型,他将教育部门引入模型,证明教育部门在经济体系中发挥生产知识的作用,

---

① CIS(Corporate Identity System)即组织识别系统,是组织、企业将其理念、行为、视觉形象及一切可感受形象实行的统一化、标准化与规范化的科学管理体系.

② European Commission. Statistics on Innovation in Europe(eue ks - 32 - 00 - 894 - EN - 1)[M]. Luxemboueg, 2001.

③ 张宏洲,冯学钢.基于内生增长视角的提升我国科技创新能力对策研究[J].现代管理科学, 2013,(4):26 - 29.

④ Romer, P. M. Increasing Returns and Long-Run Growth[J]. Journal of Political Economy, 1986, Vol. 94,(5):1002 - 1037.

并通过知识的积累和外溢促进经济高效率增长①。具体机制是通过确立一个专门将投资用于生产知识和从事技术创新工作的研发部门,把专门的技术投资作用于知识存量,通过研究部门的有效劳动生产出新的知识,再把新的知识以零边际成本供给其他使用者免费或低成本使用,这样就能够提高整个经济系统的生产效率②。简单地说,知识外溢使得生产部门的生产者在生产物质产品的同时还可以学习并积累与生产相关的经验及知识,使得生产者生产经验的增长速度远远高于资本积累的增长速度,从而在微观上提高厂商的生产效率,宏观上促进经济增长。此外,知识溢出还具有正外部性,也就是说,任何一个厂商个别的知识增长还可以使整个社会受益。这种正外部性效应使社会边际成本大幅度降低,于是全社会的总收益超过所有单个企业的内部利益之和,这时生产呈现出规模递增收益的特点,经济在知识的推动下实现持续增长。

影响和促进形式二:人力资本积累。开创性地将人力资本积累作为促进经济增长的主要因素讨论的两位学者是 Uzawa(1965)和 Lucas(1988)。现在普遍认为,人力资本积累对经济的影响主要是通过内在和外在两种效应。内在效应指的是在微观层面上劳动者个人通过人力资本积累有效提高个体自身的劳动生产率;外在效应指的是宏观层面上劳动者总体的平均人力资本积累水平的提高会带动所有劳动者的劳动生产率水平提高,于是资本收益以及其他生产要素的收益一并得到递增。内在效应和外在效应的分析是基于理论研究的方便,在现实经济运行中,两种效应是综合发生作用的,产出增加、贸易和经济增长是综合作用的结果。经济学界深刻认识到,几千年来,人类持续对自身投资,积累的存量是非常巨大的。人力资本是知识创造和技术推广过程中的最主要变量,是可以用来衡量经济运行水平的主要标准之一。现代经济社会和科技创新,不断对劳动者的质量提出更高的要求,其质量要求是简单增加劳动力数量不能满足的③。这进一步说明人力资源的质量和对人力资本持续投资对于经济效率提高的重要性。一国的直接人力资本或者劳动者的水平越高,人力资本能够发挥的促进生产发

---

① Uzawa, H. Optimum Technical Change in an Aggregative Model of Economic Growth[J]. Internal Economic Research, 1965.
② 孟夏. 经济增长的内生技术分析[M]. 天津人民出版社, 2001.
③ 顾新一. 技术创新与劳动生产率[J]. 科学学研究, 1997, (4): 40-43.

展和经济增长的作用就越大;如果其他条件相同,一个劳动者整体质量水平高的国家将会比另外一个劳动者数量较多但相对质量水平低的国家具有更快的增长速度和更高的经济效率[①]。换句话说,如果没有高素质的劳动者的发明和创造,就不会有科技创新活动和技术进步的结果,一个国家或是一个经济系统的生产效率的持续提高和经济的持续增长就会失去动力。

影响和促进形式三:研发活动。经济合作与发展组织(OECD)将研发活动定义为:在一个系统的基础上的创造性工作,目的在于丰富有关人类、文化和社会的知识库,并利用这一知识进行新的发明。根据实施主体的不同,研发活动可以分为由政府部门提供直接支持的公共研发活动和私人部门提供资源并组织实施的研发活动两类。政府资助的研发活动比较多的是在大学或公共研究机构,研发的成果一般是具有基础意义的或者是具有一定的普遍实用性,往往具有公共产品的性质,研发需要的周期比较长、风险比较大,私人部门大多不愿意从事或者没有能力从事。私人部门的研发一般是企业为了自身跟上行业技术的发展、谋求实现企业利润最大化,在企业系统内部设置的研发机构专门从事的新技术、新产品的开发工作。还有一种目前比较公认的分类是基于研发活动的目标方向不同而分成基础研究、应用研究和试验发展三类研发活动。基础研究侧重于探索自然规律,目标是发展新知识和新技术的理论基础;应用研究则是运用基础研究类研发活动的成果进一步深入开展研究,目标是达到改变现实经济中某种现状的实用目的;试验发展则是利用前面两种研发活动的研究成果,进一步达到某些更加具体的技术突破或者发展新产品的研究。研发厂商或者生产厂商的研发部门对研发活动进行专门投资,通过这三种研发活动得到各种新的设计、发明、工艺或者新的产品,并在研发过程中促成产生新的资本品,或者升级原有的资本品,进而提高生产效率,从而完成知识和技术因素推动经济增长的过程[②]。

影响和促进形式四:国际技术扩散。封闭经济体系中表现为内生促进力量的知识外溢和技术模仿在出口贸易过程中放大到开放经济体系后,表现为国家间或者不同经济系统间彼此的技术引进活动。几乎所有通过技术

---

① 王永生.技术进步及其组织[M].中国发展出版社,2001.
② 王稳.科技进步对经济效率增长的作用机制分析[J].中国软科学,2003,(2):95-102.

引进获得对自己有用的知识的国家或经济系统都会提高自身的经济效率并在一定时期内推动整体经济发展。当然,技术引进对于后进国家来说,意义远远大于技术先进国家,是后进国家有希望逐步缩小与技术先进或经济发达国家在科学技术方面和经济效率方面现实差距的具有重大意义的机制和路径,有利于后进国家利用经济上的比较优势积累自身经济和技术资本,进而发挥后发优势,努力实施技术追赶。技术引进的方式主要有三种,分别是技术、服务或产品的贸易方式,合作经营、生产或研发的合作方式,以及学术交流、反向工程等其他方式。

所以,基于内生增长的视角,通过对知识外溢、人力资本积累、研发活动和国际技术扩散四个作用途径的分析可知,每种途径和方式都是非常复杂的,都需要足够的资源来启动、指引和维持,所有直接与上述四种途径与方式直接相关的投入都可以作为科技创新投入。研发活动是科技创新一个重要的源泉,但是科技创新的源泉不只此一个。正如 Pavitt(1984)将经济系统中为其他部门提供技术服务的部门分为两个在科技创新方式上迥然不同的高科技部门后研究发现的,导致各个产业(部门)创新成功的因素存在很大差异,如果技术或者创新政策仅关注一种因素(比如对研发的资助)就会出现问题[①]。研发是科技创新成功的必要条件,而非充分条件,研发活动只有在合适的政策推动下,才会形成市场价值,即完成科技创新过程。事实上,当今科技创新工作的内容已经拓展到非研发创新活动以及创新创业环境建设方面。又比如,高等院校的许多教育和研究活动就跟知识外溢和人力资本积累高度相关,那么与之相关联的投资就可以计入科技创新投入。同样,发生在高等院校、政府部门或公共研发机构的许多学术交流活动,以及企业内大量发生的国外设备采购等国际技术扩散范畴的投入毫无疑问也应该算作科技创新投入。

另外,换种思路分析,由前面对科技创新的概念界定研究可知,由于科技创新可以分为三种不同类型,一是知识创新,二是技术创新,三是管理创新,所以,花费在这三种创新工作上的费用都可以计入科技创新投入的范畴。这也同样突破了过去仅仅强调的研发投入的概念,因为研发投入不能

---

① Pavitt, K. Patterns of Technical Change: Towards a Taxonomy and a Theory[J]. Research Policy, 1984,(13): 343 - 374.

涵盖公共研发部门和企业之外的从事科技创新工作的投资,也不能涵盖用于改造管理流程尤其是信息化的投资,不能涵盖现代经济中非常重要的商业模式创新和管理创新的内容,由于这类创新与新的科学技术紧密相连并且深深内嵌于经济活动中,所以完全剥离掉是不客观的。当然,研发投入也不能完全涵盖大量在高等院校发生的知识创新费用。Evangelista(1999)研究指出,研发投入绝不是唯一最重要的科技创新投入,在任何国家的任何部门中,与新产品引进有关的资本设备的投资都是科技创新费用的重要组成部分,需要注重体现于其中的知识因素[①]。

综合以上研究,笔者认为,科技创新投入应包含在知识创新、技术创新、管理创新等三个方面的全部投入。科技创新投入的投入方向是与知识外溢、人力资本积累、研发活动和国际技术扩散四个作用途径相关的所有过程和工作内容。科技创新投入的来源范围既包括企业自筹资金,也包括政府的直接财政科技拨款以及以税收优惠的税式支出方式给予企业的间接补贴,当然也有些源于金融机构。科技创新资金的使用对象包括高等院校、公共研发机构、科技企业等等。

显然,由于科技创新过程中的任何一个子过程都不是一朝一夕能完成的,需要一定时间,那么支撑它的资源都必须一直保留,直到它结束,所以,科技创新是一个复杂、漫长、昂贵的过程。而且,科技创新的结果还是不确定的,科技创新的投资回报是不能一一保证的,虽然总体上看回报是明显的。所以,任何一个国家和地区都应该以战略视角重视并持续加强科技创新投入。

三、公共科技创新投入

由前述对科技创新投入的分析可知,一国或地区科技创新投入的范围是相当广泛的,不仅仅包括对研发的投入,也包括与科技创新有比较直接的关联的人力资本积累和国际技术扩散方面的投资,是一个广义的范畴。过去的大量统计和研究工作都把政府对高等院校的投资排除在科技创新投入范畴之外,笔者研究发现这是有失偏颇的。虽然基础教育和普通职业教育对于人力资本积累非常重要,但是对于青少年学生的基础教育和一般的职

---

① Evangelista R. Knowledge and Investmant[M]. Cheltenhan: Edward Elgar, 1999.

业教育的投资对于科技创新来说发生的是比较间接的作用,这部分投入当然可以不计算在内,但是对大学的投资则不能排除在公共科技创新投入之外。三螺旋理论研究表明,现在经济体系中的大学作为知识创造主体和知识扩散的重要承担者,在培养高素质创新人才、加强知识扩散和从事基础研究等方面发挥着至关重要的作用。一方面,大学由于拥有高流动率的学生资源,保证了新思想和创新活动不竭的源泉;另一方面,大学也是新的交叉学科和产业领域的潜在温床,而两者彼此互利、相互加强[1]。因此,大学在推进自主创新方面的作用体现在至少四个方面:一是为一国经济发展培养高素质科技人才;二是通过学校师生的科研教学活动迅速地将科学技术知识扩散到经济社会的各个领域,特别是需要高度关注工程科学以及其他先进的技术领域;三是积极从事研发活动,特别是在基础研究方面,近年来世界各国高等院校在研发活动中的地位日益重要,特别是发达国家的高等院校是基础研究活动最大的执行部门;四是大学还是一个天然的孵化器,为师生开拓智力的、商业的和两者结合的新冒险事业提供一个支撑机构,创业型大学将过去的教学、科研、决策咨询使命与促进经济社会发展的新使命结合起来,培养准备创办自己的组织而不是为现存组织工作的创业型人才,创业型大学也直接参与新公司与新产业的形成与发展。应该说,过去,大学是一个次要的支撑机构,主要为社会培养人才,进行可能在很久以后才会对社会有用的科学研究。但现在,大学在创新进程中发挥着更为直接的作用。大学最初使命的"内在逻辑"已经从知识的传承(教育)拓展到包括知识的创造(科学)以及所创造的新知识的商业应用(创业)。经济分析表明,在公共研究预算中,对大学比公共研究机构投入多的那些国家,研发对生产力增长的影响更大[2]。现实中我们也知道,高等院校的工作中由于包含高等职业教育、本科生和研究生教育等与科技创新的人力资本积累作用直接而且效率较高的部分,并且许多大学里的教师和研究生在学习和教学过程中就较多开展基础研究,使用的研究资金只有一部分是来自科技系统和企业资助的研发资金,相当一部分是在财政高等教育经费的资助下开展研发工作,因此政府财政科技拨款中拨付给高等院校的研发资金远远不能涵盖高等院校所

---

① [美]亨利·埃茨科威茨,三螺旋[M].北京:东方出版社,2005.
② OECD, Governance of Public Research: Toward Better Practices[R/OL]. http://books.google, 2013-10-09.

做的全部科技创新工作内容。虽然财政高等教育拨款中也不完全与科技创新相关,但是起码可以作为高等院校在政府科技拨款研发资金之外的一个科技创新资金代理变量来处理,所以笔者认为把财政对高等教育的投资纳入公共科技创新投入范畴是相当合理的。

事实上,大量的科技创新投入是由科技企业为主体完成的,即便在资本主义国家中,政府为了国防和军事目的而进行的大量科技创新也是通过政府采购新产品的方式来间接资助军工企业进行的。所以政府对科技创新的公共财政投入的一个主要方面是投入企业不愿或无力开展的基础研究,另一方面是给予企业一定的研发补助,调动企业从事科技创新的积极性,引导企业沿着政府希望的科技创新方向开展创新活动。这里一个主要的原因当然是知识外溢的作用。虽然知识外溢使得内生经济增长成为可能,但是当技术产生正外部性时,研发的社会收益比私人收益大,因此从社会的角度来看,这会导致由"市场驱动"的科技创新投入的数量太低。所以,以研发补助形式的科技创新政策可以将经济运行引导到一个较高的、社会最优的增长路径上。Lucas(1988)人力资本与经济增长模型的研究就是一个这样的结论[①]。政府给予企业的研发补贴还可以分为两部分,一部分是给予企业研发以奖励、补贴、贷款贴息等形式的直接资助,另外一部分是以鼓励企业科技创新的研发费加计扣除、高新技术企业减免税等税式支出形式发生的财政间接资助。

公共科技创新投入对于发展中国家尤其重要。虽然国际技术扩散对于发展中国家追赶技术先进国家有重要意义,但是过去几十年的实际经验表明,很多国家已经发现,要找到新的追赶途径非常困难。Fagerberg(2002)经实证研究发现,追赶的基础条件开始变得日趋恶劣,如果现有的追赶国家或地区想缩短同领先国家或地区之间的差距,就需要在技术能力和创新手段方面做出更多的努力。在 20 世纪 60~70 年代,支持创新的最主要因素是资本积累和制造业基础,而到了 20 世纪 80~90 年代,技术的积累和专业化服务则开始变得更加重要[②]。今天只有对社会技能和科技创新基础进行

---

① Lucas, R. E. B. On the Mechanics of Economic Development [J]. Journal of Monetary, Economica, 1998,(22): 3-42.

② Fagerberg, J. Technology, Growth and Competitiveness: Selected Esseys [C]. Cheltenham: Edward Elgar, 2002.

大量投资的国家才有可能实现追赶,这方面投入不足的国家则会被甩在后面。而发展中国家的企业往往实力也是比较有限,因此就更加需要政府加大公共科技创新投入来弥补企业投入不足或者引导提高全社会的科技创新投入。尤其是在初始创新动力不足和知识产权保护薄弱的发展中国家,政府通过直接提供公共科技创新资金、组织和参与科技创新,可以有效降低企业科技创新活动的风险;同时,政府的公共科技创新投入作为一种导向基金,积极引导科技创新发展的方向;更为重要的是,政府可以通过加大公共科技创新投入的方式,更好地营造科技创新环境,鼓励全社会科技创新氛围的形成。

综上所述,笔者认为,公共科技创新投入应包含公共财政在知识创新、技术创新、管理创新等三个方面的投入。同样,公共科技创新投入包含公共财政资助与知识外溢、人力资本积累、研发活动和国际技术扩散等四个作用途径相关的所有过程和内容。本书将高等教育财政拨款作为代理变量列入公共科技创新投入范围,将鼓励企业科技创新的税收优惠折算额也当作是财政对企业的税式支出,作为公共科技创新投入的一种财政间接支出方式。这将在后文进行理论研究和计量分析。直接的财政科技拨款主要包括科学事业费、科学基建费、科技三项经费和其他科研事业费。所以本书将公共科技创新投入分为直接投入和间接投入,直接投入指财政科技拨款和作为代理变量的财政高等教育拨款,间接投入主要指政府鼓励企业科技创新的以税收优惠方式实现的财政税式支出。

第三节　怎样研究这个问题

一、研究方法

本书本着从客观经济事实出发的原则,采用规范分析与计量分析相结合,相对偏重于计量分析给出主要研究结论;定性分析与定量分析相结合,相对偏重于以定量分析给出主要研究结论的研究方法。

第一,规范分析与计量分析相结合。在规范研究的部分,以国内外理论和实证研究的相关文献综述为基础,借鉴国内外科技创新与增长理论的相关研究经验,从理论层面起步分析公共科技创新投入与出口贸易和经济增长内在的逻辑联系机制,构造公共科技创新投入促进出口贸易和经济增长的影响机制概念模型,为后文的构建数学模型和计量分析提供理论基础。在后半部计量分析的部分,本着数据可靠、计量实用、分析手段先进等几个原则,运用比较前沿的计量经济方法进行实证。运用汇率换算、物价指数平减、对数化处理和季节调整等对数据进行初步处理,然后在构造向量自回归模型(VAR模型)的基础上,运用单位根检验、协整分析、格兰杰因果检验、脉冲响应分析等方法分析经济变量之间内在的长期协整关系。

第二,定性分析与定量分析相结合。定性分析部分主要集中在三方面:一是对科技创新、科技创新投入、公共科技创新投入等相关概念进行分析和界定;二是运用经济学分析图表和逻辑图推演等方法分析公共科技创新投入影响企业产出、出口贸易和经济增长的微观、宏观机理;三是运用逻辑分析的方法,在理性思维中分析发达国家以公共科技创新投入促进经济增长的经验以及发展趋势,指出我国公共科技创新投入的特点,分析存在的问题,并提出相应的对策建议。定量分析部分主要集中在运用统计分析与计量分析方法,以图形和表格对各种公共科技创新投入、全社会研发投入、全社会国内专利申请量、中国出口贸易的现状等进行描述,揭示这些宏观经济变量变动的规律和趋势,再以计量分析方法分析经济变量之间内在的长期协整关系。

第三,概念模型与数理模型相结合。首先在相关理论梳理的基础上构建公共科技创新投入影响出口贸易与经济增长的概念模型,然后在概念模型的基础上构建数学模型和计量分析模型深入分析。一方面,对新古典熊彼特主义增长理论的A-H数理模型进行改造和推导,主要包括动态优化模型、比较静态数理模型等。另外一方面考虑了公共科技创新投入与产出的相互作用建立内生增长模型和向量自回归模型(VAR)、VAR模型的广义脉冲响应函数,将变量内生化,避免了单方程模型存在的变量自相关和伪回归等内生性问题。

第四,纵向比较和横向比较相结合。运用纵向比较分析方法对1991～2011年中国公共科技创新投入变动情况以及出口贸易和经济增长的趋势特征进行分析比较。运用横向比较法,比较美国、日本、韩国以及其他部分发达国家和地区的公共科技创新投入阶段性特征、发展趋势和科技创新政策取向差异等。

第五,理论研究和政策研究相结合。在理论和实证研究的基础上,分析现阶段我国公共科技创新投入政策方面存在的问题,对改进相关政策,优化我国公共科技创新投入政策,提出具体的建议。

二、研究思路

本书的研究重点在于考察公共科技创新投入对国家或地区经济增长的影响关系,这是对近年来科技创新影响经济增长理论研究的一个具体深化。本书先在相关理论梳理的基础上构建公共科技创新投入影响经济增长的理论模型,讨论公共科技创新投入分别在企业层面、行业层面和产业层面由于规模经济、联结经济和网络经济效应等引致的乘数效应;进而在Aghion-Hoiwitt模型的基础上构建公共科技创新投入影响经济增长的四研发部门内生增长数学模型,分析在公共科技创新投入分解为多个不同具体组成部分时影响经济增长的状况;然后在数学模型的基础上,运用计量模型从三个方面以时间序列宏观经济数据为样本来考察公共科技创新投入对国家或地区经济增长的影响关系。

从国家层面针对公共科技创新投入的主要不同投向对经济增长的影响进行考察,将国家层面公共科技创新总投入分解为投入高等院校、投入公共研发部门基础研究、投入公共研发部门应用研究和投入科技企业等四个部分,再分别考察这四个不同投入部分对国家层面的全社会研发投入、全社会专利产出、高技术产品出口、出口贸易和经济增长等五个方面产出的影响。通过具体的影响乘数的比较来寻求计量分析结论。

从国家层面针对公共科技创新投入的不同来源对经济增长的影响进行考察,将全国财政科技拨款分解为中央财政科技拨款和地方财政科技拨款两个来源部分,再分别考察这两个不同来源部分对国家层面上的全社会研发投入、全社会专利产出、高技术产品出口、出口贸易和经济增长等五个方面产出的乘数作用影响和长期趋势影响。通过具体的影响乘数的比较和脉冲响应函数分析来寻求计量分析结论。

以上海市为例考察区域层面公共科技创新投入的不同方式对经济增长的影响,将上海市公共科技创新投入按资助方式分解为财政资金直接投入和间接投入,间接投入主要以研发费加计扣除折算抵扣所得税额和高新技术企业综合减免税额两种税式支出方式来表征,再分别考察这三种不同方式的投入部分对上海市的全社会研发投入、全社会专利产出、高技术产品出口、出口贸易和经济增长等五个方面产出的影响。通过具体的影响乘数的比较来寻求计量分析结论。

从国际比较角度,分别研究美国、日本、韩国以公共科技创新投入促进经济增长的历程、经验及特点,分析部分发达国家以公共科技创新投入促进经济增长的新趋势。探求发达国家以公共科技创新投入促进经济增长的科技创新战略经验和公共科技创新投入管理经验,分析我国与发达国家之间的差距,寻求比较研究结论。

最后,根据概念模型研究、数学模型模拟、计量分析和国际比较研究的结论以及相应结论带给我们的启示给出综合性的研究结论,进而给出当前阶段提升我国公共科技创新投入水平、优化公共科技创新支出管理以促进经济增长的政策建议。

研究框架如图1-1所示。

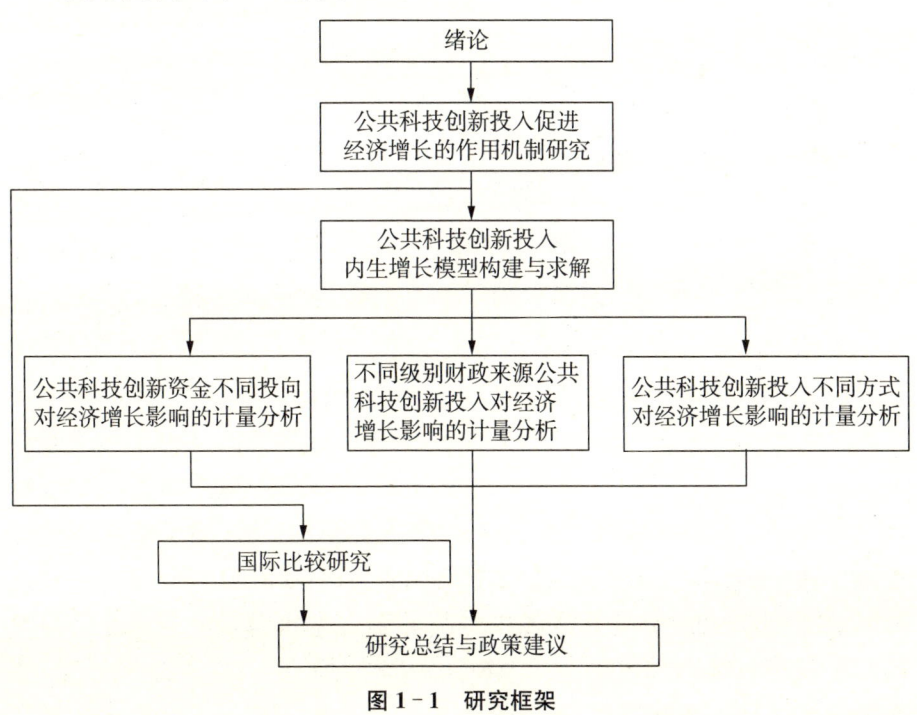

图1-1 研究框架

第一部分

机理

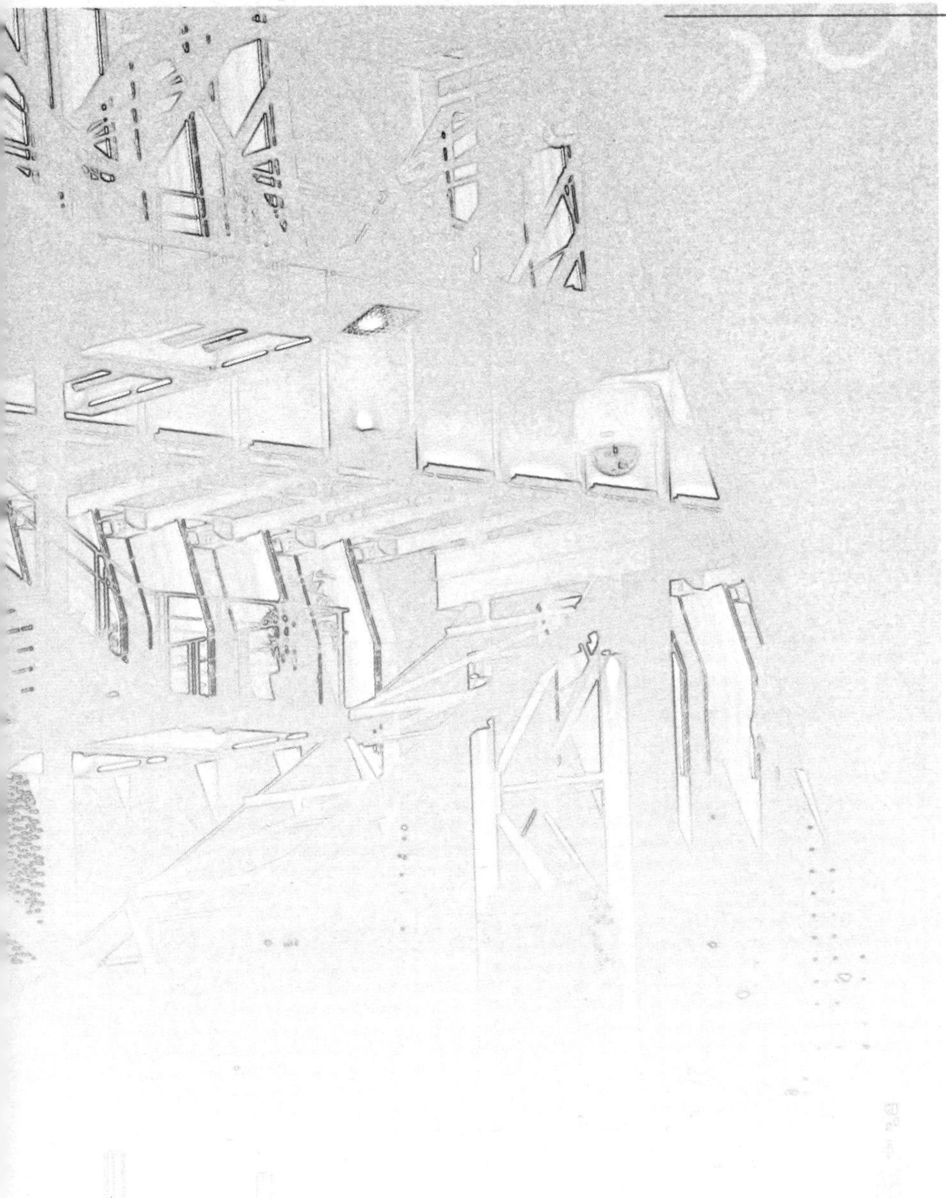

第二章　什么样的机制在发挥作用

第一节　内生增长理论的百年启示

从正式建立经济学研究开始，大量学者展开了对经济增长的研究，先后出现增长理论、新古典增长理论、内生增长理论、新古典熊彼特增长理论等一系列经典研究成果，描述了增长理论百年来的发展历程。笔者在研究中惊奇地发现，经济学家们实现了从熊彼特再到新熊彼特的百年循环。从1912年熊彼特提出"创造性破坏"理论以解释增长，到1930~1940年代凯恩斯投资理论占据宏观经济理论主流，到20世纪中叶新古典增长模型探求技术进步对增长的贡献，到20世纪80年代起内生增长理论强调以知识积累和人力资本积累为经济增长的主要驱动力，再到1990年代以来新熊彼特增长理论将"创造性破坏"内生化到增长模型中并广泛应用到2010年以后，可以看到，这一个百年从哲学视角看也是一个否定之否定、螺旋式上升的循环过程。

综合各种不同经济学家创造的小有差别的内生增长理论，将其理论意义和借鉴价值归结为以下几个方面：

首先，内生增长理论认为，由知识积累或人力资本积累引起的内生技术进步是驱动经济持续增长的根本动力源泉，这进一步说明知识、技术在现代经济中具有至关重要的作用。当今世界，国际经济、科技和军事竞争日益加剧，一个国家能否稳定保持在技术上的优势，对于该国的综合国力和国际竞争力的强弱具有决定性意义。甚至可以说，现代经济就是知识经济。内生增长理论从理论上说明了是知识积累和技术进步在根本上决定了经济增长，并深入刻画了技术进步的实现机制。内生增长理论的这些研究成果填补了西方经济理论中存在的空白，因而，该理论在初步成果出现早期就引起了西方经济学界的重视，并取得了迅速的发展。其次，内生增长理论关于技术进步是经济增长的决定因素的说明,还有助于我们更深刻地认识当前阶段我国实现经济增长方式转变的必要性和紧迫性。我国长期以来主要依赖要素投入量的增加推动经济增长,但随着土地和矿产资源的快速减少,人口红利的逐渐消失,FDI 流入也会难以维持增长,这种粗放型经济增长模式越来越表现出严重的问题。内生增长理论说明,生产要素的增加只有在要素投入能够促进技术进步时才能有效推动经济持续增长,这就从理论上说明粗放型经济增长模式是不可持续的。如果我国经济要实现快速、健康和稳定的增长,必须将经济增长方式转变到主要依赖技术进步的集约型经济增长方式上来。第三,内生增长理论能够较好地解释具体的经济增长事实,比如世界各国的经济增长率的广泛差异问题、发达国家与发展中国家之间的贸易不利于发展中国家经济增长问题等等,这为分析现实经济问题提供了重要工具。第四,内生增长理论具有比较丰富的政策内涵,对各国政府制定促进经济增长的政策具有一定的参考价值。Romer 等人认为,政府补贴研发活动会促进经济增长,Jones、Rebelo 等人认为,各国政府应采取降低资本税、关税等财税政策来促进经济增长,这些研究结论具有生动的实践指导价值[1]。

近二三十年来才出现的新熊彼特增长理论的两支在熊彼特"创造性破坏"的思想基础上,进一步发展了内生增长理论,其理论逻辑和计量分析方式则各有千秋。演化新熊彼特主义经济理论把创新嵌入组织行为和社会体系中,进而研究了产业结构和市场结构在创新和异质性基础上的变迁过程,建立了比较完整的内生经济变迁理论。基于新古典增长理论传统在当代新发展起来的新古典熊彼特主义理论,则在主流经济学框架中模型化了熊彼特的"创造性破坏"的思想,将技术变迁内生化到经济体系中,并讨论了与创新和经济增长相关的一系列结构性问题。这一理论为我们解释近年来发生的现实经济案例提供了非常有益的框架,使我们更容易理解一些惊人案例:比如当前发生的柯达公司在数码相机发展大潮下破产(虽然数码相机是柯达公司在 1975 年发明的,但是它没有大力推广);苹果公司和三星公司的智能手机对诺基亚公司、摩托罗拉公司传统

---

[1] 朱勇,吴易风. 技术进步与经济的内生增长——新增长理论发展述评[J]. 中国社会科学,1999,(1): 21-39.

手机的迅速颠覆等。

熊彼特创新理论的一个重要观点,以及内生增长理论的逻辑,就是"创新是经济增长的源泉"。就是说,微观的产出增长、宏观的经济增长,根本上都发源于企业的创新。所以,研究公共科技创新投入的宏观经济绩效应从微观上研究企业产出增长入手。

熊彼特认为,创新能带来经济的波动和增长,即创新一旦得以实施,企业便能获得超额利润,这会引发其他企业的模仿以及模仿后改进再创新,模仿改进再创新活动在经济体系中引起一轮轮创新浪潮,推动经济走向高潮。但是,当许多企业实现了模仿以后,企业的超额利润会消失,创新浪潮也会随之消失,这一轮经济增长会随之停止。这时如果经济要再重新发展,就必须再有新的创新出现。只有接连不断使创新出现在经济体系中,才能推动经济持续不断地发展。

可以换种方式理解这一观点:创新首先引发个别企业的成本效应与品质效应,从而导致该企业获取超额利润,同时增强企业的竞争力。企业在获得成本效应与品质效应的基础上扩大生产,获得规模效应。然后,该企业的创新及创新产业化实践引起经济体系中其他企业的模仿与竞争,这种创新扩散,引发经济体系中区域或者行业和产业层面的范围经济效应和集聚效应。同时,促使整个经济体系的产业结构与增长方式发生变化,也就是经济结构发生变迁。这样,模仿与竞争活动以及随之而来的经济结构的变迁,以及经济系统中各种经济主体之间彼此联结互相激发,引致经济体系的网络效应和乘数效应,逐步引领整个经济体系走向高潮,从而推动经济实现持续快速增长。当模仿与结构变迁实现以后,如果后续创新活动停止,经济结构趋于稳定,经济增长就会放缓。要实现经济的持续发展,就只有持续不断进行创新。从这个角度讲,成本效应、品质效应、结构效应、规模经济效应、范围经济效应、网络经济效应是科技创新促进贸易和经济增长机理的要害所在,是这个机理的核心。讲清了这六大核心,公共科技创新投入促进经济增长的机理也就清楚了。本章就基于这一理论假设开展公共科技创新投入促进经济增长的作用机制研究。

第二节 公共科技创新投入促进经济增长的作用机制模型[①]

一、相关的科技创新促进经济增长的作用机制模型

这里简要介绍偏重于宏观层面的分析科技创新促进经济增长的作用机制模型的几种研究成果。

改革开放以来,出口贸易逐步成为拉动我国经济增长的"三驾马车"之一,对我国的经济增长发挥着举足轻重的促进作用。同时,出口贸易增长伴随发生的产业结构优化升级也对我国经济增长发挥着积极作用,成为我国经济增长和转变经济增长方式的重要途径。加入世界贸易组织后,我国的改革开放继续深入,经济市场化、国际化乃至全球化进程得到进一步推进。目前,中国已经拥有全球最好的供应链基地,比如全球手机60%~70%都产自中国。经过三十几年的技术沉淀和创新,在某些领域的商品制造已经是全球最佳。中国的出口贸易已经与全球经济和各国人民生活紧密相连。近几年,世界经济更加呈现出经济全球化、区域经济一体化的发展趋势,大量实践证明,科技创新已经成为我国贸易和产业结构优化升级的根本保障。所以,机制模型研究沿着公共科技创新投入影响科技创新,影响产出增长,进而影响贸易增长,最终影响经济增长的思路开展。

Posner(1961)构建了一个由创新国和模仿国组成的两国模型,也被称为技术差距模型,将技术因素与国际贸易关联起来。该模型认为,技术实际上也可以看作是一种生产要素,虽然在整体上看科技水平一直在普遍提高,但是由于历史因素和人力资源差异,或者教育基础差异等原因,各个国家实际的科技发展水平事实上是经常不一样的。这种技术上的差距的客观存在可以使技术领先的国家获得技术上的比较优势,从而向技术落后国出口技术密集型产品。但是由于国际技术扩散的存在,技术落后国会紧跟着模仿技术先进国的技术。随着技术被进口国的模仿和产业化,这种技术上的比

[①] 张宏洲. 财政科技创新投入作用机制研究[J]. 江苏科技信息,2013,(6):1-3.

较优势会逐渐消失,于是由于技术比较优势而引起的贸易也就会随之结束。在该模型描述的国际贸易中的创新与模仿过程中,技术创新影响国际贸易发展主要是通过影响贸易基础与贸易格局来发挥作用。贸易基础主要包括国际贸易活动中双方交换的产品的比较优势、从事出口贸易的企业的企业比较优势和整个国际贸易产业的比较优势等三个方面。所谓贸易格局,简单来说即是一国或者一个地区生产什么、出口什么和进口什么。在该模型中,技术创新首先影响各种要素的配置,能够改变土地、劳动和资本等各种要素在生产中的相对比例关系,使这种要素配合关系不断优化,从而提高资源利用效率。再以要素优化为基础,通过对产品、企业、产业施加影响而产生相应的比较优势。贸易格局将随贸易基础的确立而确立。由于一国产业政策会直接影响一国生产什么,贸易政策会直接影响出口什么和进口什么。所以,科技创新不仅决定一国比较优势的大小,还与其产业政策和贸易政策高度相关[①]。根据 Posner(1961)的技术差距模型来解释科技创新影响一国对外贸易的机制,可用图 2-1 概括。

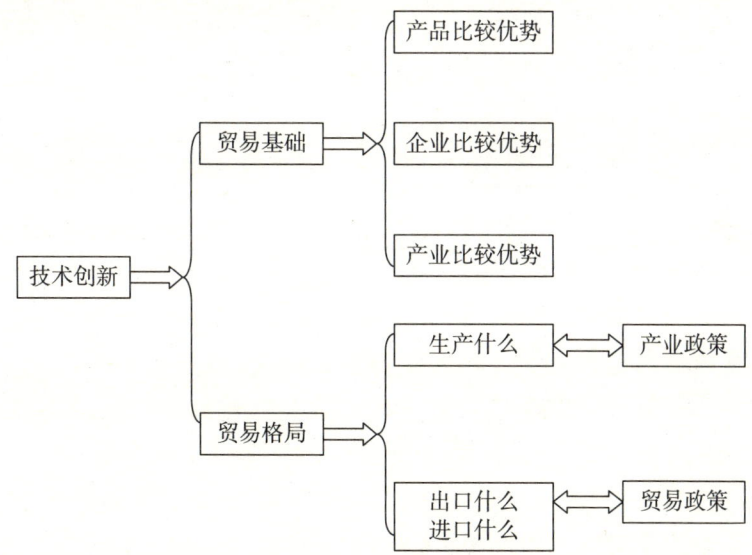

图 2-1　Posner(1961)的技术创新影响国际贸易的机制示意图

---

① 赵静敏. 科技创新与对外贸易增长方式的转变研究——基于江苏数据的计量分析[J]. 中国管理信息化,2009,(7):74-78.

范柏乃(2003)认为,研究技术创新影响经济增长的作用途径机理,关键是要梳理清楚技术创新推动经济增长的作用过程和过程中的一些主要标志。从宏观角度出发进行分析,他认为技术创新促进经济增长的方式主要有四种:一是可以提高企业相关产品的技术含量;二是可以整体上增强企业的核心竞争力;三是在产业层面上可以优化产业结构,提升产业能级;四是有助于经济平稳发展,熨平经济危机的周期。在这个过程中,技术创新的直接结果和主要标志有两个,一是生产要素质量的提升,二是经济增长质量的提高[①]。技术创新在企业层面应用最直接的效果是提高企业生产的产品的技术含量,提升产品的品质,使产品在市场竞争中具有一定的比较优势,从而增强该企业的核心竞争力。大量企业通过互相学习并通过交替的创新与模仿都在一定程度上提升自己的产品技术含量,同时增强了自身的核心竞争力以后,整个产业的结构就得到优化,产业能级得到提升。在比较多的企业创新能力在这一过程中获得提升,走上持续依靠技术创新提升产品质量和增强企业核心竞争力的内生增长道路,减少依靠简单扩大产能恶性竞争发展的冲动后,就会有效烫平因产能过剩造成的经济危机周期,从而推动经济持续增长。范柏乃(2003)的技术创新促进经济增长的作用机理可用图2-2概括。

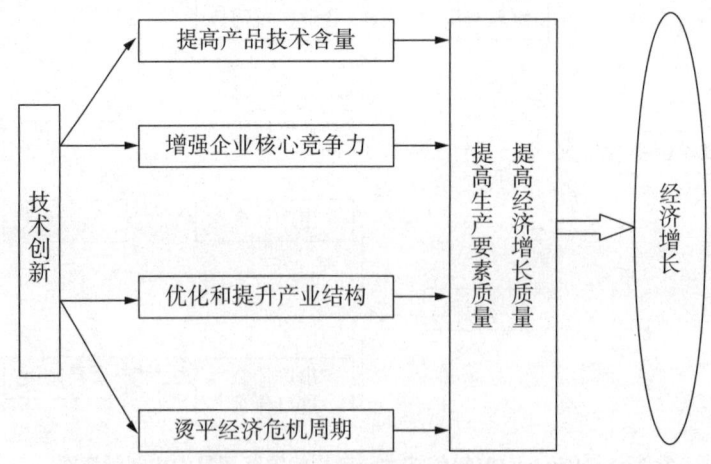

图2-2 范柏乃(2003)的技术创新促进经济增长的作用原理示意图

---

① 范柏乃.城市技术创新透视——区域技术创新研究的一个新视角[M].北京:机械工业出版社,2003:159.

纪玉山、吴勇民、白英姿（2008）学习了其他学者研究 FDI 技术外溢效应的经验，利用了知识的正外部性效应原理，借鉴了物理学中受到冲击后水波由冲击点开始以圆形波纹状水波逐渐向外周传导扩散能量的机理，深入研究了技术创新首先在单个企业发生，再向宏观层面的其他企业进行横向与纵向同时扩散和转移的内在机理[①]。他们指出：技术创新首先在企业层面上应用，直接效果是企业生产成本下降、产品质量提升，企业竞争力提升后企业会扩大生产规模，以进一步获得规模效应的好处，进一步提升企业的竞争力；首个企业的创新示范会产生溢出效应，会被同行业内其他企业模仿学习，多个企业先后学习模仿会形成横向与纵向的多维扩散，经过横向与纵向同时扩散和转移后在行业层面上就会形成集聚效应；经过更大影响面更多企业的多次创新与模仿交替作用，反复多次进行扩散和转移后，会引发区域或产业经济系统内大量企业间的联结经济效应和网络效应，在产业层面上会形成放大倍数更高的乘数效应，从而促进整个经济体系宏观层面的技术进步，在国家层面就会最终表现为一国经济增长，在国际贸易领域则促进一国出口贸易的增长。其分析逻辑机理如图 2-3 所示。

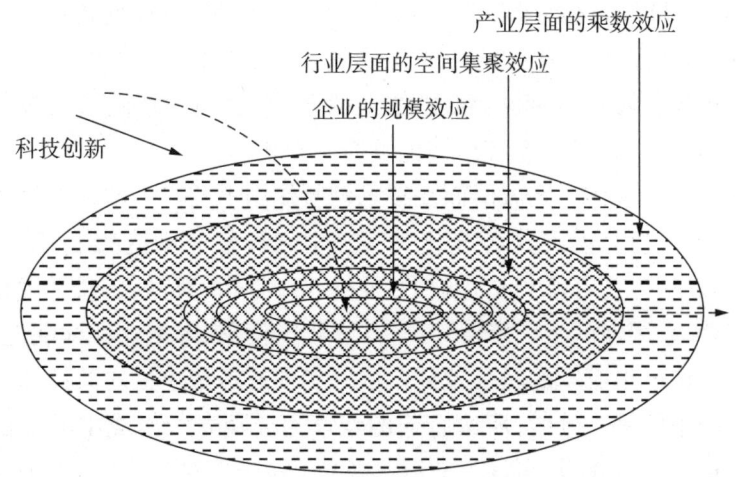

图 2-3　纪玉山等(2008)科技创新促进经济增长的微观传导机制示意图

---

① 纪玉山,吴勇民,白英姿.中国经济增长中的科技创新乘数效应：微观机理与宏观测算[J].经济学家,2008,(1)：54-57.

万勇(2009)从微观角度分析技术创新改变生产可能性曲线,分析区域技术创新促进经济增长机理三个核心机制,从这两个角度对技术创新促进区域经济增长机理进行分析[①]。他的微观分析如图2-4所示。

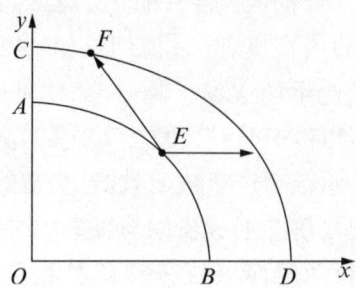

图2-4 科技创新引致的生产可能性曲线改变示意图

在图2-4中,x轴和y轴分别表示某一经济体系或某一外贸企业所生产的(经过简化的)全部两类产品,AB线为经济体系或某外贸企业生产该两类商品的初始生产可能性曲线。在没有科技创新时,利用全部可用资源生产出来的产出水平和产出组合落在AB线上。当科技创新发生后,AB线就会移动到CD线,这意味着总产出增加了。这说明,科技创新拉动了产出增长。同时,从图2-4中我们也可以看到,该经济体系或外贸企业的产出结构从AB线上的E点变动到CD线上的F点,这说明伴随着科技创新推动下的产出增长的发生,经济结构也发生了变迁。

万勇(2009)考察了区域层面在技术创新作用下的产出增长的发生和经济结构的变迁过程,发现这种变化其实是由三种效应创造的[②]。第一种效应是成本效应,生产资源总是稀缺的,成本效应是指科技创新通过优化不同要素的组合、采用新的生产资源代替旧的生产资源来降低这种稀缺性,进而实现降低单位产出成本的经济效果。由于实现成本最小化的条件和实现利润最大化的条件是一致的,所以企业的竞争力会随着产出成本的降低而提升。第二种是品质效应,市场上的消费者总是对产品的多样性和高质量有潜在的需求,品质效应是指科技创新通过增加产品的多样性和提升产品的质量等方式,满足了消费者的这种需求,从而给消费者带来更大的效用,这也非常

---

① 万勇.区域技术创新与经济增长研究[D].厦门:厦门大学博士学位论文,2009:90-91.
② 万勇.区域技术创新与经济增长研究[D].厦门:厦门大学博士学位论文,2009:90-91.

有利于提升企业的整体信誉,所以也能提升企业的竞争力。第三种是结构效应,结构效应是指科技创新促进整个经济体系结构的优化和升级,从而形成区域或者产业、行业层面上的结构变迁以及出口贸易或者经济增长方式的转换。在科技创新的作用下,企业层面上会产生成本效应与品质效应,行业、产业和区域层面会产生结构效应。成本效应和品质效应提高了企业产品的市场占有率,提升了企业的竞争力;结构效应则直接提升了行业、产业与贸易和经济增长等产出的质量,改善了贸易和经济增长条件,提高了经济发展和贸易效率,从而促进了区域经济的和谐发展。其逻辑示意见图2-5。

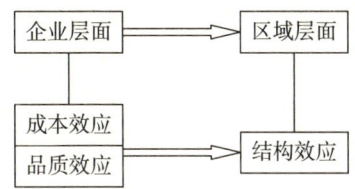

图2-5 区域技术创新促进经济增长机理的核心关系示意图

二、公共科技创新投入促进经济增长的机制模型构建

本书在以上几位学者分析的各种科技创新促进贸易和经济增长机制的基础上,引入公共科技创新投入变量,构建一个公共科技创新投入促进贸易进而促进经济增长的机制模型。根据这一模型,公共科技创新投入以各种不同方式介入高等院校、公共研发机构和各类科技企业,并转化为其内生的科技创新因素,发挥鼓励科技创新进而刺激产出增长的作用。科技创新无论最初发生在高等院校、公共研发机构还是企业,最终产业化都是在企业发生并通过企业的生产经营完成科技创新的全过程。科技创新在企业层面会形成成本效应、品质效应和规模效应,提升企业的核心竞争力,对外贸企业而言,同样提升其贸易竞争力。随着创新与模仿的交互作用,扩散与转移在一国或地区的区域内、行业[①]内、产业[②]内次第发生,企业间互相激发,彼此

---

① 行业一般指按厂商生产同类产品或者具有相同工艺过程进行生产或者提供同类服务的标准划分的经济活动类别,如宾馆行业、手机制造行业、机械行业等。
② 产业主要指经济社会的物质生产部门,一般而言,每个部门都专门生产和制造某种独立的产品,某种意义上每个部门也就成为一个相对独立的产业部门,如"农业"、"工业"、"交通运输业"等。

既竞争又合作,在区域和产业层面引起结构效应、空间集聚效应,并因联结经济效应和网络经济效应形成并放大为更大规模效益的乘数效应。这些效应综合作用会改变一国、一地区或者特定产业的贸易基础,同时也会因为结构变迁的原因改变贸易格局。于是,对于贸易而言,表现为科技创新推动贸易发展;对于一国或地区而言,表现为科技创新推动经济持续增长。这样,本书对公共科技创新投入促进的科技创新对经济增长总的影响在企业层面、行业层面和产业层面产生的不同效果进行分层次的分析解释,得到层层递进的分析结果,最终将成本效应、品质效应、规模效应、集聚效应、结构效应、联结效应和网络效应合成为对整个区域或产业的乘数效应,于是就可以使用计量工具核算这种乘数的具体数值,进而刻画公共科技创新投入对经济增长的综合影响。本书分析这种机制具体的作用逻辑如图2-6所示。

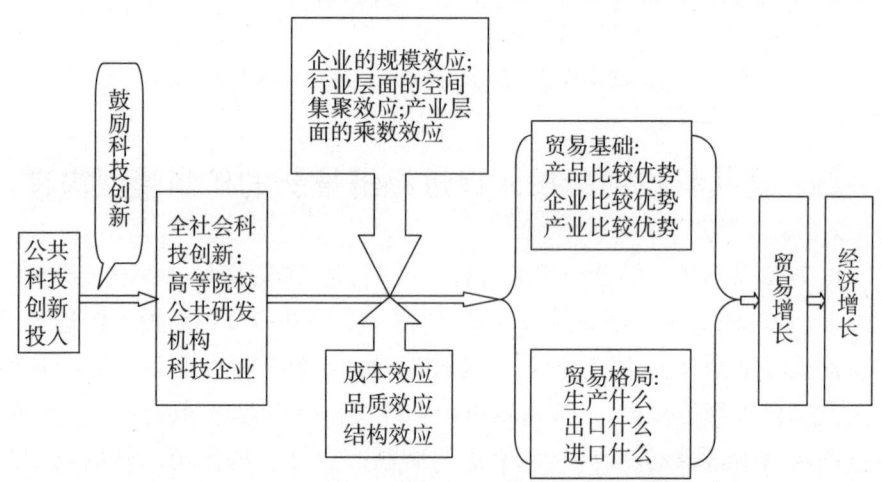

图2-6 公共科技创新投入影响经济增长的机制示意图

公共科技创新投入作为鼓励全社会科技创新的资源投入高等院校、公共研发机构和科技企业,鼓励高等院校、公共研发机构和科技企业开展研究和开发活动,通过人力资本积累、知识溢出和科技创新成果转化等作用,最终转化为推动科技企业发展的内生变量,进入内生增长的循环过程。在国家或区域产业创新体系推动产业发展的作用下,企业层面上形成的成本效应、品质效应、规模效应,与行业层面的集聚效应、产业内各企业间的联结经济和网络经济效应一起促成在国家、区域或产业层面上形成结构效应,最终会导致形成国家、区域或产业层面的乘数效应。

成本效应、品质效应、规模效应是集聚效应、结构效应和乘数效应的微观基础和前提条件。就公共科技创新投入的成本效应来说，它资助高等院校和公共研发机构产生的科技创新成果由全社会共享，间接降低企业获取科技创新所需的公共知识成本。公共科技创新投入直接资助企业相当于向全社会征收税收来补贴创新者，可以直接降低企业的科技创新成本。就科技创新的成本效应而言，它可以使企业淘汰耗能较高的产品、采用新要素或提高要素投入中的知识含量，在产品生产过程中实现新旧产品、新旧生产方式的更替。就规模效应而言，它可以进一步降低企业的生产成本，提高企业利润率和企业的核心竞争力。这其实是微观层面上的产业结构与经济增长方式的变化，必然会带来国家、区域或产业层面上的整体产业结构的变化，经济增长方式的转换也就同步发生。就品质效应而言，品质效应既能够增加产品的多样性，又能够提高产品的质量，相对于原有产品结构来看，新产品的加入，一方面可能会全面淘汰旧产品从而使产品结构发生根本变化，另一方面，即使旧产品仍然在销售，但是整体产品结构中，新、旧产品所占比例也会发生明显改变，所以同样会发生不可逆转的产品结构的变化。产品结构发生大的改变后在产业层面上同样表现为产业结构的变迁。就集聚效应、联结经济效应和网络经济效应而言，通过区域或产业内部不同企业间彼此的创新竞争与互相模仿，可以促进科技创新的扩散与转移，进而提升整个国家、区域或产业的整体能级并优化整体的产业结构。同时，科技创新活动中开发的新产品中凝聚了知识创新的成分，相对而言，新产品的知识含量更高，说明创造新产品的生产方式以及由新产品生产带来的新经济的增长方式更高级，同时，在国际贸易进程中，贸易基础层面的产品比较优势、企业比较优势和产业比较优势得到进一步提升，贸易格局中的生产什么、出口什么和进口什么会进一步通过国际贸易实践得到确认。

简言之，通过公共科技创新投入激励全社会开展科技创新活动开发新产品形成的品质效应，从微观上，既可以改善产品结构，提升企业核心竞争力，并促使产业结构发生变迁，又可以改进产品生产方式，从而使贸易基础和经济增长方式变化。因此，企业层面科技创新的成本效应、品质效应、规模效应将直接导致区域或者产业层面的科技创新结构效应、乘数效应的发生。成本效应、品质效应、规模效应是结构效应、乘数效应的微观基础和前提条件,结构效应、乘数效应是成本效应、品质效应、规模效应在国家、区域范围内或产业层面的科技创新成效的体现和必然结果。公共科技创新投入通过这样一系列的传导和企业间、多层面互相影响,最终影响经济增长。

第三节 公共科技创新投入以成本、品质和规模经济效应促进企业成长

一、企业内生的科技创新动力机理

熊彼特认为,"实施创新活动的主体是企业家"。根据他的理论,国际贸易科技创新的主体就是从事国际贸易的企业家。企业家是具有创新意识和能力并勇于自觉进行创新的独立的商品经营者和生产者,引领、适应并满足市场的需求与提高市场占有率、挖掘潜在的垄断利润都是激发企业家从事科技创新的动力。企业的目标是实现利润最大化,超额利润来源于对稀缺资源的占有,而科技创新的成果本身就是稀缺资源。科技创新活动创造的一项新发明,当获得了专利保护之后,它就具有了唯一性,因而变成稀缺资源。这时,拥有这项发明专利的企业所生产的产品就具有垄断性,能为企业创造垄断利润。获得科技创新创造的垄断利润是激励企业进行科技创新的动力,因为它最能够最直接提高企业的竞争力。在科技创新预期的垄断利润激励下,企业家将用新的方式组合起来的生产要素运用到生产实践中,并创造出新的产品,更好地满足市场需求,进而提升本企业在市场中的地位,提高企业在同类市场中的占有率,为企业在市场竞争中胜出奠定基础。随着科技创新活动取得的成果向外扩散,技术向外溢出,后发企业自发模仿先进技术,科技创新形成的企业垄断和新产品的市场稀缺性就会逐渐消失,使企业难以再获得超额利润。要想继续保持超额利润,维持一定的市场竞争力,就要进行持续的科技创新。

可见,在任何科技创新过程中,企业的目标总是很明确的,那就是通过科技创新提高企业的产出水平和贸易竞争力,如图2-7所示。为了达到这一目标,企业进行科技创新可采用的方法有很多,比如,企业可以采取优化要素组合、采用新资源等节约要素投入的方法,也可以采取增加产品多样

性、提升产品质量等技术方法。就企业而言,无论采取什么样的技术方法来创新,创新的目的都只有一个,就是提高企业的核心竞争力。但是事实上,企业采用不同的技术方法,实现创新的路径是不同的,达到的效果也不同。

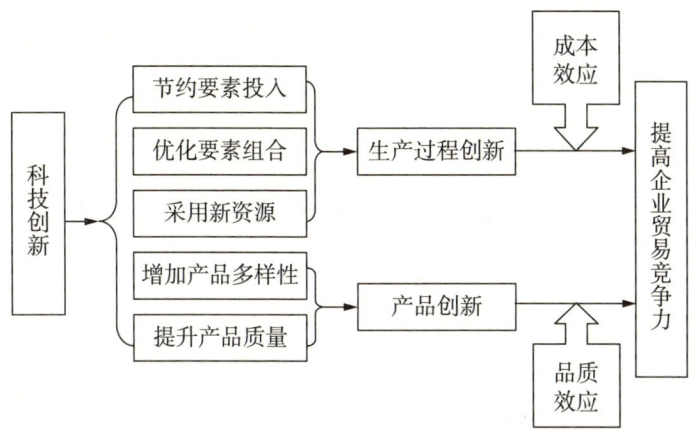

图 2-7　企业内生科技创新提高贸易竞争力逻辑示意图

特定的企业为了获取垄断利润,提高企业竞争力,开始实行科技创新。如果采用优化要素组合、采用新资源等节约要素投入的方法,企业创新增长的路径是生产过程创新路径;如果采用增加产品多样性、提升产品质量等技术方法,企业创新增长的路径是产品创新路径。如果企业沿着生产过程创新路径实施科技创新促进增长,那么科技创新成功后的作用方式就是使企业获得成本效应,即通过降低企业的生产成本来增加企业的生产利润;如果企业沿着产品创新的路径实施科技创新促进增长,那么科技创新成功后的作用方式就是使企业获得品质效应,即使企业的新产品以其质量上乘、品种多样来满足消费者的需求,从而得以不断扩大销售市场。以不同的技术方法进行科技创新,会形成不同的科技创新路径,也会产生不同的科技创新促进贸易和经济增长的效果。

科技创新是一种技术经济化的过程,它的出发点是技术,终点是经济。科技创新的技术方法和路径选择是技术范畴上的企业活动属性,但不是经济意义上的科技创新诉求。企业竞争力的提升属于企业的经济活动属性,但不是技术意义上的科技创新范畴。只有成本效应和品质效应既具有技术的属性又具有经济效果,它们才既是科技创新成果又是科技创新成果给企业带来的经济利益的体现。成本效应与品质效应是科技创新由技术过程向经济过程运动的桥梁,既是科技创新的起点又是科技创新的阶段性终点,是科技创新促进贸易发展和经济增长机理的关键之一,是企业层面科技创新促进贸易发展和经济增长运行机理的核心。正是科技创新过程中的成本效应与品质效应造就了企业在贸易实践中和市场上的垄断地位,为企业创造了科技创新的垄断利润,从而提高了企业在市场中的综合竞争力。

二、公共科技创新投入有利于企业降低科技创新成本,提升企业科技创新的积极性

近年来,无论在西方发达国家还是若干亚洲发展中国家,企业越来越成为产业科技创新的主体。诸多大型跨国公司都确定了以科技创新提升核心竞争力的战略,都拥有大量的研发团队,投入大量的资金用于研发,其拥有的专利以万计,形成了若干个"专利巨人"[①],并以其创新产品和专利保证其获得丰厚利润和市场份额。我国 2012 年召开的全国科技创新大会也明确了将企业培育为科技创新主体的要求,所以有必要通过加大公共科技创新投入来激励我国企业积极开展科技创新。公共科技创新投入促进企业进行科技创新是通过两种途径实现的,一是间接支持企业科技创新,二是直接支持企业科技创新。间接支持企业实现机理是通过对高等院校的投资提升全社会人力资本的整体水平,这有利于降低企业获得必要的科技创新人力资本的成本,以及通过在高等院校和公共研发机构开展的基础研究增加全社会的知识存量,从而降低企业从事科技创新活动需要获得的有用知识的成本,这都有利于企业在更高的知识水平上开展更低成本、更高效率的应用研究、试验发展及生产经营活动。公共科技创新投入直接支持企业科技创新的机理是资助企业开展应用研究、试验发展和管理创新降低企业科技创新成本。既可以直接给予企业财政资金,也可以给予企业贷款贴息,或者以税式支出方式给予企业减免税。这些方式都可以帮助企业有效降低企业的科技创新费用,从而降低了科技创新的开始成本或者沉没成本,进而降低

---

① 本书中"专利巨人"特指大量投入科技创新并拥有数以万计的国际专利数量的跨国公司。

开发新产品的平均成本,使企业减低对创新不确定性的恐惧,减少不必要的对科技创新风险的规避,鼓励企业加大自身投入,积极开展科技创新,最终使企业因科技创新引致技术水平的提升,从而在较高的技术水平上,企业扩大生产规模导致单位产品成本递减,进而提高企业的利润。在这一过程中发挥作用的是成本效应和规模经济效应。具体作用机制如图2-8所示。

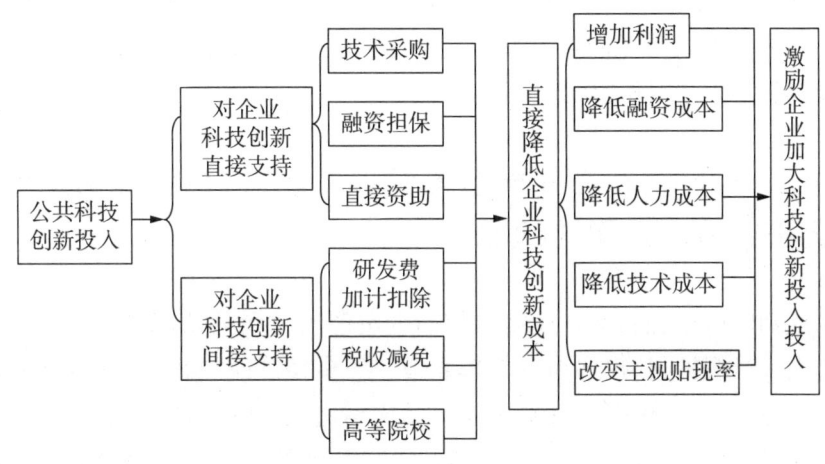

图 2-8 公共科技创新投入直接激励企业加大科技创新投入机制示意图

科技创新是一个漫长而昂贵的过程,需要持续的高水平投入,还要面对巨大的不确定性。科技创新投入不能够保证都能取得回报,因此,企业会对科技创新预期收益进行理性评估,如果认为风险过大,许多企业有时候会对科技创新持保守态度。所以,如果政府意图鼓励企业进行科技创新,通常都会以各种方式给予企业财政资助。无论是技术先进的发达国家还是我国,都有大量的财政资金对企业科技创新进行资助,具体的公共科技创新投入方式分为对企业研发直接支持和间接支持两种。公共科技创新投入对企业研发直接支持的方式主要有以技术交易的方式直接采购企业的研发成果、为企业研发融资提供担保或者贴息以及直接资助企业研发项目的全部或部分投资等三种方式。公共科技创新投入对企业研发间接支持的方式主要有对企业投入科技创新的各种费用加计扣除所得税、对投入科技创新比较多的高新技术企业的各种税费实施综合减免等两种方式。此外,公共科技创新投入对高等院校的投资由于能直接提升人力资本水平和全社会的知识积累,所以也相当于间接支持企业研发。无论是直接支持企业科技创新还是间接支持企业科技创新,公共科技创新投入这些支持企业科技创新的结果都能够有效地直接降低企业科技创新成本,提升企业科技创新效率。具体来说,技术采购能直接增加企业销售利润,融资担保和直接资助、研发费加计扣除、高新技术企业综合减免税等都能够有效降低企业融资成本、人力成本、技术成本等,从而也能够增加企业利润,而且在财务决策过程中可以有效改变主观贴现率[①]。这样,通过各种方式和不同效应的综合作用,就可以达到减低企业对科技创新不确定性的恐惧、鼓励企业加大自身投入和勇于开展科技创新的目标。

三、科技创新在同质型市场中扩散,在企业层面上因规模经济效应生成单倍级乘数

成功的科技创新使企业得以提高资本产出比和劳动产出比,从而进一步扩大生产规模,获得递增的规模收益。规模经济原指在一个既定的技术水平上,企业因规模扩大导致单位产品成本递减,从而提高企业的利润,其基本含义是生产要素一定比例的增长能够引起产出更大比例的增长。科技创新的过程是突破既有的技术水平的过程。科技创新过程产生规模经济乘数效应的具体机理在于,科技创新及科技创新成果的扩散是一个量的扩张过程,这一过程建立在知识共享的基础之上,全社会知识共享的总成本一旦形成,知识共享总成本中包含的组织成本、搜寻成本、交易成本、编码成本等会保持恒定。因此,随着科技创新成果被扩大使用的范围或者增加使用的次数,平均的共享成本就会下降,从而产生规模经济的效果。规模经济效应在同质型市场中会得到更充分的发挥,这一市场中企业的生产要素、技术和知识都有相同相似之处。但是,另一方面,这种同质型市场中需求类型相对单一,容易导致竞争模式的趋同化,企业不太容易赢得市场先机,也不容易保持竞争优势。在这样的市场中,持续开展科技创新并保持率先应用科技创新成果,将成为企业获得综合竞争优势的重要途径。如果企业通过率先将科技创新成果应用于生产形成技术差距,同时通过扩大生产规模、降低生

---

① 本书中主观贴现率是指经济体系中的行为主体在决策时对未来行为预期的效用的综合评价。

产成本,建立一种独特的大规模和低成本的格局,进而营造出强大的"先行者优势"①,就可以抢占市场先机,获得超常的垄断利润。当然,规模经济需要建立在科技创新标准化和技术水平稳态化的基础之上,规模效应的大小主要取决于企业的资金实力和其他生产资源的投入水平,而且在实践中研究发现,两者基本上同比例增减。因此,在规模经济效应影响下,企业科技创新乘数呈单倍级增长态势。当然,科技创新产生规模经济是有边界的,它要受制于市场范围的有限性,以及不同消费群体对产品的差异化需求。

第四节 公共科技创新投入以集聚、结构和范围经济效应促进行业增长

一、公共科技创新投入生成的公共科技创新成果有利于在行业层面上形成集聚效应

各国的公共科技创新投入都不仅仅投入企业,还有相当大的份额投入高等院校或者公共研发机构,或者产业集群组织、产业创新联盟类的新型产业合作组织,这些机构的科技创新成果更加具有公共性,有些知识类的科技创新成果更是免费地提供给社会共享。这种超越单个企业范围的科技创新就会在行业层面上形成以范围经济性表达的集聚效应。通过这种具有企业间和产学研合作性质的科技创新,企业会更有效率地开发出超越原有产品功能的升级产品、优化原有产品功能的配套产品或替代原有产品的新产品,或者进行业态创新和商业模式创新。随着生产经营范围的扩大,同一行业内部的其他企业也会通过各种方式进行模仿、学习与创新,从而能够产生给整个行业带来额外创新收益的空间集聚效应。具体作用机制如图2-9所示。

---

① 经济学意义上的先行者能先于竞争对手获得重要的生产资源,如原材料、厂房设备等。在资源稀缺的市场中,获得这些资源就相当于获得了垄断优势。先行者对厂房、设备等生产要素的大规模投资显示出坚定的市场进入决心,会吓退其他潜在竞争者的进入或小企业的扩张。最常见的先行者优势源于抢先进入某些技术领域,这会带来专利和经验曲线效果等,这些都会引领先行者成为技术领袖。

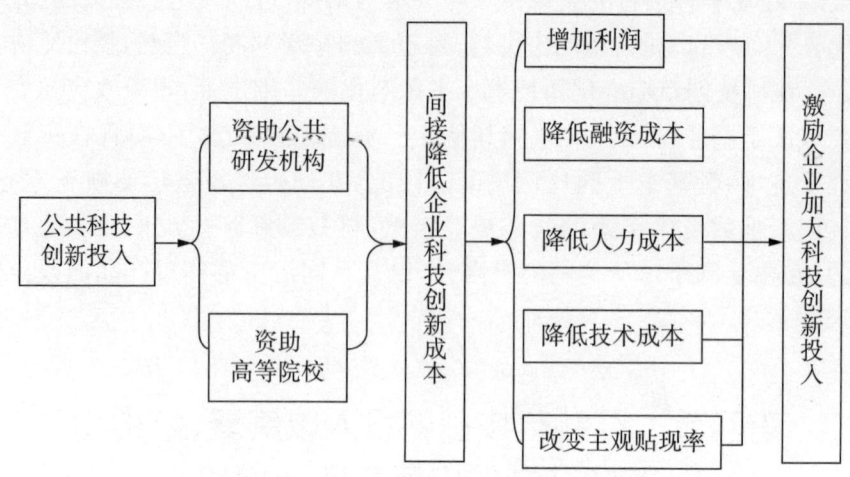

图 2-9　公共科技创新投入间接激励企业加大科技创新投入机制示意图

无论是技术领先的发达国家还是技术相对落后的发展中国家,除了资助企业科技创新以外,政府都会有相当大的财政支出资助公共科技创新。一般来说,财政资助公共科技创新主要投向公共研发机构和高等院校两个方向。资助公共研发机构,既有开展基础研究的内容,也包括应用研究的内容,资助高等院校则既可以发挥高等教育提升人力资本水平的作用,也可以发挥资助高等院校的研究人员开展基础研究的作用。所以,资助高等院校的公共科技创新投入,既包括由财政划拨到科技系统再转拨到高等院校的经费,也包括财政投入的高等教育经费。公共科技创新资金资助的研发活动与企业的私人研发活动间比较大的差异在于,公共研发的成果一般都具有基础意义,或具有一定的普遍实用性,往往具有公共产品的性质,研发需要的周期比较长,风险比较大,私人部门大多不愿意做或者是没有能力做。但是公共研发的成果是大都可以为企业免费使用的,于是这种资助同样降低了企业的科技创新成本,同样可以有效地降低企业的融资成本、人力成本、技术成本,提高企业利润率,改变企业的主观贴现率。企业在得到这样的公共利益的同时,会进一步产生加大科技创新投入强化科技创新的积极性。

二、科技创新在互补型市场中扩散,因范围经济效应生成多倍级乘数

通过科技创新,企业开发出超越原有产品功能的升级产品,优化原有产品功能的配套产品或者以新产品替代原有产品,随着产品升级和开发新产品,企业得以不断扩大生产经营范围。企业扩大生产经营范围的附加产品会产生范围经济效应,这一效应能给企业带来创新收益。范围经济指的是企业同时生产两种或两种以上产品时的成本会小于单独生产其中某一种产品时的成本。通常,范围经济所分享的或联合使用的投入要素都是没有达到完全拥挤水平的要素,尤其是信息、知识等这一类共享性的软要素。对同一企业生产品类相近产品的过程来说,企业在本行业范围内开展科技创新时,由于相关软要素存在的共享性,可以使信息、知识等共享性生产要素摆脱资产专用性的束缚,使科技创新成果的形成和应用可以从一个生产过程转移应用到另一个,这种转移应用不需要另外再花费成本,这就很容易实现总成本的降低。规模经济是通过同一产品的产量规模化来实现其经济性的,范围经济则不同,强调的是通过组合生产有一定关联性同时又有一定差异性的不同种类的产品来获得经济性。在互补型的市场中,企业如果实行多种产品联合生产,在生产空间上也能实现正外部性,将创造出集聚效应。企业能够获得多大的范围经济效应,跟使用的通用技术的范围和联合生产的产品类别有关。如果通用技术的适用性不变,联合生产的产品关联性也不变,企业通过范围经济效应获得的收益大小与通用技术的使用范围以及联合生产的产品类别成正比。当通用技术的适用性增加,联合生产的产品的关联性也增加,企业的范围经济效应也随之相应增加。由于科技创新一方面可以形成并持续优化通用技术同时不断拓展通用技术的使用范围,另一方面也可以增加联合生产的产业类别并不断提升产品之间的关联性,所以,考察由科技创新带来的范围经济效应实现的增长可以发现,科技创新的乘数规模会呈现出多倍级增长的态势。不过,科技创新产生范围经济的效应也存在边界,不仅仅和规模经济效应发挥一样,受到市场范围以及差异化的市场需求的局限,还会受到当期科技创新行为的配套能力水平的局限,因为要使科技创新成果应用并商业化,需要大量有关的配套技术、管理架构、

组织制度等多种因素综合支撑,如果某一方面出现短板,短板因素会影响整个经济体系的科技创新以及科技创新成果扩散的效果。

第五节 公共科技创新投入以结构、网络和乘数经济效应促进产业增长

一、产业层面在科技创新驱动下促进经济增长的机理

千百年来的经济发展实践表明,随着人类社会由农业经济时代进入工业经济时代,再转化为服务经济或称知识经济时代,三个产业的主导地位也依次转移,即由第一产业占主导地位转向由第二产业占主导地位,再由第二产业占主导地位转向由第三产业占主导地位。科技创新造就了不同经济主导的时代,也形成了在不同经济发展阶段不同产业扮演主导力量的经济结构。不同国家或者地区由于产业发展的专业化侧重方向存在不同,对科技创新的需求方向和需求层次都会呈现出较大差异,在科技创新的作用下不同国家或地区会逐渐发展形成差异化的经济结构。一个国家、地区或者特定产业的科技创新决定了该国家、地区或者特定产业生产要素的组合方式,这是导致经济结构发生变迁的重要因素,也正是这种结构变迁直接推动经济增长。在科技创新的作用下,生产要素投入结构中技术因素与非技术因素所占的比例会发生一定变化,经济增长方式也随要素投入结构变化而转换,同样会推动经济增长。所以,从产业或者区域层面上看,区域和产业的科技创新能够创造出结构效应,直接促使一国或者地区的产业结构变化及经济增长方式发生转换。

区域或产业科技创新创造的这种结构效应,是产业结构调整与区域经济增长方式转换带来的,它是区域或产业层面上科技创新对经济增长作用机理的核心。图2—10反映了区域或产业层面上的技术创新促进经济增长的机理。

在区域或产业范围大规模科技创新活动的影响下,区域或产业分工得以深化,产品结构发生调整,需求结构发生变化,同时,区域或产业内企业竞争力不断增强,区域或产业内部的要素组合与经济运行方式不断得到优化,

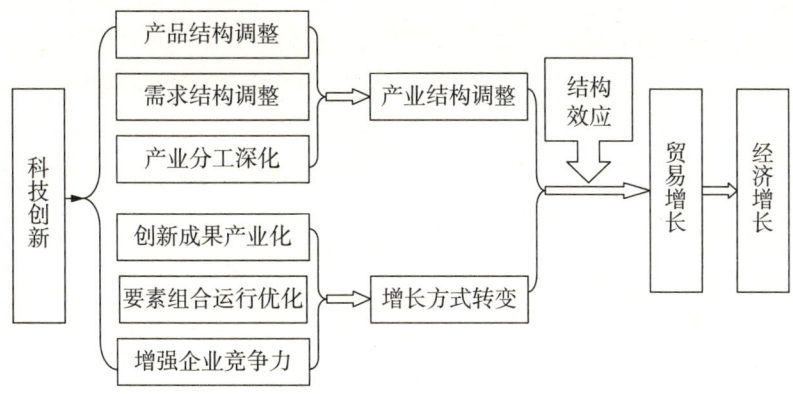

图 2-10 区域或产业层面科技创新促进出口贸易和经济增长结构效应作用机理示意图

这会推动产业结构发生调整,推动区域经济增长方式发生转变。沿着产业结构调整、经济增长方式转换的路径,科技创新的结构效应逐步显现。产业结构优化的直接结果是使经济运行的质量更高,整个产业更有竞争力,从而达到科技创新促进贸易和经济增长的目的。所以,从区域或产业层面上讲,科技创新是通过结构效应达到促进经济增长的目标的,结构效应是科技创新在区域或产业层面发挥作用机理的核心。

二、公共科技创新投入有利于激发全社会科技创新积极性,放大乘数效应

如果公共科技创新投入不断加大力度,就会在整个社会形成一种鼓励创新的氛围,不仅有利于提高企业家和研发人员等各种科技创新主体的信心指数,而且社会各方会通过有效率的制度安排来降低鼓励科技创新的生活成本、商务成本,从而提高全社会科技创新的效率。由于知识外溢和人力资本积累效应等,还会加快科技创新行为及其成果在企业和行业间的扩散与转移,不同企业主体之间会在竞争与合作交替作用过程中发生互相激励的效果,于是就会超越行业的层面,在产业内和产业间形成以联结经济性所表达的乘数效应,即科技创新通过乘数效应进一步演化为全社会的技术进步,从而推动贸易和经济增长。尤其是当社会信息化进程演化到网络化的阶段时,市场中的多个行为主体通过信息网络的联系实现相互间的复杂联

结,彼此间建立起一种既竞争又合作的新型关系,使投入方面的共通的生产要素尤其是技术或知识等软要素得以免费或低成本地转用,而表现出明显的产出方面的多个市场组织、企业主体复杂结合所创造的乘数效应。

三、科技创新在网络型市场中扩散,因联结经济效应生成指数级乘数

在信息化时代,科技创新往往会形成建立在网络效应之上的联结经济,它使科技创新活动所带来的技术进步一旦在个别企业发生,就可以通过发达的网络传播途径在全社会铺展开来,迅速实现科技创新的经济效果由企业层面进一步向产业和宏观经济层面扩散。科技创新的联结经济效应不仅包括科技创新投入方面的共通生产要素如知识和经验等可以免费或低成本转用,也包括科技创新产出方面的由多个市场组织、企业主体复杂结合所创造出的乘数效应[1]。联结经济效应的存在,使现代企业可以突破传统技术瓶颈下的时间限制和空间限制,大幅度降低交易成本,因而可以极大地提高社会劳动生产率,挖掘出增长的潜力,为经济增长提供全新的动力。联结经济效应在网络型市场环境下可以创造出两种网络效应,一是直接网络效应,二是间接网络效应。直接网络效应的含义是指在网络消费过程中,不同的消费者需求之间的相互依赖,以及网络消费导致的边际收益递增。间接网络效应的含义是指不断增加产品用户的过程会伴随持续增加附属商品的价值,这样就会额外增加原来的网络用户的效用。在网络效应作用下,科技创新的经济效益将随着采用科技创新成果的经济个体数量的增加而递增,这一规律和梅特卡夫法则[2]指出的网络价值随网络用户的增加而产生指数级增长的结论是一致的。因此,企业科技创新乘数的规模在联结经济中呈现指数级增长的趋势。与规模经济性和范围经济性都存在发挥效应的边界不一样的是,基于网络效应而发生的联结经济由于具有容量无限性、传播即时性、边际成本近乎为零等现代经济特征,所以理论上科技创新发挥乘数作用

---

[1] 王立平,吕民乐.知识溢出的规模经济、范围经济与联结经济[J].科学·经济·社会,2005,(4):39-41.

[2] 梅特卡夫法则是一个关于网络的价值和网络技术的发展的定律。具体内容是:一个网络的价值等于该网络内的节点数的平方,而且该网络的价值与联网的用户数的平方成正比。

的规模具有无限扩展的可能。但是现实经济中,科技创新通过联结经济产生乘数效应还是存在边界的,因为在技术网络、生产网络以及市场网络中,科技创新扩散程度不仅受到市场组织和企业主体间的空间距离、市场的组织结构、主体的接受能力等多重客观因素的制约,而且科技创新扩散与转移的过程中出现交易成本、摩擦成本和拥挤成本也是不可避免的,当这几种成本的综合边际成本等于因联结经济获得的边际收益时,就达到乘数效应的边界。

公共科技创新投入对经济增长乘数效应的大小可以用发生在作用过程中的公共科技创新投入对全社会研发投入的影响乘数、对全社会专利申请量的影响乘数及对高技术产品出口的影响乘数来表达,也可以用公共科技创新投入的出口贸易乘数和表征最终影响效果的公共科技创新投入经济增长乘数来表达,这两个最终乘数分别是公共科技创新投入作用于一个国家所有单个创新主体的科技创新活动所引致的出口贸易和经济增长的倍数。当然,由于一个国家的公共科技创新投入还可以进一步分解为投向不同科技创新行为主体的不同部分,一个地区的公共科技创新投入还可以分解为来源于不同级别财政拨款的不同部分,针对企业而言还可以分解为以直接和间接的不同方式扶持的不同部分,所以,也可以针对这些不同部分分别测算出不同的影响乘数或者说是放大倍数。这些倍数的测算依赖于利用相关指标确立的长期动态趋势函数,一旦确立这种特定的函数,就可以根据变量之间的关系测算出公共科技创新投入的各种乘数。

第三章　数学模型的帮助

从内生增长理论的有关研究中我们可以了解到,公共科技创新支出中对高等院校的投资可以有效增加人力资本积累和知识积累,对公共研发机构资助的公共研发成果中,基础研究成果可以增加知识积累,应用研究成果可以直接为企业所用,都会对企业科技创新活动和经济体系的总产出产生重要的影响。本书继承了 Aghion & Howitt(1992[①],1998[②],2007[③])所建立并在近年不断增加其内涵的新熊彼特主义内生增长模型的思想基础,在借鉴 Morales(2003)模型[④]和许治(2006)模型[⑤]、张金胜(2011)模型[⑥]的基础上,尝试构建一个包含公共科技创新投入的模型,深入刻画来自政府财政的公共科技创新投入影响一国或者地区经济增长的机制。

本章的结构如下:首先对 Aghion & Howitt 模型进行介绍,目的在于说明本研究所提出的新模型对 Aghion & Howitt 模型的改进。其次,在 Aghion & Howitt 模型的基础上,引入多种不同投向、不同来源或者不同方式的公共科技创新投入变量,构建包含公共科技创新投入变量的多研发部门内生增长模型,并根据上述模型引申出若干命题,揭示公共科技创新投入的不同投向、不同来源或者不同方式可能对企业科技创新的中间投入及中间产出、最终产出尤其是出口贸易和经济增长产生的影响;最后,为了更好地比较公共科技创新投入不同投向、不同来源或者不同方式的绩效,进一步对模型

---

① Aghion, P., Howitt, P. A model of Growth Through Creative Destruction[J]. Econometrica, 1992(Lx):323-351.

② Howitt, P., Aghion, P. Capital Accumulation and Innovation as Complementary Factors in Long-Run Growth[J]. Journal of Economic Growth, 1998,(3):111-130.

③ Aghion, P., Howitt, P. Capital, Innovation and Growth Accounting[J]. Oxford Review of Economic Policy, Vol:23,2007(11):79-93.

④ Morales. Research Policy and Endogenous Growth[J]. Spanish Economic Review, 2004(3):179-209.

⑤ 许治.政府公共 R&D 与内生经济增长[D].西安:西北大学博士学位论文,2006.

⑥ 张金胜.中国政府财政科技投入适度规模[D].西安:西北大学博士学位论文,2011.

进行灵敏度分析,根据灵敏度分析的分析结果给出理论研究结论及启示。

第一节 Aghion & Howitt 模型

一、基本模型

Aghion & Howitt(1992,1998,2007)认为,资本积累和科技创新不应当被认为是存在于经济增长过程中的两个不同的驱动因素,这两种因素是经济增长同一过程的两个方面。一方面,因为用于科技创新的资本投入会导致产生新的科技创新成果,另一方面,新的技术几乎总是以新的物质资本形式或新的人力资本的形式来体现的,如果企业要使用这些新的技术,就必须积累这些与技术高度关联的物质资本或者人力资本。因此,在 Aghion & Howitt 模型中,整个经济体系分为三个部分:一是最终产品生产部门,二是中间产品生产部门,三是研发部门。

(一)最终产品生产部门

假设最终产品生产部门利用劳动力(L)和中间产品(m)生产最终消费品投放市场,市场条件是完全竞争的。还假设,劳动力供给无弹性,存在一系列的中间产品生产商,它们为最终产品生产部门提供中间产品(m_{it}),这里 m_{it} 表示第 i 个中间产品生产商在 t 时期所提供的中间产品的数量。该最终产品生产部门的生产函数采用 Cobb-Duoglas 生产函数形式,假设规模报酬恒定。具体生产函数形式见式(3-1):

$$Y_t = L^{1-\alpha}\int_0^1 A_{it}m_{it}^\alpha di \qquad (3-1)$$

式(3-1)中,Y_t 表示该经济系统在整个 t 期的总产出,A_{it} 表示每个中间产品生产商的技术水平参数,这一参数的取值决定于经济体系中研发部门的科技创新水平。

(二)中间产品生产部门

中间产品是生产最终消费品的投入品之一。假设每个中间产品的生产部门都是垄断的市场结构,也就是说假设创新者在一定时期内能够凭借科技创新的结果在市场上获得暂时的垄断地位。为了取得这种市场上暂时性的垄断地位,每一个中间厂商总是要向有关的研发部门购买当期最先进的技术专利,再利用买到的独占性专利进行生产,以期获得这种最先进专利的垄断收益。但是这种垄断过程总是相对短暂的,因为创新是持续的,所以总是不断有新的技术和新的产品出现。一旦有新的技术出现,原来的垄断厂商的地位就会被新进入者颠覆,原垄断者会失去原有的垄断地位,同时会随之失去原有的垄断收益。这样一个反复循环的过程就是熊彼特在100年前就指出的"创造性毁灭过程"。

假设生产中间产品除了专利技术外唯一需要投入的是资本。假设在 t 时期,生产 1 个单位的第 i 个中间产品必需的资本量为 A_{it} 单位。假设存在完全竞争的金融市场,该市场提供生产中间产品所需的资本品,该金融市场在 t 时期的利率是 ζ_t,那么中间产品生产商生产 1 个单位中间产品的成本就是 $A_{it}\zeta_t$。又因为最终产品市场是完全竞争的,所以在均衡状态下,中间产品的价格与其边际成本相等,于是可以解得中间产品价格为:$p(m_{it}) = \alpha L^{1-\alpha} A_{it} m_{it}^{\alpha-1}$。

根据以上条件,可以得到垄断厂商获得最大利润的条件为:

$$\pi_{it} = \max[p(m_{it}) - A_{it}\zeta_t m_{it}]$$
$$s.t.\ p(m_{it}) = \alpha L^{1-\alpha} A_{it} m_{it}^{\alpha-1} \quad (3-2)$$

由式(3-2)可以进一步解得中间产品生产厂商在均衡状态下中间产品的供给:

$$m_{it} = L \left(\frac{\alpha^2}{\zeta_t}\right)^{\frac{1}{1-\alpha}} \quad (3-3)$$

式(3-3)还有另外一种含义,即在任意一个时点上,所有生产中间产品的厂商都将生产出相同数量的中间产品,也就是 $m_{it} = m_t$。

将式(3-3)代入式(3-2),可进一步求得中间产品生产厂商在均衡状态下的利润:

$$\pi_{it} = \alpha(1-\alpha)L^{1-\alpha}A_{it}m_{it}^{\alpha}。 \quad (3-4)$$

假设 A_{it} 是 t 时期的中间产品生产部门的平均技术水平参数,即:

$$A_t = \int_0^1 A_{it} di。$$

由于每家厂商使用 $A_{it}m_{it}$ 单位的资本，t 时期的总资本存量为 K_t，所以可以得到资本市场实现均衡的状态下：$K_t = \int_0^1 A_{it}m_{it}di$。

又因为 $m_{it}=m_t$，所以 $K_t=A_tm_t$，

假设 $k_t = \dfrac{K_t}{A_t}$，

其中 k_t 表示第 i 个中间产品生产商的"资本密度"。由上述分析可知：$m_t=k_t$，也就是说，在 t 时期每家厂商生产中间产品的均衡产出一定与它的"资本密度（k_t）"相等。将这一结论代入式（3-3），我们可得：

$$\zeta_t = \alpha^2 L^{1-\alpha} K_t^{\alpha-1} \tag{3-5}$$

式（3-5）表明资本密度是利率的递减函数。这意味着如果资本密度增加，中间产品生产厂商支付给资本所有者的均衡利率会减少，也可以解释为是资本积累边际报酬递减的结果。

（三）研发部门

每一个中间产品生产部门都对应经济体系中一系列的研发部门，这些研发部门彼此竞争，开展研发活动，以试图不断获得新的科技创新成果。但科技创新能否成功总是不确定的，所以可以假设单一研发部门科技创新成功的概率为 λ，假设 λ 服从泊松分布，同时假设不同研发部门之间的科技创新活动彼此独立。

虽然不同部门的科技创新成功率彼此不相关，但是这些创新本身都取材于同样的技术知识存量，即所有创新都以既有经济体系中的知识存量为基础。这种知识的状态以理想化的"最先进的"技术来代表，它在 t 时期表示为 A_t^{max}。根据"创造性破坏"原理，假设在任意一个部门 i，t 时期的每一个科技创新活动都允许创新者在最开始的时刻使用最先进的技术进行生产，同时一旦部门 i 开始以最前沿的技术开始生产，则部门 i 以前的生产者就不再处于技术的前沿，而是被取代掉。这种情况发生的时候，该部门 i 的技术参数 A_{it} 将会跳跃到 A_t^{max}。但是技术前沿参数 A_t^{max} 是逐渐增长的，它的增长率取决于该经济体系总的科技创新速度。假设技术前沿参数 A_t^{max} 的增长率服从：

$$\frac{\dot{A}_t^{max}}{A_t^{max}} = \gamma = \alpha\lambda p(n_t) \tag{3-6}$$

式中 σ 为参数，$\sigma\lambda p(n_t)$ 可以理解为整个经济体系科技创新成功的概率。

研发部门从事研发活动的投入除了人力资本以外，还要投入实物资本，于是假设 N_{it} 是在 t 时期对 i 部门的研发投资。还假设，技术是越来越复杂的，也就是说，更多的创新需要更多的实物投资。为了反映这种技术复杂化的趋势，我们用技术前沿参数 A_t^{max} 对研发投资进行调整，即 $n_{it} = \dfrac{N_{it}}{A_t^{max}}$，

这里的 n_{it} 可以理解为"研发密度"。

前文已经提到，对研发活动的每单位投资，创新成功的概率是 λ，那么第 i 个中间产品生产部门创新成功的概率就是 λn_{it}，当然又可以表示为 $\lambda p(n_{it})$。

中间产品生产厂商也开展科技创新活动，如果成功，该厂商的技术水平 A_{it} 将会跳跃到 A_t^{max}。所以该中间厂商科技创新成功的垄断收益是 $\alpha(1-\alpha)L^{1-\alpha}A_t^{max}k_t^\alpha$。又因为科技创新过程中始终伴随发生"创造性毁灭"效应，科技创新成功的厂商这一次取得的垄断收益在本次科技创新成果被下一次科技创新的成果替代后将完全消失，所以创新厂商从事科技创新活动的期望收益 V_t 为：

$$\max V_t = \int_t^\infty e^{-\int_t^\tau [r_s + \lambda p(n_s)]ds}(1-\alpha)\alpha A_\tau^{max}L^{1-\alpha}k_\tau^\alpha d\tau \quad (3-7)$$

式（3-7）中，r_s 表示贴现率，当时间偏好为线性时，该贴现率与金融市场中的利率等值。$e^{-\int_t^\tau [r_s + \lambda p(n_s)]ds}$ 可以理解为创新垄断利润在科技创新成功率为 $\lambda p(n_t)$ 条件下的贴现。

厂商科技创新成功的边际成本为 C_t，由式（3-7）我们可以求解出厂商从事科技创新的边际收益为 $C_t\left(\dfrac{\lambda p(n_t)}{n_t}\right)\left(\dfrac{(1-\alpha)\alpha L^{1-\alpha}k_t^\alpha}{r_t + \lambda p(n_t)}\right)$。这样，我们可以进一步得到厂商从事科技创新的套利条件：

$$s.t. \ 1 = \left(\dfrac{\lambda p(n_t)}{n_t}\right)\left(\dfrac{(1-\alpha)\alpha L^{1-\alpha}k_t^\alpha}{r_t + \lambda p(n_t)}\right) \quad (3-8)$$

式（3-8）同时也反映了厂商从事研发活动处于均衡状态时，资本密度（k_t）和研发密度（n_t）需要满足的关系。

（四）资本市场

对于资本所有者来说，资本的租金率（ζ_t）必须足够大到可以补偿三种不同的成本——资本利息、资本折旧和税收才可以持续。所以式（3-5）进一步调整为：

$$r_t + \delta + \tau_k = \alpha^2 L^{1-\alpha} k_t^{\alpha-1} \qquad (3-9)$$

式(3-9)中，r_t 代表资本利率，δ 代表资本的折旧率，τ_k 为资本积累被征税的税率。这样式(3-9)同时建立了资本密度(k_t)与利率(r_t)的关系。

(五) 均衡状态

当经济处于均衡状态时，同时满足式(3-8)和式(3-9)，式(3-8)就是厂商研发的均衡条件，式(3-8)等式的右边 $\left(\frac{\lambda p(n_t)}{n_t}\right)\left(\frac{(1-\alpha)\alpha L^{1-\alpha} k_t^\alpha}{r_t + \lambda p(n_t)}\right)$ 可以理解为厂商从事科技创新的预期边际收益，第一项 $\frac{\lambda p(n_t)}{n_t}$ 为厂商从事科技创新获得成功的概率，第二项 $\frac{(1-\alpha)\alpha L^{1-\alpha} k_t^\alpha}{r_t + \lambda p(n_t)}$ 的分子部分 $(1-\alpha)\alpha L^{1-\alpha} k_t^\alpha$ 为厂商从事科技创新成功后可能获得的总收益，分母 $r_t + \lambda p(n_t)$ 可以理解为总收益的贴现率，等式左边为厂商科技创新活动的边际成本。

式(3-9)为厂商资本积累的均衡条件。

二、研发活动影响经济增长的机理

由于总生产函数为 $Y_t = A_t L^{1-\alpha} k_t^\alpha$，由式(3-9)可以推出在资本市场处于均衡状态时，k_t 在每一时期都是恒定的，进而可以得出，总产出(Y_t)的增长率等值于技术水平(A_t)的增长率：

$$\frac{\dot{Y}_t}{Y_t} = \frac{\dot{A}_t^{\max}}{A_t^{\max}} = \gamma = \alpha \lambda p(n) \qquad (3-10)$$

式中 $A_t^{\max}$ 为衡量经济体系中社会知识存量的参数，经济体系中社会对知识生产的投资决定该参数值的大小，即对研发活动的投资是其决定变量。式(3-10)表明研发密度决定经济增长幅度，当然研发密度也可以理解为对研发活动的投入强度。在其他条件都不变的情况下，由厂商研发投资的均衡条件和实物投资的均衡条件可以解得均衡的研发投资 n^* 和实物投资 k^*，进而根据式(3-10)就可以求解出社会稳定状态下的经济增长率。如果社会知识存量改变，厂商从事科技创新成功的概率和创新收益的贴现率都会随之改变，进而厂商均衡时的研发投资 n^* 和实物投资 k^* 也会随之发生变化，于是最终影响经济体系的总产出。

第二节 公共科技创新投入促进增长模型的构建与求解

Aghion & Howitt 模型是本书的理论基础,在其模型中引入公共科技创新投入变量后,就是本书的分析工具。

一、基本假设

情形一:

一国或者一个地区公共科技创新投入总额($\tilde{\varGamma}$)可分为四部分:(1)财政为科技创新提供直接人力资本积累同时也凭借开展科技创新活动的资助高等院校的经费[①],总额为$\tilde{\varGamma}_1$,占$\tilde{\varGamma}$的比例为c_1;(2)财政提供给公共研发部门(政府所属科研院所为主)从事科技创新活动的经费,总额为$\tilde{\varGamma}_2$,占$\tilde{\varGamma}$的比例为c_2;(3)财政直接投入科技企业资助企业进行科技创新,即政府将这部分经费委托给科技企业,让科技企业利用政府的财政资金从事科技创新活动,总额为$\tilde{\varGamma}_3$,占$\tilde{\varGamma}$的比例为c_3;(4)政府以税式支出的方式给从事科技创新活动的生产厂商提供税收优惠,这相当于给予从事科技创新的科技企业以科技创新补贴(这相当于财政的间接支出),假设政府对科技企业从事科技创新活动的单位补贴率为s_n,如果科技企业科技创新的总投资为N,那么政府给予科技企业科技创新补贴的总额就是s_nN,占$\tilde{\varGamma}$的比例为c_4。

进一步假设$\tilde{\varGamma}$占政府财政支出($\tilde{G}_t$)的比例为θ,即:

$$\tilde{\varGamma} = \tilde{\varGamma}_1 + \tilde{\varGamma}_2 + \tilde{\varGamma}_3 + s_nN_t = \theta\tilde{G}_t。$$

---

① 财政高等教育拨款作为一个代理变量表征政府为公共研发部门和资助企业研发之外的科技创新活动提供的资助,原因有三方面:一是科技创新有知识创新、技术创新和管理创新三方面内涵,研发投入之外还有许多内容,仅公共研发资金不能概括公共科技创新投入;二是借鉴 Uzawa(1961)两部门模型、Rebelo(1991)教育凸性模型的思想,这两个模型依靠教育部门实现内生增长,借鉴 Pelloni(1997)两要素内生增长模型思想,将教育部门与研发部门并列同时作为经济内生增长的驱动部门;三是事实上高等院校的大量人力资本积累活动和研发活动使用的是财政高等教育拨款而不仅仅是公共研发资金拨付给高等院校使用的资金部分并且在实践中对科技创新创业产生深远的影响。

经过社会知识存量参数 A_t^{max} 的调整后,公共科技创新投入强度为:
$$\Gamma = \Gamma_1 + \Gamma_2 + \Gamma_3 + s_n n = c_1\Gamma + c_2\Gamma + c_3\Gamma + c_4\Gamma = \theta G。$$

其中,Γ_1 为财政为科技创新提供直接人力资本积累和部分研发成果的对高等院校的投资强度,Γ_2 为财政提供给公共研发部门从事科技创新活动的投资强度,Γ_3 为财政直接投入科技企业资助企业进行科技创新活动的投资强度,s_n 为政府对科技企业从事科技创新活动的单位补贴率,n 为从事科技创新的科技企业的科技创新投入密度。

情形二:

由于本书还将就我国公共科技创新投入源于不同级别财政的相应部分对企业科技创新投入和产出的影响做研究,所以在此同样明确相应的假设条件。对于一个从事科技创新的生产性企业而言,一国或者一个地区公共科技创新投入总额($\widetilde{\Gamma}$)可分为四部分:(1)由中央级财政拨款的公共科技创新经费,总额为 $\widetilde{\Gamma}_1$,占 $\widetilde{\Gamma}$ 的比例为 c_1;(2)由省、直辖市或自治区级财政拨款的公共科技创新经费,总额为 $\widetilde{\Gamma}_2$,占 $\widetilde{\Gamma}$ 的比例为 c_2;(3)由地、市、自治州、县级财政拨款的公共科技创新经费,总额为 $\widetilde{\Gamma}_3$,占 $\widetilde{\Gamma}$ 的比例为 c_3;(4)政府给从事科技创新活动的生产厂商提供税收优惠,这相当于以税式支出的方式给予从事科技创新的企业以科技创新补贴,假设政府对企业从事科技创新活动的单位补贴率为 s_n,如果企业科技创新的总投资为 N,那么政府给予企业科技创新补贴的总额就是 $s_n N$,占 $\widetilde{\Gamma}$ 的比例为 c_4。

进一步假设 $\widetilde{\Gamma}$ 占政府财政支出($\widetilde{G}_t$)的比例为 θ,即:
$$\widetilde{\Gamma} = \widetilde{\Gamma}_1 + \widetilde{\Gamma}_2 + \widetilde{\Gamma}_3 + s_n N_t = \theta \widetilde{G}_t。$$

经过社会知识存量参数 A_t^{max} 的调整后,财政科技创新投入强度为:
$$\Gamma = \Gamma_1 + \Gamma_2 + \Gamma_3 + s_n n = c_1\Gamma + c_2\Gamma + c_3\Gamma + c_4\Gamma = \theta G。$$

其中,Γ_1 为由中央级财政拨款的公共科技创新经费投资强度,Γ_2 为由省、直辖市或自治区级财政拨款的公共科技创新经费投资强度,Γ_3 为由地、市、自治州、县级财政拨款的公共科技创新经费投资强度,s_n 为政府对企业从事科技创新活动的单位补贴率,n 为企业从事科技创新活动的投入密度。

根据董为民(2011)的研究,我国公共科技创新资金分别源于中央财政、地方省、市、县等不同级别的财政,虽然最终都是作用于企业的科技创新,但是在支持科技创新的过程中,不同级别财政来源资金的资助重点是不同的。中央财政支持企业科技创新的重点是基础研究和基础性共性技术开发、与国防安全相关的核心技术开发以及公益性全国公共产品技术开发。中央财政和地方财政联合支持的企业科技创新重点是战略性高新技术产业、公益性产业中准公共产品的技术开发、军民两用项目以及关键共性技术开发。地方财政支持企业科技创新的重点方向是一般共性技术创新、地方性准公共产品的技术创新、高新技术产品的开发以及一般性竞争性产业中高端技术创新[①]。所以我们可以基本认为情形一和情形二的假设基本是对应等效的。所以在下文仅针对情形一进行数学推导,在实证阶段一并进行计量分析。

二、公共科技创新投入资助公共研发对全社会创新的影响

为研究方便,这里借鉴研发活动的分类,把科技创新活动简化为两种最基本的方式:一是基础研究,二是应用研究。其中的基础研究主要是从事以增进人们的知识、提高人力资本水平为目的的科技创新活动,它的产出不能直接用作商业用途,但是可以直接增加整个社会的知识存量,从而使今后的科技创新在不断增加的知识存量之上开展,这样就会使科技创新不断变得容易。基础研究在高等院校和公共研发机构中开展较多,一些生产极为高端技术产品的企业如国防产品厂商、生命科学产品厂商也会开展基础研究。高等院校对于科技创新和经济增长而言发挥的直接作用是提高人力资本的水平,同样使科技创新变得更容易,所以高等院校所起到的这种作用和基础研究在这里视为相同。产学研活动使高等院校也能够得到资金从事应用研究,政府资助的公共研发机构总体上既开展基础研究也从事应用研究。大多数生产厂商以开展应用研究为主,这种应用研究主要指政府或者企业以获取直接商业价值为活动目的的研发活动,现在企业中大量开展的管理创新和商业模式创新等内容归并入应用研究。

当公共科技创新投入资助高等院校和公共研发机构开展基础研究时,公共科技创新投入对高等院校和公共科研机构从事基础研究的投资强度为

---

① 董为民. 公共财政与企业科技创新[J]. 财政研究,2011,(11):57-62.

$\Gamma_{b1}+\Gamma_{b2}$，对应用研究的资助强度为 $\Gamma_{a1}+\Gamma_{a2}$，即 $\Gamma_1+\Gamma_2=\Gamma_{b1}+\Gamma_{a1}+\Gamma_{b2}+\Gamma_{a2}$。假设高等院校和公共研发部门从事科技创新获得成功的概率由下式表示：

$$\lambda p(\Gamma_1+\Gamma_2)=\lambda[(\Gamma_{a1}+\Gamma_{a2})(1+b(\Gamma_{b1}+\Gamma_{b2}))]^{1/2} \quad (3-11)$$

式中 b 为衡量基础研究对应用研究溢出效应的正参数。当高等院校和公共研发部门从事基础研究类科技创新获得成功的概率最大时可得：

当 $\Gamma_1+\Gamma_2>\dfrac{1}{b}$ 时，$\Gamma_{a1}+\Gamma_{a2}=\dfrac{\Gamma_1+\Gamma_2}{2}+\dfrac{1}{2b}$，$\Gamma_{b1}+\Gamma_{b2}=\dfrac{\Gamma_1+\Gamma_2}{2}-\dfrac{1}{2b}$，

将其代入(3-11)式，可得：

$$\lambda p(\Gamma_1+\Gamma_2)=\lambda\left(\dfrac{1+b(\Gamma_1+\Gamma_2)}{2\sqrt{b}}\right) \quad (3-12)$$

这时，整个社会科技创新的成功率由 Aghion & Howitt(1998)模型中的 $\lambda p(n)$ 提高到 $\lambda p(n)+\lambda p(\Gamma_1+\Gamma_2)$。整个社会科技创新成功率的提高，意味着经济体系中"创造性毁灭"的程度更加剧烈，同时科技创新成功率的提高还导致从事科技创新厂商的预期垄断利润贴现率得到提升，因此会减少创新厂商科技创新的预期收益，创新厂商在这种预期下，会降低对科技创新活动的投资，所以这种情况会影响总产出。

当公共科技创新投入资助企业科技创新时，资助企业开展基础研发的投资量为 Γ_{b3}，资助企业开展应用研发的投资量为 Γ_{a3}，即

$$\Gamma_3=\Gamma_{b3}+\Gamma_{a3}。$$

在均衡时，企业取得科技创新成功的概率满足下列条件：

$$\max \lambda p(n,\Gamma_3)=\lambda[(n_a+\Gamma_{a3})(1+b(n_b+\Gamma_{b3}))]^{1/2} \quad (3-13)$$
$$s.t.\ n=n_a+n_b$$

其中，n 为企业总的科技创新投资强度，n_b 为企业开展基础研究的投资强度，n_a 为企业开展应用研究的投资强度。

求解式(3-13)可得：当 $n+\Gamma_{a3}-\Gamma_{b3}\geqslant\dfrac{1}{b}$ 时，$n_a=\dfrac{n+\Gamma_{b3}-\Gamma_{a3}}{2}+\dfrac{1}{2b}$，$n_b=\dfrac{n+\Gamma_{a3}-\Gamma_{b3}}{2}-\dfrac{1}{2b}$。此时，可以得到科技企业从事科技创新成功的概率为：

$$\lambda p(n,\Gamma_3)=\lambda\left(\dfrac{1+b(n+\Gamma_3)}{2\sqrt{b}}\right) \quad (3-14)$$

当公共科技创新投入资助企业开展科技创新时,直接改变厂商科技创新成功的概率,使该概率由原来的 $\lambda p(n)$ 变为 $\lambda p(n,\Gamma_3)$。厂商科技创新成功概率的改变,同时导致厂商科技创新均衡的条件发生变化,最终也会影响总的产出。

当公共科技创新投入向从事科技创新活动的厂商提供鼓励科技创新的税收优惠时,可以直接降低厂商科技创新活动的边际成本,即厂商科技创新活动的边际成本由原来的 C_t 变为 $(1-s_n)C_t$。由于边际成本的降低,厂商会有动力加大对科技创新活动的投资力度,这样就可以进一步提高社会知识存量的增长速度,这一速度同时也是稳定状态时的经济增长率。

三、包含政府公共科技创新投入的新熊彼特增长模型

从上面的分析可以知道,公共科技创新投入对企业科技创新活动提供资助时,直接改变了企业科技创新成功的概率,即由原来的 $\lambda p(n)$ 变为 $\lambda p(n,\Gamma_3)$。而高等院校和公共研发部门的人力资本积累和科技创新活动也会提高整个社会科技创新的成功率,此时,整个社会科技创新的成功率就变为 $\lambda p(n,\Gamma_3)+\lambda p(\Gamma_1+\Gamma_2)$。整个社会创新成功率的提高,也意味着"创造性毁灭"的程度更加剧烈,即从事科技创新的企业的预期垄断利润贴现率会提升,会减少从事科技创新的企业创新的预期收益。同时,政府对激励企业开展科技创新活动的税收激励(s_n)则会降低企业科技创新活动的边际成本,从而激励企业增加对科技创新活动的投资。

引入高等院校和政府公共研发部门的科技创新后,Aghion & Howitt(1998)模型中厂商从事创新的均衡条件就改变为:

$$(1-S_n)C_t = \left(\frac{\lambda p(n,\Gamma_3)}{n}\right)\left(\frac{(1-\alpha)\alpha L^{1-\alpha}k^\alpha C_t}{\gamma+\rho+\lambda p(n,\Gamma_3)+\lambda p(\Gamma_1+\Gamma_2)}\right) \quad (3-15)$$

$$\Gamma+\rho+\delta+\tau_k = \alpha^2 L^{1-\alpha}k^{\alpha-1} \quad (3-16)$$

进一步假设全社会的知识存量增长的速率 $\dfrac{\dot{A_t^{max}}}{A_t^{max}}$ 由(3-17)式给出:

$$\frac{\dot{A_t^{max}}}{A_t^{max}} = \sigma\lambda\ (n_A)^\beta\ (n_B)^{1-\beta} \quad (3-17)$$

其中 σ、β 为参数($\sigma \in (0, \infty)$，$\beta \in (0,1)$)，n_A 为全社会对应用研究的投资强度，包括公共科技创新投入和企业共同对应用研究的投资，即：

$n_A = n_a + \Gamma_{a1} + \Gamma_{a2} + \Gamma_{a3}$。$n_B$ 为全社会对基础研究的投资强度，包括公共科技创新投入资金和企业共同对基础研究的投资，即：$n_B = n_b + \Gamma_{b1} + \Gamma_{b2} + \Gamma_{b3}$。由 Aghion & Howitt 模型的推导经验可知，全社会知识存量增长的速率等于经济处于稳定状态时的增长率 γ。

公共科技创新投入资助的高等院校和公共研发机构的人力资本积累和科技创新活动对经济增长的影响反映在两个方面：一方面，引入高等院校和公共研发机构的人力资本积累和科技创新活动以后，会直接改变企业科技创新活动的边际条件，进而导致厂商均衡的科技创新投资 n^* 和实物投资 k^* 也会随之变化，最终影响总产出；另一方面，根据(3-17)式可知，由于高等院校和公共研发机构科技创新活动的存在，会有效增加社会知识的存量，加快社会知识存量增加的速率，也就是提高稳定状态时的经济增长率。公共科技创新投入资助的人力资本积累和科技创新活动对经济增长影响如图 3-1 所示。

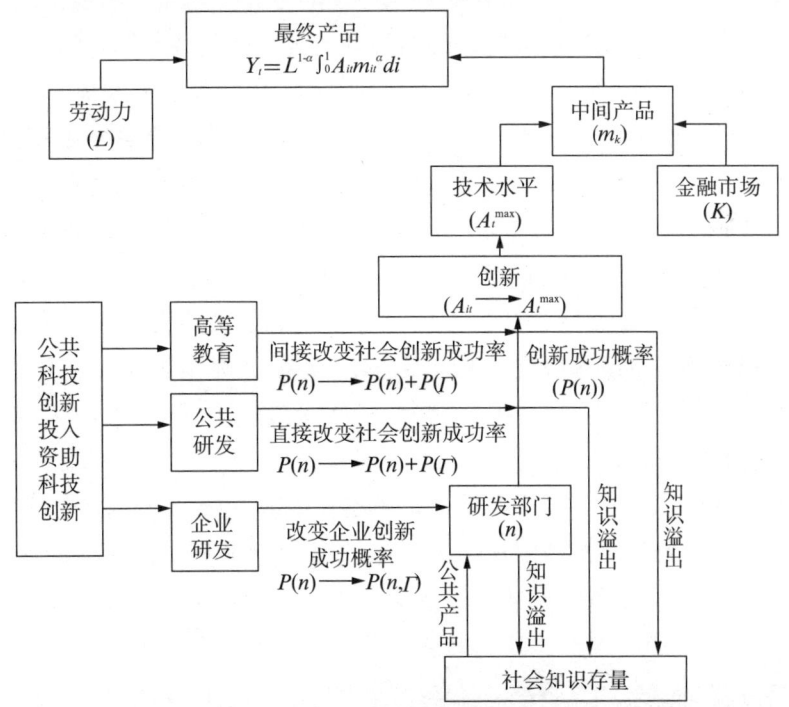

图 3-1　公共科技创新投入促进增长模型基本思路示意图

四、公共科技创新投入在经济增长中的作用

根据前述分析可知,公共科技创新投入资助高等院校、公共研发机构、科技企业的不同形式,或者是等效的从中央到基层的不同级别财政在科技创新方面的支出均会对企业科技创新的边际条件产生影响,并且不同形式的影响是不同的,进而引致总产出发生不同的变化。

通过对式(3-15)、式(3-16)的分析,本书得出以下几个命题:

命题一:公共科技创新投入资助的高等院校和公共研发部门从事的基础研究(包含人力资本积累效应)和应用研究两种科技创新活动都会挤出企业对科技创新的投资,但具体挤出效应是否最终影响经济在稳定状态时的增长率,取决于高等院校和公共研发部门开展的基础研究和应用研究的相对比例、具体参数的取值。同时,提高公共科技创新投入中高等院校和公共研发部门在公共科技创新投入经费的使用比例(c_1+c_2),虽然会挤出企业的科技创新投资,但是对经济在稳定状态下的增长率的净影响是正的。

如果公共科技创新资金资助的高等院校和政府公共研发部门不进行应用研究,只从事基础研究,即$\Gamma_{a1}=0,\Gamma_{a2}=0$时,由式(3-11)可知:$\lambda p(\Gamma_1+\Gamma_2)=\lambda[(\Gamma_{a1}+\Gamma_{a2})(1+b(\Gamma_{b1}+\Gamma_{b2}))]^{1/2}=0$,此时虽然高等院校和公共研发部门的科技创新活动不影响企业的均衡条件,但高等院校和政府公共研发部门的基础研究活动取得成功会增加全社会的知识存量,进而通过知识的溢出效应使企业的科技创新变得更容易,即全社会知识存量的增加使λ增大,所以最终有利于γ的增长。假如高等院校和公共研发部门在从事基础研究的同时还从事应用研究,即$\Gamma_{a1}\neq 0,\Gamma_{a2}\neq 0$,此时高等院校和公共研发部门的科技创新活动会提高整个社会科技创新的成功率,从而加速"创造性破坏"的循环过程,进而使企业因对科技创新的预期收益下降而减少科技创新投资。这种挤出效应会不会最终影响经济在稳定状态下的增长率,取决于高等院校和公共研发部门从事的基础研究和应用研究的相对比例、具体参数的取值。只有当$\psi\in\Psi(\psi\equiv(\beta,b,\Gamma_{a1},\Gamma_{b1},\Gamma_{a2},\Gamma_{b2}),\Psi\equiv[0,1]\times[0,\infty]^3)$时,增加高等院校和公共研发部门的基础研究和应用研究才有利于γ的提升,即此时$\dfrac{\partial\gamma}{\partial(\Gamma_{b1}+\Gamma_{b2})}>0,\dfrac{\partial\gamma}{\partial(\Gamma_{a1}+\Gamma_{a2})}>0$。

$$\Psi = \left\langle \psi \in \Psi \middle| \frac{1}{2(1-\beta)} \left(\frac{b(\Gamma_{a1}+\Gamma_{a2})}{1+b(\Gamma_{b1}+\Gamma_{b2})} \right) < 1, \text{并且} \left(\frac{1-\beta}{\beta} \right) \left(\frac{1+b(\Gamma_{b1}+\Gamma_{b2})}{b(\Gamma_{a1}+\Gamma_{a2})} \right) < 1 \right\rangle$$

提高高等院校和公共研发部门在公共科技创新资金中的使用比例(c_1+c_2)会对企业的科技创新投资产生挤出效应，即$\frac{\partial n}{\partial(c_1+c_2)}<0$，但是随着高等院校和政府公共研发部门的公共科技创新投入的增加会逐渐抵消这种挤出效应，社会对科技创新投入的净增加为正，最终会提高γ，即$\frac{\partial \gamma}{\partial(c_1+c_2)}>0$。

命题二：当公共科技创新资金资助企业开展科技创新活动时，无论是提高对企业基础研究还是提高对企业应用研究的资助水平，都有助于促进整体经济增长，并且在经济达到均衡时，企业的基础研究和应用研究对经济增长率的边际贡献度等值。同时，提高资助企业科技创新的资金量在公共科技创新资金中的使用比例(c_3)，也有助于促进经济增长。

提高公共科技创新资金资助企业开展科技创新活动的总量（即提高Γ_3），无论是提高对企业从事基础研究的资助强度，还是提高对企业从事应用研究的资助强度，都不一定会挤出企业对科技创新活动的投资。是否会产生挤出效应取决于具体参数的取值和有关科技创新投资的初始状态。而在高等院校和政府公共研发部门仅开展基础研究时，对企业科技创新投资的挤出效应一定存在。同时，在经济达到均衡时，企业开展的基础研究和应用研究对经济增长率的边际贡献度等值，即：$\frac{\partial \gamma}{\partial \Gamma_{b3}} = \frac{\partial \gamma}{\partial \Gamma_{a3}} > 0$。产生这种现象的原因是企业将公共科技创新资金资助其开展的科技创新活动内部化，当增加公共科技创新资金对企业基础研究的资助时，企业会相应减少本身对基础研究活动的投资强度，把这块资金投入到企业从事的应用研究活动中，也就是企业进行最大化自身创新成功概率的行为对公共科技创新资金资助其基础研究和应用研究所造成的差异产生了中和效应。

命题三：提高公共科技创新资金间接支出中激励企业研发活动的财税政策单位补贴率(s_n)有助于促进经济增长。

s_n 的提高,会进一步降低企业从事科技创新活动的边际成本,进而可以增加企业在均衡状态下的科技创新密度(n),即 $\frac{\partial n}{\partial s_n}>0$,由(3-17)式可推知,企业的科技创新密度 n 的提高意味着经济在稳定状态下的增长率的提高。与其他三种资助科技创新方式相比,政府为激励企业科技创新给予企业的财税补贴不会挤出企业的科技创新投资。同时,又因为:

$$n_A = \frac{n+(c_1+c_2+c_3)\Gamma}{2}+\frac{1}{b}, n_B = \frac{n+(c_1+c_2+c_3)\Gamma}{2}-\frac{1}{b},$$

可知:$\frac{\partial(n_A/n_B)}{\partial n}<0$,也就是随着 n 的增加,n_A、n_B 均在增加,但是整个社会的应用研究与基础研究的比例 $\left(\frac{n_A}{n_B}\right)$ 却随之减少,$\left(\frac{n_A}{n_B}\right)$ 的下降有利于提高经济在稳定状态下的均衡增长率。

命题四:增加公共科技创新资金总量(Γ),或提高公共科技创新资金占政府总财政支出额的比例(θ),都有利于促进经济增长,但这种正向杠杆促进效应会随着社会资本积累水平的逐步降低而被冲减。

增加公共科技创新的资金总量,是否会对企业的科技创新投资产生挤出效应也不确定。但是由于公共科技创新资金的增加,可以使全社会科技创新的净投入增加,所以也能提高经济增长率,即 $\frac{\partial \gamma}{\partial \Gamma}>0$。但由于全社会总的资金量有限,随着公共科技创新资金的增加,企业可以用来进行实物资本投资的资金量会随之逐步减少,即 $\frac{\partial k}{\partial \Gamma}<0$。社会资本积累的减少,会在一定程度上抵消增加公共科技创新资金所带来的经济增长的正向促进效应。由 Aghion & Howitt(1998)模型可以知道,经济增长由资本积累和研发投资来共同决定,所以在这种情形下,尽管公共科技创新资金不断增加,但如果持续增加的话,也会由于同时引起的社会资本积累减少,最终导致增长停滞。

第三节 模型分析结论与启示

本章继承了 Aghion & Howitt(1992,1998,2007)所建立并不断改进的

新熊彼特主义内生增长模型,同时在借鉴 Morales(2001,2003)模型和许治(2006)模型的基础上,构建了包含公共科技创新投入变量的内生增长模型,比较完整地刻画出公共科技创新投入的不同方式(或者是源于从中央到地方不同级别财政的公共科技创新资金)对经济体系的均衡状态下增长率的作用途径和影响机制,从模型分析结果,本书得到以下理论分析结论:

一、高等院校和公共研发部门的人力资本积累和科技创新活动对经济增长的影响是通过对社会创新的影响而间接发生作用的[①]。一方面,高等院校可以有效增加人力资本积累,提升全社会的人力资本水平,进而提高企业的科技创新的绩效;另一方面,高等院校和公共研发部门的科技创新活动可以增加全社会的知识存量,通过知识溢出效应供企业免费或者低成本使用,进而提高企业科技创新的绩效;第三方面,政府对企业科技创新活动的直接资助和税收激励,会改变企业科技创新投资和实物投资的均衡条件,促使企业增加对科技创新活动的投资,进而加快社会科技创新的速率。

二、从资助方式分,公共科技创新资金支出可以区分为四种方式:一是财政为科技创新提供直接人力资本积累同时也开展科技创新活动的高等教育经费;二是财政提供给公共研发部门(政府所属科研院所为主)从事科技创新活动的经费;三是财政直接投入科技企业资助企业进行科技创新的资金;四是政府给从事科技创新活动的企业提供税收优惠或财政补贴,这相当于财政以税式支出的方式给予从事科技创新的企业以科技创新补贴。这四种方式均对提高社会经济增长率产生正向影响,但四者的正效应是有区别的。政府对企业的科技创新活动提供财政税收激励的杠杆作用最大,财政直接投入科技企业资助企业进行科技创新的资金影响效果次之,而为高等院校和公共研发部门提供资助经费的正效应最小。

三、从资金来源分,一国或者一个地区公共科技创新资金可分为四部分:一是由中央级财政拨款的公共科技创新经费;二是由省、直辖市或自治区级财政拨款的公共科技创新经费;三是由地、市、自治州、县级财政拨款的公共科技创新经费;四是政府给从事科技创新活动的企业提供财政税收优惠,这相当于各级财政以税式支出的方式给予从事科技创新的企业以科技创新补贴。这四种不同来源的资金都对提高社会经济增长率有正向影响,

---

① 新熊彼特增长理论认为社会创新速率越快,均衡增长率也就越高。

但四者的正效应是有区别的。政府对企业科技创新活动提供财政税收激励的杠杆作用最大，由地、市、自治州、县级财政拨款的公共科技创新经费影响效果次之，由中央和省、直辖市或自治区级财政拨款的公共科技创新经费的正效应最小。

四、当高等院校和公共研发部门从事应用研究时，会对企业的科技创新投资产生挤出效应，而这种挤出效应是否会最终影响稳定状态的增长率，取决于高等院校和公共研发部门开展基础研究和应用研究的比例、具体参数的取值。

五、增加公共科技创新资金的总量，或者提高公共科技创新资金占政府财政支出的比例，都有助于促进经济增长，但由于公共科技创新资金会挤占社会用于资本积累的资金，所以这种正效应会随着社会资本积累的逐步减少而抵消。

本章理论模型给我们的启示是，提高公共科技创新资金促进经济增长的作用关键在于：

第一，高等院校和公共研发部门开展的基础研究活动与应用研究活动应保持一定的比例，如果高等院校和公共研发部门开展的应用研究活动比例过大，会对企业的科技创新活动产生一定的挤出效应，从而不利于经济增长，这说明一国高等院校和公共研发部门对科技创新最主要的作用应定位于增加全社会的知识存量。

第二，从中央到地方不同级别财政支出的公共科技创新资金资助的公共研发也存在这种问题，中央和省、直辖市、自治区级财政资助的基础研究活动与应用研究活动也应保持一定比例，如果资助应用研究活动的比例过大，会对企业的科技创新活动产生挤出效应，从而不利于经济增长，这说明中央和省、直辖市、自治区级财政提供的公共科技创新资金的重点应定位于增加全社会的知识存量。

第三，公共科技创新资金直接资助企业也要与企业本身的科技创新投资保持一定比例，如果公共科技创新资金直接资助企业的比例过大，会对企业自己的科技创新投资产生挤出效应，不利于经济增长，因此，公共科技创新资金资助企业要避免这种挤出效应。

第四，政府对企业科技创新的间接投入，也就是政府以税式支出方式为激励企业科技创新提供的财政税收激励，由于与企业自身的科技创新投资直接相关，所以相对于直接资助而言，对企业投资科技创新产生挤出效应的可能性最小，对经济增长的促进作用也最大，因此，要设计完善的激励企业科技创新投资财政税收优惠补贴体制。

第二部分

实证

第四章 公共科技创新投入不同投向影响经济增长有差异吗

在上一章的理论模型中,我们得到的结论是公共科技创新投入的四种不同方式都会对产出增长产生正向的促进作用。具体的作用机理有三个方面,第一是可以提升人力资本积累水平,同时增加全社会知识积累;第二是激励企业加大对科技创新活动的投资;第三是直接增加全社会研发投入,进而影响总产出。在对我国政府公共科技创新投入现状有大致的了解后,再用中国的历史数据验证理论模型的结论。

第一节 协整检验计量分析方法

为了验证这种经济变量间的相关关系,一般的做法是在时间序列平稳的情况下,即不存在"伪回归"的情况下,根据样本数据建立比较合理的回归方程。然而,由于各种各样的原因,现实中我们拿到的经济领域的时间序列通常都是非平稳的。在原始数据非平稳的情况下,为了使回归分析有意义,可以对数据进行平稳化处理。常用的方法是对水平序列进行差分,然后用差分序列进行回归,但很多时候差分以后会差掉原水平序列中的一些有用的重要信息。相对而言,协整理论为我们提供了更妥当一些的处理非平稳时间序列经济数据的方法。

协整理论是20世纪80年代中后时期以来在数量经济学领域得到广泛应用的建模理论之一。它的基本思想是:从分析时间序列的非平稳性着手,深入探求非平稳经济变量之间内含的长期的均衡关系。"协整"可以理解成对经济时间序列变量之间关联逻辑的一种表征,用来描述一组经济变量在长期趋势下的不至于偏差太远的现象。也就是,两组经济时间序列数据$\{x_t, y_t\}$在以x_t为横坐标、y_t为纵坐标的平面内,数据散点图总体分布在

某一条直线 $y_t = \beta_0 + \beta_1 x_t$ 的周围,这条直线对点(x_t, y_t)具有引力线的作用,当数据点(x_t, y_t)产生偏离该直线的趋势时,引力的作用会使它们趋向于回到该直线附近。按照经济学的理论,协整也可以理解为经济时间序列变量间存在着一种趋向均衡的力量。也可以看作是存在着一种机制,能够使非平稳的不同变量在较长时期内,在这种机制作用下协同运动。可以观察到的是,如果经济变量之间存在某种长期稳定关系或者说是协整关系,这些经济变量的增长率将表现出某种共同的增长趋势。相反,如果这些变量之间不存在协整关系,它们之间就不存在某种长期的稳定均衡关系。在实际研究中,一般是先对时间变量序列及其一阶差分序列的平稳性进行检验;然后检验变量间的协整关系;最后对已证明存在协整关系的时间变量序列间的因果关系做进一步的检验和分析。

一、时间序列变量的平稳性检验

一般来说,如果一个时间序列的均值和方差在任何时间都保持相对恒定,并且在两个时期 t 和 $t+k$ 之间的协方差(也可称为自协方差)仅仅依赖于这两个时期之间的距离(或称间隔、滞后)k,而与计算这些协方差的时期 t 无关,那么就可以认为该时间序列是平稳的。但是只要这三个条件不能同时完全满足,这个时间序列就认为是非平稳的。可以表示非平稳性的另一种方式是单位根,单位根方法可以实现把对时间序列非平稳性的检验转化为对时间序列单位根的检验。如果变量 x_t 的一阶差分是稳定的,就可以称变量 x_t 有单位根,这种检验时间序列变量是不是稳定的过程就称为单位根检验。这里使用 ADF 方法检验变量的稳定性,即进行如下回归:

$$\Delta x_t = a_0 + a_1 t + a_2 x_t + \sum_{i=1}^{k} a_{\varepsilon, \Delta x_{t-1}} + u_i \tag{4-1}$$

同时作假设检验:$H_0: a_2 = 0, H_1: a_2 \neq 0$,如果检验结果是接受假设 H_0 同时拒绝 H_1,就说明序列 x_t 存在单位根,可以认为序列 x_t 是非稳定的,否则就说明序列 x_t 不存在单位根,也就是稳定的。方程(4-1)中加入 k 个滞后项的目的是把残差项处理为白噪声。而对于非稳定的变量,还需要进一步检验变量的一阶差分结果的稳定性。假如变量的 i 阶差分是稳定的,

就可以称此变量是 $I(i)$ 的[①]。

二、时间序列变量之间的协整检验

目前有许多关于协整关系的检验与估计的具体的计量技术模型,如 Johansen 极大似然法模型、频域非参数谱回归法模型等。本书选用 Johansen 极大似然法进行变量间的协整关系检验。Johansen 极大似然法能判定协整方程的个数,这一方程的个数也被称为协整秩。该协整似然法检验假设为:H_0:至多有 r 个协整关系,H_1:有 m 个协整关系,检验迹统计量:

$$Q_r = -T\sum_{i=r+1}^{m}\log(1-\lambda_i) \quad (4-2)$$

式中 λ 是依据大小排序第 i 的特征值,T 是观测期的总数。这是对应于 r 的不同取值的一系列检验,检验过程从检验不存在任何协整关系的零假设开始,接着检验最多一个协整关系,直到最多存在 $m-1$ 个协整关系,全过程进行 m 次检验,备择假设在多次检验过程中不变[②]。

Johansen 极大似然法的分析框架中有以下几种可能情况:一是序列存在均值,但是协整方程不存在截距项;二是序列存在均值,协整方程存在截距项;三是序列存在均值也存在线性趋势项,协整方程也有截距项和线性趋势项;四是序列存在均值、线性和二次趋势项,协整方程有截距项和线性趋势项。对于给定的协整秩,这四种检验的严格性递减。

三、时间序列变量的格兰杰因果关系

计量经济学以检验为依据,识别变量间的因果关系是一个重要检验问题。在回归分析中,回归能够给出变量之间的联系或相互影响程度,但是不能证实变量之间的因果关系。Granger(1969)和 Sims(1972)提出的因果关系检验法是解决这一问题的重要工具,基本思想为:如果变量 X 有助于预

---

① 高铁梅. 计量经济分析方法与建模——Eviews 应用及实例[M]. 北京:清华大学出版社,2009:164-175.

② 同上,177-180.

测变量 Y，换句话说就是根据 Y 的过去值对 Y 进行自回归时，再加上 X 的过去值之后，能够显著地增强该回归的解释能力，就可以称 X 是 Y 的格兰杰原因，否则，就称为非格兰杰原因。

变量 X,Y 之间的格兰杰因果关系检验的过程如下：首先，检验"X 不是引起 Y 变化的原因"的原假设，对下列两个回归模型进行估计：

无限制条件回归：
$$Y_t = \sum_{i=1}^{m} a_i Y_{t-i} + \sum_{i=1}^{m} b_i X_{t-i} + \mu_t \qquad (4-3)$$

有限制条件回归：
$$Y_t = \sum_{i=1}^{m} a_i Y_{t-i} + \mu_t \qquad (4-4)$$

用这两种回归的残差平方和计算 F 统计值，检验系数 $b_0, b_1, \cdots, b_m$ 是否同时显著不为零。如果是同时显著不为零，就可以认为是拒绝"X 不是引起 Y 变化的原因"的原假设。然后检验"Y 不是引起 X 变化的原因"的原假设，进行同样的回归估计，但是在这次回归估计中交换 X 与 Y，检验 Y 的滞后项是否显著不为零。如果 Y 的滞后项显著不为零，就可以认为拒绝"Y 不是引起 X 变化的原因"的原假设[1]。

四、脉冲响应函数

在实际计量中，由于 VAR 模型是一种非理论性的模型，并不需要事先给出变量先验性约束，所以可以不分析一个变量的变化对另一个变量的影响如何，而直接分析当一个误差项变化的情形下，或者模型受到某种冲击后该冲击对系统的动态影响，这种分析方法就是脉冲响应函数方法[2]。下面根据两变量的 VAR(2) 模型来说明脉冲响应函数分析过程的基本思想，考察扰动项的影响传播到各变量的过程。

假设存在如下时间序列：
$$\begin{cases} x_t = a_1 x_{t-1} + a_2 x_{t-2} + b_1 z_{t-1} + b_2 z_{t-2} + \varepsilon_{1t}, \\ z_t = c_1 x_{t-1} + c_2 x_{t-2} + d_1 z_{t-1} + d_2 z_{t-2} + \varepsilon_{2t}, \end{cases} t = 1, 2, \cdots, T。$$
$$(4-5)$$

---

[1] 高铁梅. 计量经济分析方法与建模——Eviews 应用及实例[M]. 北京：清华大学出版社，2009：276-280.

[2] 同上，281-288.

(4-5)式中，a_i, b_i, c_i, d_i 是参数，扰动项为 $\varepsilon_t = (\varepsilon_{1t}, \varepsilon_{2t})'$。假定存在白噪声向量，并具有如(4-6)式所示性质：

$$E(\varepsilon_{it}) = 0, \qquad 对于 \forall t \quad i = 1, 2$$
$$var(\varepsilon_t) = E(\varepsilon_t \varepsilon_t') = \sum = \{\sigma_{ij}\}, \qquad 对于 \forall t \qquad (4-6)$$
$$E(\varepsilon_{it}\varepsilon_{is}) = 0, \qquad 对于 \forall t \neq s \quad i = 1, 2$$

假定这一系统从 0 期开始活动，假设 $x_{-1} = x_{-2} = z_{-1} = z_{-2} = 0$，同时设第 0 期给出扰动项 $\varepsilon_{10} = 1, \varepsilon_{20} = 0$，并且在后期过程都为 0，也就是 $\varepsilon_{1t} = \varepsilon_{2t} = 0$ ($t = 1, 2, \cdots$)，我们把这一假设称为第 0 期给 x 以脉冲，然后再讨论 x_t 与 z_t 的响应，

当 $t = 0$ 时：$x_0 = 1, z_0 = 0$

将这一结果代入式(4-5)，

得到，当 $t = 1$ 时：$x_1 = a_1, z_1 = c_1$

再把 $t = 1$ 情形的计算结果代入式(4-5)，

得到，当 $t = 2$ 时：$x_2 = a_1^2 + a_2 + b_1 c_1, z_2 = c_1 a_1 + c_2 + d_1 c_1$

这样反复计算下去，假设计算得到的结果为：

$$x_0, x_1, x_2, x_3, x_4, \cdots$$

这一序列就称为由 x 的脉冲引起的 x 的响应函数。同样所计算得到的：

$$z_0, z_1, z_2, z_3, z_4, \cdots$$

就称为由 x 的脉冲引起的 z 的响应函数。

换个角度，如果第 0 期的脉冲反过来，也就是从 $\varepsilon_{10} = 0, \varepsilon_{20} = 1$ 出发，同样能够计算出由 z 的脉冲引起的 x 的响应函数和 z 的响应函数[1]。

本章在接下来的几节中将在第二章理论模型和第三章数学模型研究的基础上，分别使用我国和上海市公共科技创新投入数据，以及科技创新活动的部分投入产出数据，特别是经济增长的历史数据进行计量分析。第四章在我国国家层面上计量分析公共科技创新投入的不同投向，即投向高等院校、公共研发机构的基础研究和应用研究以及直接投入科技企业的不同资金量对全社会研发投入、对全社会研发产出、高技术产品出口、出口贸易和经济增长的影响，比较各种不同投向的公共科技创新投入对不同投入产出

---

[1] 高铁梅.计量经济分析方法与建模——Eviews 应用及实例[M].北京：清华大学出版社，2009：281-288.

内容的弹性系数,分别计算各种不同投向的公共科技创新投入对科技创新的部分投入产出,特别是经济增长的乘数。第五章计量分析我国公共科技创新投入的不同来源即中央财政科技拨款、地方财政科技拨款对我国全社会研发投入、全社会研发产出、高技术产品出口、出口贸易和经济增长的影响,比较这两种不同来源的公共科技创新投入对科技创新的部分投入产出内容的弹性系数,分别计算其对科技创新的部分投入产出,特别是经济增长的乘数。第六章在区域层面以上海市为例计量分析公共科技创新投入资助企业的不同方式,即公共科技创新资金直接资助企业科技创新,以及以研发费加计扣除方式和对高新技术企业实施综合减免税等间接资助方式对区域研发投入、研发产出、高技术产品出口、出口贸易和区域经济增长的影响,比较各种不同方式的公共科技创新投入对科技创新不同投入产出内容的弹性系数,分别计算其对科技创新的部分投入产出,特别是经济增长的乘数。计量检验方法选择使用单位根检验、格兰杰因果关系检验、脉冲响应函数、约翰森协整检验等。计量软件使用 Eviews 6.0 软件。每一章节在计量分析之前先对涉及的公共科技创新投入的不同投向、不同来源或不同方式之间以及对科技创新部分投入产出可能存在的影响关系做初步理论分析,然后再用经济时间序列数据进行计量分析并计算出具体的乘数(第五章还使用脉冲响应函数分析其影响的长期趋势),最后根据乘数、长期趋势影响程度的比较分析结果给出计量分析研究结论。

第二节 公共科技创新投入不同投向影响经济增长差异的理论分析

一、我国公共科技创新投入的不同投向最终作用于企业

根据笔者的研究,公共科技创新投入主要投向高等院校、公共研发机构以及企业。公共研发机构和高等院校都可以创造可以被全社会免费使用的基础研究成果,也可以为企业培养科技创新人才,公共研发机构除了提供基础研究成果外还可以提供一些应用研究成果,所以,公共科技创新投入对高

等院校和公共科研机构的资助都可以帮助企业降低科技创新成本，促进企业加大科技创新投入。具体作用关系如图4-1所示。

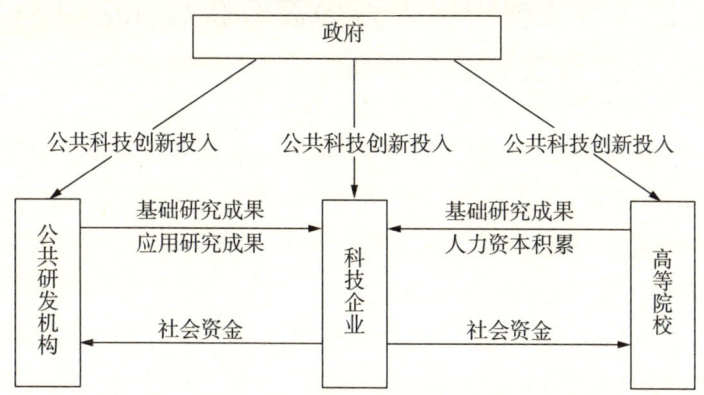

图4-1　公共科技创新投入不同投向关系示意图

首先,高等院校和公共研发部门的基础研究成果最终被企业所利用。对于企业来说,由于基础研究代价不菲且产生的公共知识很难在短期内给企业带来直接回报,所以企业往往不愿意从事基础方面的研究工作。但是,由于基础研究成果具有公共产品的性质,并且是应用研究的基础,所以在企业自身的应用研究和产品开发等科技创新活动中具有重要的作用。无论是哪个机构研发出的基础研究成果应用到企业的科技创新活动中都可以降低企业科技创新成本,提高企业科技创新效率。正是由于基础研究的溢出效应,使企业有意愿增加自身的科技创新投入,甚至于有意愿通过产学研合作等方式将自己的部分科技创新资金交付给高等院校和公共研发机构从事研发活动,所以政府可以通过资助高等院校和公共研发部门的研发来间接影响企业科技创新行为,提高企业科技创新产出效率,进而促进整体产业发展。

其次,高等院校和公共研发部门积累的人力资本可以被企业利用。作为科技创新人才培养的基地,高等院校和公共研发机构可以向企业输入科技创新人才,提高企业的科技创新效率,也可以促使原本没有科技创新活动的企业逐步积累有能力从事科技创新活动的人力资本,从而开展科技创新活动。公共科技创新资金对高等院校和公共研发部门的资助会加速这一人力资本积累和向企业输送人才的过程。所以,从宏观层面上看,公共科技创新投入的不同投向虽然最初是作用于高等院校、公共研发部门和科技企业等几类对象,但是最终都是作用于企业的,并通过企业的生产过程来实现从投入到产出的一个完整循环。

二、公共科技创新投入资助高等院校和公共研发部门改变企业最优科技创新投资量

根据经济学的基本原理可知,随着科技创新资本投入量的增加,科技创新的边际成本(MCC)会递增,表现为图 4-2 中向右上方倾斜的 MCC 曲线;而边际收益(MRR)是随着科技创新资本投入量的增加而递减的,表现为图 4-2 中向右下方倾斜的 MRR 曲线。图中的交点 R 点,是不存在公共科技创新投入作用于高等院校和公共研发机构的状态,企业享受不到公共知识溢出和公共部门提供的人力资本积累外部性作用,仅仅是由企业自身投资科技创新时的最优科技创新投资量。在公共科技创新资金投入高等院校和公共研发部门后,企业可以享受到高等院校和公共研发部门创造的公共知识溢出和人力资本积累溢出效应,公共科技创新资金对高等院校和公共研发部门的资助会使企业 MCC 曲线与 MRR 曲线发生移动,MCC 曲线向右下方移动到 MCC* 曲线,MRR 曲线向右上方移动到 MRR* 曲线,这时企业的最优科技创新投资量就是移动后两条新的曲线的新交点 R* 点,这意味着企业的最优科技创新投资量随之发生了改变。具体如图 4-2 所示。

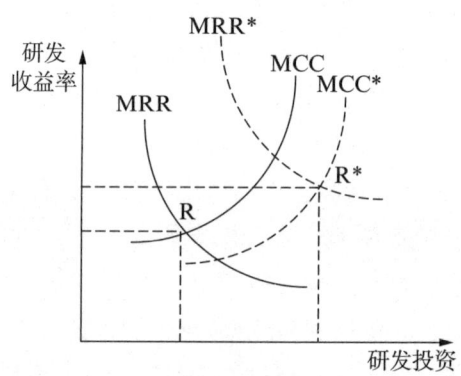

图 4-2 公共科技创新投入资助高等院校和公共研发部门改变企业最优投资量示意图

但是,公共科技创新资金投向高等院校和公共研发机构的外部作用也具有两面性,既可以对企业科技创新投资产生正效应,也可能产生负效应。一方面,公共科技创新资金资助高等院校和公共研发部门,使基础研究成果

更多外溢到企业,这种效应可以降低企业科技创新的成本,另一方面,社会资源是有限的,也会由于高等院校和公共研发部门使用公共科技创新资金从事科技创新活动,增加对科技创新要素的需求而提高科技创新要素的价格,这会提高企业科技创新的成本。如果增加的基础研究成果和人力资本积累的作用大于对科技创新要素价格上涨的推动作用,那么,一方面会降低企业的边际成本,使 MCC 曲线向右下方移动;另一方面会增加企业科技创新的边际收益,使 MRR 曲线向右上方移动,从而提高企业均衡的科技创新投入水平,对企业科技创新产生正效应。这种情形就是图4-2中反映出的情形。但是,如果高等院校和公共研发机构使用公共科技创新资金开展科技创新活动、增加基础研究成果和人力资本积累的作用小于对科技创新要素价格上涨的推动作用,那么就会提高企业的边际成本,使 MCC 曲线向左上方移动,从而降低企业均衡的科技创新投入水平,这种情形就是对企业科技创新产生了负的效应。负效应的情形如图4-3所示。

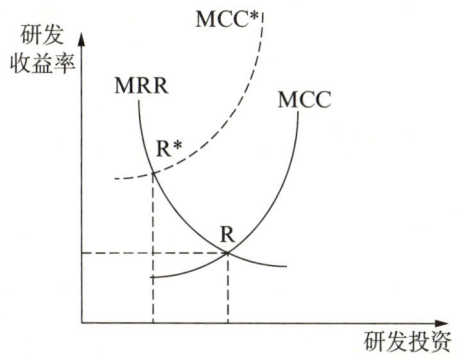

图 4-3 公共科技创新投入资助高等院校和公共研发部门对企业科技创新的负影响示意图

三、公共科技创新投入资助高等院校和公共研发部门对企业科技创新可能存在挤出效应

再换一个角度,从投资风险和投资收益关系的角度来分析。政府对公共研发机构以及高等院校进行公共科技创新资助,表明政府期望通过对高等院校和公共研发活动的支持,使企业的科技创新活动可以通过享受到来

自高等院校和公共研发机构的人力资本和科技创新成果溢出效应,降低企业科技创新所需的技术成本,改善企业预期的科技创新利润率,降低企业的科技创新潜在风险预期,激励企业加大投入开展科技创新活动,从而使公共科技创新投入可以间接影响企业的科技创新投入。这种考虑主要是理想化的正面效应的影响,也可以说是公共科技创新投入对企业科技创新投入的"挤入效应"。但是事实上,公共科技创新投入对高等院校和公共研发机构的支持也会对企业科技创新投入产生负面的"挤出效应",也就是会产生对企业科技创新决策的负面影响,具体作用机制如图4-4所示。

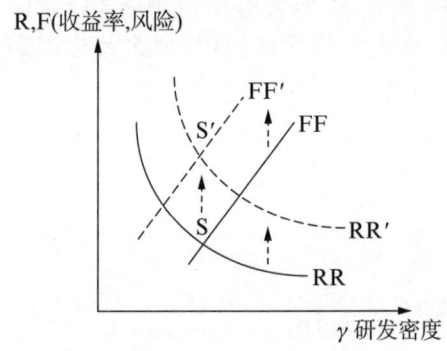

图4-4 政府资助高等院校和公共研发机构对企业科技创新的挤出效应示意图

不存在高等院校和公共研发机构科技创新情形下企业仅仅依靠自身投入科技创新时的收益曲线 RR 线和风险曲线 FF 线相交于 S 点,S 点即企业的风险收益均衡点。在原经济体系中增加公共科技创新资助高等院校和公共研发机构后,一方面公共科技创新资金资助的公共科技创新活动产生技术溢出效应,降低企业科技创新活动获取所需的技术的成本,增加企业的利润率,使研发利润率曲线 RR 线向上移动至 RR′线。但是另一方面,公共科技创新资金资助的公共科技创新活动产生的技术溢出效应会使全社会科技创新成功率提高,所有企业从事科技创新的技术门槛降低,这会缩短企业通过科技创新或者收购取得的独占技术的寿命,也就是加剧熊彼特所说的"创造性破坏"的过程,使科技创新活动利润的贴现率增加,科技创新活动风险曲线 FF 线向上移动至 FF′线。此时新的收益曲线 RR′线和新的风险曲线 FF′线相交于 S′点,S′点是新的风险收益均衡点,显然 S′的位置升高了,这意味着企业的风险收益均衡点上升了。社会平均的风险收益均衡点升高会导致部分企业的科技创新风险增加,有些企业会出于规避科技创新风险的考虑而选择主动退出科技创新活动,这种情形表现出的实际效果就是,公共科技创新资金资助的公共科技创新活动挤出了企业科技创新投资。从根本上说,企业是科技创新活动的主体,企业一旦科技创新活动萎缩,不仅会导致科技创新直接成果的产出减少,还会最终影响经济体系的总体产出。

综上所述,公共科技创新资金资助高等院校和公共研发机构最终作用于企业;公共科技创新资金资助高等院校和公共研发机构会改变企业科技创新的最优投资量,但是在改变最优投资量方面也存在正效应和负效应两方面的影响;公共科技创新资金资助高等院校和公共研发机构也会改变企业的风险收益率,对企业科技创新决策产生挤出效应和挤入效应两种影响。但是无论是改变企业的最优投资量的正负两方面影响,还是对企业科技创新决策产生挤出效应和挤入效应两种影响,两方面综合作用的结果在短期内是不确定的。由于理论上短期内的总体影响不确定,并且理论分析结果与实际作用的结果也不一定是完全吻合的,所以,公共科技创新投入资助高等院校和公共研发机构,对企业科技创新的投入和产出以及宏观层面上我国总的科技创新投入产出,尤其是经济增长的影响需要通过计量分析来进一步考察。

第三节 公共科技创新投入不同投向影响经济增长差异的计量分析

由于国家层面的统计数据最为完整,时间序列相对较长,所以选择在国家层面计量分析公共科技创新投入的不同投向对科技创新的中间投入、中间产出和最终产出的影响。这里公共科技创新投入的不同投向主要选择投向高等院校、公共研发机构中的基础研究和应用研究以及直接投入科技企业这四种变量。将全社会研发投入作为科技创新的中间投入,主要是基于资助高等院校,是作为公共科技创新投入的更前期投入而言,选择年度国内发明专利申请数作为科技创新中间产出的表征数据,选择高技术产品出口值来衡量高技术产业这一科技企业的高端贸易状况,选择货物贸易出口额来表征出口贸易状况,是基于我国长期将货物出口作为拉动经济增长的主要"三驾马车"之一的考虑,经济增长按照惯例以国内生产总值来表征。用约翰森协整检验方法来分别计算各种不同投向的公共科技创新投入对经济增长的乘数。

一、计量分析对全社会研发投入的影响

(一) 变量与数据的选择

如前所述,用全国研发支出来表征全社会研发投入,用财政高等教育拨款[①]、公共研发部门基础研究拨款、公共研发部门应用研究拨款、企业研发接受的财政拨款来表征公共科技创新投入的不同投向。利用我国1991～2011年共21年的数据来计量分析相关关系。本书在做分析时对时间序列样本数据进行了如下处理:第一,为消除物价上涨影响,对所有以人民币为单位的数据以1990年为基期以居民消费价格指数进行平减,居民消费价格指数见表4-1;第二,出于样本数据过少的考虑,把低频的年度数据用频度转换的一般方法转换为高频的季度数据,这样可以在不改变变量之间趋势关系的情况下增加样本容量;第三,由于数据的自然对数变换不改变原变量之间的趋势关系,并能使其趋势线性化,消除时间序列中存在的异方差现象,所以本书在作分析之前又分别对这几个变量的数据做了自然对数变换,分别用 LFURD、LFIEDU、LFIBRD、LFIARD、LFIERD 来表示自然对数的全社会研发投入、财政高等教育拨款、公共研发部门基础研究拨款、公共研发部门应用研究拨款、企业研发接受的财政拨款。所有数据取自《中国统计

[①] 财政高等教育拨款作为一个代理变量表征政府为公共研发部门和资助企业研发之外的科技创新活动提供的资助,原因有三方面:一是科技创新有知识创新、技术创新和管理创新三方面内涵,研发投入之外还有许多内容,仅公共研发资金不能概括公共科技创新投入;二是借鉴 Uzawa(1961)两部门模型、Rebelo(1991)教育凸性模型的思想,这两个模型依靠教育部门实现内生增长,借鉴 Pelloni(1997)两要素内生增长模型思想,将教育部门与公共研发部门并列同时作为经济内生增长的驱动部门;三是事实上高等院校的大量人力资本积累活动和研发活动使用的是财政高等教育拨款而不仅仅是公共研发资金拨付给高等院校使用的资金部分。

年鉴》[1]、《中国科技统计年鉴》[2],个别财政科技创新投入数据由于不同年份科技统计方法有一定差异,根据有关数据平滑处理得到。经平减处理后的数据见表4-2。

表4-1 用于平减数据的居民消费价格指数表

年份	居民消费价格指数(1990=100)
1991	103.4
1992	110.0
1993	126.2
1994	156.6
1995	183.4
1996	198.6
1997	204.2
1998	202.5
1999	199.7
2000	200.5
2001	201.9
2002	200.3
2003	202.7
2004	210.6
2005	214.4
2006	217.6
2007	228.0
2008	241.5
2009	239.8
2010	247.7
2011	261.1

---

[1] 摘自中华人民共和国统计局,http://www.ststs.gov.cn/.历年《中国统计年鉴》。
[2] 摘自中华人民共和国科学技术部,http://www.most.gov.cn/.历年《中国科技统计年鉴》。

表 4-2 经平减处理后的 FURD、FIEDU、FIBRD、FIARD、FIERD 数据表

年份	财政高等教育拨款(亿元) FIEDU	财政公共研发部门基础研究拨款(亿元) FIBRD	财政公共研发部门应用研究拨款(亿元) FIARD	企业研发接受的财政拨款(亿元) FIERD	全社会研发投入(亿元) FURD
1991	64.9	6.6	82.9	13.2	139.7
1992	73.1	7.3	93.3	15.7	149.5
1993	84.8	8.6	101.5	12.8	160.5
1994	96.7	10.0	96.9	15.6	175.7
1995	108.5	9.1	93.8	14.8	190.1
1996	124.8	9.5	101.7	16.1	203.7
1997	139.4	12.1	117.3	15.4	249.4
1998	175.4	13.4	130.6	21.7	272.1
1999	222.6	15.8	146.5	24.9	340.0
2000	264.2	21.5	145.4	21.5	446.7
2001	313.2	26.1	167.6	20.4	516.4
2002	376.9	34.2	206.4	26.8	642.9
2003	413.9	39.4	237.6	25.6	759.6
2004	458.6	47.3	253.1	30.8	933.7
2005	503.9	53.5	298.9	38.2	1 142.8
2006	573.0	64.0	323.9	48.4	1 380.1
2007	701.6	70.8	368.8	63.3	1 627.0
2008	827.6	85.9	411.6	79.8	1 911.4
2009	938.0	106.8	503.8	99.7	2 419.5
2010	1 121.4	125.1	595.0	125.7	2 851.1
2011	1 312.1	149.5	711.2	158.9	3 327.1

(二) 单位根检验

本书采用 VECM 模型考察变量之间的长期均衡和短期动态关系,在构建模型之前首先需对变量进行单位根检验,以确定变量时间序列数据是否平稳,检验结果见表 4-3。可以看出,时间序列 LFURD、LFIEDU、LFIBRD、LFIARD、LFIERD 都是二阶协整的,其二阶差分时间序列是平稳的,说明变量 LFURD、LFIEDU、LFIBRD、LFIARD、LFIERD 都是 $I(2)$ 的。

表4-3 变量LFURD、LFIEDU、LFIBRD、LFIARD、LFIERD的平稳性检验结果

变量	检验形式	ADF检验值	5%的临界值	P值	结论
LFURD	Trend and Intercept	−3.146 425	−3.475 305	0.104 0	非平稳
LFIEDU	Trend and Intercept	−2.141 900	−3.475 305	0.513 7	非平稳
LFIBRD	Intercept	0.324 180	−2.904 198	0.978 0	非平稳
LFIARD	Trend and Intercept	−2.238 921	−3.471 693	0.461 2	非平稳
LFIERD	Trend and Intercept	0.363 340	−3.471 693	0.998 6	非平稳
LFURD_1	None	−0.257 030	−1.945 525	0.590 1	非平稳
LFIEDU_1	None	−0.456 371	−1.945 525	0.513 9	非平稳
LFIBRD_1	None	−0.171 659	−1.945 596	0.620 7	非平稳
LFIARD_1	None	0.575 589	−1.945 596	0.838 3	非平稳
LFIERD_1	None	0.192 036	−1.945 596	0.739 0	非平稳
LFURD_2	None	−2.156 280	−1.945 525	0.030 8	平稳
LFIEDU_2	None	−2.199 042	−1.945 525	0.027 8	平稳
LFIBRD_2	None	−3.679 415	−1.945 596	0.000 4	平稳
LFIARD_2	None	−4.479 835	−1.945 596	0.000 0	平稳
LFIERD_2	None	−5.520 403	−1.945 596	0.000 0	平稳

注：本书采用Cubic-match last的方法将年度数据转化为季度数据，转换后共81个有效数据。

（三）格兰杰因果关系检验

本书对财政高等教育拨款、财政公共研发部门基础研究拨款、财政公共研发部门应用研究拨款、企业研发接受的财政拨款分别和全社会研发投入进行Granger因果关系检验，检验结果见表4-4。检验结果表明，财政高等教育拨款、财政公共研发部门基础研究拨款、财政公共研发部门应用研究拨款、企业研发接受的财政拨款与全社会研发投入不存在Granger因果关系。

表4-4 变量LFURD、LFIEDU、LFIBRD、LFIARD、LFIERD的格兰杰因果关系检验结果

原假设	F统计量	P值
LFIEDU_2 does not Granger Cause LFURD_2	1.538 72	0.181 19
LFURD_2 does not Granger Cause LFIEDU_2	0.756 39	0.606 91

(续表)

原假设	F 统计量	P 值
LFIBRD_2 does not Granger Cause LFURD_2	0.600 17	0.753 17
LFURD_2 does not Granger Cause LFIBRD_2	0.432 62	0.877 71
LFIARD_2 does not Granger Cause LFURD_2	0.664 08	0.701 26
LFURD_2 does not Granger Cause LFIARD_2	1.091 91	0.380 68
LFIERD_2 does not Granger Cause LFURD_2	0.558 11	0.761 77
LFURD_2 does not Granger Cause LFIERD_2	1.124 13	0.359 35

注：根据 AIC 准则，LFIEDU_2 分别与 LFIEDU_2、LFIERD_2 的 Granger 因果检验的滞后期为 6，与 LFIBRD_2、LFIARD_2 的 Granger 因果检验的滞后期为 7。

（四）Johansen 协整检验

时间序列 LFURD、LFIEDU、LFIBRD、LFIARD、LFIERD，虽然它们自身的表现为非平稳的，但是其中某种线性组合往往存在均衡关系，即虽然经济变量经常会离开均衡点，但内在的均衡机制将不断地消除偏差以维持这种均衡关系。这个线性组合反映了变量之间的长期稳定的比例关系，称为协整关系[①]。为建立协整关系，本书分别确立了 LFURD 与 LFIEDU、LFIBRD、LFIARD、LFIERD 构成的四个 VAR 模型，然后在其基础上对其进行 Johansen 协整检验，检验结果见表 4-5、4-6、4-7、4-8。

表 4-5　变量 LFURD 和 LFIEDU 的 Johansen 协整检验结果

零假设	特征值	迹统计量	5%的临界值	P 值	结果
$r \leqslant 0$	0.283 419	34.909 62	25.872 11	0.002 9	拒绝
$r \leqslant 1$	0.134 934	10.581 31	12.517 98	0.103 1	接受

注：根据 AIC 准则，选择滞后期为 11。

---

① 高铁梅. 计量经济分析方法与建模——Eviews 应用及实例[M]. 北京：清华大学出版社，2009：177-180。

表4-6 变量 LFURD 和 LFIBRD 的 Johansen 协整检验结果

零假设	特征值	迹统计量	5%的临界值	P值	结果
$r \leqslant 0$	0.229 168	28.552 64	20.261 84	0.002 9	拒绝
$r \leqslant 1$	0.142 318	10.592 99	9.164 546	0.026 6	接受

注：根据 AIC 准则，选择滞后期为11。

表4-7 变量 LFURD 和 LFIARD 的 Johansen 协整检验结果

零假设	特征值	迹统计量	5%的临界值	P值	结果
$r \leqslant 0$	0.182 553	15.734 81	15.494 71	0.046 0	拒绝
$r \leqslant 1$	0.005 453	0.415 549	3.841 466	0.519 2	接受

注：根据 AIC 准则，选择滞后期为4。

表4-8 变量 LFURD 和 LFIERD 的 Johansen 协整检验结果

零假设	特征值	迹统计量	5%的临界值	P值	结果
$r \leqslant 0$	0.230 937	26.700 94	20.261 84	0.005 6	拒绝
$r \leqslant 1$	0.116 962	8.582 715	9.164 546	0.064 4	接受

注：根据 AIC 准则，选择滞后期为11。

四个 VAR 模型协整检验结果表明，分别有一个最大特征根统计量大于5%水平上的临界值，因而分别有一个原假设被拒绝，相应地各自存在一个协整方程，表明变量之间存在长期稳定的协整关系。这种长期稳定的协整关系可以 VECM 方程中标准化的协整方程来表示：

vecm：vecm1＝LFURD－1.268 450×LFIEDU＋0.076 125

vecm2＝LFURD－1.075 984×LFIBRD－2.773 479

vecm3＝LFURD－1.493 380×LFIARD＋1.539 257

vecm4＝LFURD－0.905 194×LFIERD－2.236 105

将上述四个方程移项得：

LFURD＝1.268 450×LFIEDU－0.076 125＋vecm1　　(4-7)

LFURD＝1.075 984×LFIBRD＋2.773 479＋vecm2　　(4-8)

LFURD＝1.493 380×LFIARD－1.539 257＋vecm3　　(4-9)

LFURD＝0.905 194×LFIERD＋2.236 105＋vecm4　　(4-10)

上述协整方程反映了我国全社会研发投入分别与财政高等教育拨款、财政公共研发部门基础研究拨款、财政公共研发部门应用研究拨款、企业研发接受的财政拨款之间的某种长期均衡关系。从式(4-7)、(4-8)、(4-9)、(4-10)中可以直观地得出公共科技创新投入的不同投向的全社会研发投入乘数。即从长期来看,财政高等教育拨款每增加 1 个百分点,则全社会研发投入将会增加 1.27 个百分点;财政公共研发部门基础研究拨款每增加 1 个百分点,则全社会研发投入将会增加 1.08 个百分点;财政公共研发部门应用研究拨款每增加 1 个百分点,则全社会研发投入将会增加 1.49 个百分点;企业研发接受的财政拨款每增加 1 个百分点,则全社会研发投入将会增加 0.91 个百分点。

二、计量分析对全社会专利产出的影响

(一) 变量与数据的选择

前面实证的全社会研发投入是作为科技创新的中间投入,全社会研发产出则是科技创新中间产出的较好表征值。为方便起见,不组织复杂的指标体系再表征全社会研发产出,用每一年度的国内专利申请数来表征全社会研发产出。沿用上一部分数据,继续用财政高等教育拨款、财政公共研发部门基础研究拨款、财政公共研发部门应用研究拨款、企业研发接受的财政拨款来表征公共科技创新投入的不同投向。利用我国 1991~2011 年共 21 年的数据来计量分析其相关关系。本书在做分析时对时间序列样本数据进行了如下处理:第一,为消除物价上涨影响,对所有以人民币为单位的数据以 1990 年为基期以居民消费价格指数进行平减,居民消费价格指数见表 4-1;第二,出于样本数据过少的考虑,把低频的年度数据用频度转换的一般方法转换为高频的季度数据,这样可以在不改变变量之间趋势关系的情况下增加样本容量;第三,由于数据的自然对数变换不改变原变量之间的趋势关系,并能使其趋势线性化,消除时间序列中存在的异方差现象,所以本书在作分析之前又分别对这几个变量的数据做了自然对数变换,分别用 LPAT、LFIEDU、LFIBRD、LFIARD、LFIERD 来表示自然对数的国内专利申请量、财政高等教育拨款、财政公共研发部门基础研究拨款、财政公共研

发部门应用研究拨款、企业研发接受的财政拨款。所有数据取自《中国统计年鉴》[①]、《中国科技统计年鉴》[②]、《中国知识产权局公报》[③],部分财政科技创新投入数据由于不同年份科技统计方法有一定差异,根据有关数据处理得到。经平减处理后的数据见表4-9。

表4-9 经平减处理后的 PAT、FIEDU、FIBRD、FIARD、FIERD 数据表

年份	财政高等教育拨款(亿元) FIEDU	财政公共研发部门基础研究拨款(亿元) FIBRD	财政公共研发部门应用研究拨款(亿元) FIARD	企业研发接受的财政拨款(亿元) FIERD	国内专利申请量(万件) PAT
1991	64.9	6.6	82.9	13.2	4.568 6
1992	73.1	7.3	93.3	15.7	6.228 2
1993	84.8	8.6	101.5	12.8	6.888 8
1994	96.7	10.0	96.9	15.6	6.848 7
1995	108.5	9.1	93.8	14.8	6.953 5
1996	124.8	9.5	101.7	16.1	8.302 6
1997	139.4	12.1	117.3	15.4	9.007 1
1998	175.4	13.4	130.6	21.7	9.623 3
1999	222.6	15.8	146.5	24.9	10.995 8
2000	264.2	21.5	145.4	21.5	14.033 9
2001	313.2	26.1	167.6	20.4	16.577 3
2002	376.9	34.2	206.4	26.8	20.554 4
2003	413.9	39.4	237.6	25.6	25.123 8
2004	458.6	47.3	253.1	30.8	27.894 3
2005	503.9	53.5	298.9	38.2	38.315 7
2006	573.0	64.0	323.9	48.4	47.034 2
2007	701.6	70.8	368.8	63.3	58.649 8
2008	827.6	85.9	411.8	79.8	71.714 4
2009	938.0	106.8	503.8	99.7	87.761 1
2010	1 121.4	125.1	595.0	125.7	110.942 8
2011	1 312.1	149.5	711.2	158.9	150.467 0

---

① 摘自中华人民共和国统计局,http://www.ststs.gov.cn/.历年《中国统计年鉴》。
② 摘自中华人民共和国科学技术部,http://www.most.gov.cn/.历年《中国科技统计年鉴》。
③ 摘自中华人民共和国知识产权局,www.sipo.gov.cn/.历年《中国知识产权局公报》。

(二)单位根检验

本书采用 VECM 模型考察变量之间的长期均衡和短期动态关系,在构建模型之前首先需对变量进行单位根检验,以确定变量时间序列数据是否平稳,检验结果见表 4-10。可以看出,时间序列 LPAT、LFIEDU、LFIBRD、LFIARD、LFIERD 都是二阶协整的,而其二阶差分时间序列是平稳的,说明变量 LPAT、LFIEDU、LFIBRD、LFIARD、LFIERD 都是 $I(2)$ 的。

表 4-10 变量 LPAT、LFIEDU、LFIBRD、LFIARD、LFIERD 的平稳性检验结果

变量	检验形式	ADF 检验值	5%的临界值	P 值	结论
LPAT	Trend and Intercept	-1.698 379	-3.471 693	0.742 3	非平稳
LFIEDU	Trend and Intercept	-2.141 900	-3.475 305	0.513 7	非平稳
LFIBRD	Intercept	0.324 180	-2.904 198	0.978 0	非平稳
LFIARD	Trend and Intercept	-2.238 921	-3.471 693	0.461 2	非平稳
LFIERD	Trend and Intercept	0.363 340	-3.471 693	0.998 6	非平稳
LPAT_1	None	0.773 926	-1.945 596	0.878 4	非平稳
LFIEDU_1	None	-0.456 371	-1.945 525	0.513 9	非平稳
LFIBRD_1	None	-0.171 659	-1.945 596	0.620 7	非平稳
LFIARD_1	None	0.575 589	-1.945 596	0.838 3	非平稳
LFIERD_1	None	0.192 036	-1.945 596	0.739 0	非平稳
LPAT_2	None	-6.545 405	-1.945 525	0.000 0	平稳
LFIEDU_2	None	-2.199 042	-1.945 525	0.027 8	平稳
LFIBRD_2	None	-3.679 415	-1.945 596	0.000 4	平稳
LFIARD_2	None	-4.479 835	-1.945 596	0.000 0	平稳
LFIERD_2	None	-5.520 403	-1.945 596	0.000 0	平稳

注:本书采用 Cubic-match last 的方法将年度数据转化为季度数据,转换后共 81 个有效数据。

(三)格兰杰因果关系检验

根据理论模型,财政公共科技创新投入的增加会促进全社会研发产出的增长,为检验上述判断,本书对财政高等教育拨款、财政公共研发部门基

础研究拨款、财政公共研发部门应用研究拨款、企业研发接受的财政拨款分别和国内专利申请量进行 Granger 因果关系检验,检验结果见表 4-11。检验结果表明,在 10% 的显著性水平上,财政高等教育拨款与国内专利申请量互为 Granger 因果,公共研发部门基础研究拨款与国内专利申请量互为 Granger 因果,企业研发接受的财政拨款与国内专利申请量互为 Granger 因果,但是公共研发部门应用研究拨款与国内专利申请量却没有 Granger 因果关系,从而说明公共科技创新投入部分不同投向的变化将会引起全社会研发产出的变化。

表 4-11 变量 LPAT、LFIEDU、LFIBRD、LFIARD、LFIERD 的格兰杰因果关系检验结果

原假设	F 统计量	P 值
LFIEDU_2 does not Granger Cause LPAT_2	2.337 77	0.051 94
LPAT_2 does not Granger Cause LFIEDU_2	3.157 52	0.013 18
LFIBRD_2 does not Granger Cause LPAT_2	3.046 38	0.011 44
LPAT_2 does not Granger Cause LFIBRD_2	3.335 40	0.006 68
LFIARD_2 does not Granger Cause LPAT_2	0.431 18	0.825 20
LPAT_2 does not Granger Cause LFIARD_2	0.530 97	0.751 99
LFIERD_2 does not Granger Cause LPAT_2	2.214 99	0.053 74
LPAT_2 does not Granger Cause LFIERD_2	3.646 55	0.003 76

注:根据 AIC 准则,LPAT_2 分别与 LFIEDU_2、LFIARD_2 的 Granger 因果检验的滞后期为 5,与 LFIBRD_2、LFIERD_2 的 Granger 因果检验的滞后期为 6。

(四) Johansen 协整检验

时间序列 LPAT、LFIEDU、LFIBRD、LFIARD、LFIERD,虽然它们自身的表现为非平稳的,但是其中某种线性组合往往存在均衡关系,即虽然经济变量经常会离开均衡点,但内在的均衡机制将不断地消除偏差以维持这种均衡关系。这个线性组合反映了变量之间的长期稳定的比例关系,称为协整关系。为建立协整关系,本书分别确立了 LPAT 与 LFIEDU、LFIBRD、LFIARD、LFIERD 构成的四个 VAR 模型,然后在其基础上对其进行 Johansen 协整检验,检验结果见表 4-12、4-13、4-14、4-15。

表 4-12 变量 LPAT 和 LFIEDU 的 Johansen 协整检验结果

零假设	特征值	迹统计量	5%的临界值	P 值	结果
$r \leqslant 0$	0.283 024	24.476 08	15.494 71	0.001 7	拒绝
$r \leqslant 1$	0.002 573	0.188 061	3.841 466	0.664 5	接受

注：根据 AIC 准则，选择滞后期为 7。

表 4-13 变量 LPAT 和 LFIBRD 的 Johansen 协整检验结果

零假设	特征值	迹统计量	5%的临界值	P 值	结果
$r \leqslant 0$	0.240 796	20.161 23	15.494 71	0.009 2	拒绝
$r \leqslant 1$	0.000 697	0.050 872	3.841 466	0.821 5	接受

注：根据 AIC 准则，选择滞后期为 7。

表 4-14 变量 LPAT 和 LFIARD 的 Johansen 协整检验结果

零假设	特征值	迹统计量	5%的临界值	P 值	结果
$r \leqslant 0$	0.345 098	39.320 45	20.261 84	0.000 0	拒绝
$r \leqslant 1$	0.108 961	8.421 756	9.164 546	0.069 0	接受

注：根据 AIC 准则，选择滞后期为 7。

表 4-15 变量 LPAT 和 LFIERD 的 Johansen 协整检验结果

零假设	特征值	迹统计量	5%的临界值	P 值	结果
$r \leqslant 0$	0.163 131	16.387 63	12.320 90	0.009 9	拒绝
$r \leqslant 1$	0.045 340	3.387 194	4.129 906	0.077 9	接受

注：根据 AIC 准则，选择滞后期为 7。

四个 VAR 模型协整检验结果表明，分别有一个最大特征根统计量大于 5%水平上的临界值，因而分别有一个原假设被拒绝，相应地各自存在一个协整方程，表明变量之间存在长期稳定的协整关系。这种长期稳定的协整关系可以 VECM 方程中标准化的协整方程来表示：

$$vecm1 = LPAT - 2.044\,686 \times LFIEDU + 8.703\,253$$
$$vecm2 = LPAT - 1.669\,568 \times LFIBRD + 2.589\,252$$
$$vecm3 = LPAT - 1.711\,388 \times LFIARD + 5.783\,514$$
$$vecm4 = LPAT - 0.344\,022 \times LFIERD$$

将上述四个方程移项得：

$$LPAT = 2.044686 \times LFIEDU - 8.703253 + vecm1 \quad (4-11)$$
$$LPAT = 1.669568 \times LFIBRD - 2.589252 + vecm2 \quad (4-12)$$
$$LPAT = 1.711388 \times LFIARD - 5.783514 + vecm3 \quad (4-13)$$
$$LPAT = 0.344022 \times LFIERD + vecm4 \quad (4-14)$$

上述协整方程反映了我国全社会研发产出分别与财政高等教育拨款、财政公共研发部门基础研究拨款、财政公共研发部门应用研究拨款、企业研发接受的财政拨款之间的某种长期均衡关系。从式(4-11)、(4-12)、(4-13)、(4-14)中可以直观地得出公共科技创新投入的不同投向的全社会研发产出乘数。即从长期来看，财政高等教育拨款每增加1个百分点，则国内发明专利申请量将会增加2.04个百分点；财政公共研发部门基础研究拨款每增加1个百分点，则国内发明专利申请量将会增加1.67个百分点；财政公共研发部门应用研究拨款每增加1个百分点，则国内发明专利申请量将会增加1.71个百分点；企业研发接受的财政拨款每增加1个百分点，则国内发明专利申请量将会增加0.34个百分点。

三、计量分析对高技术产品出口的影响

无论是Posner(1961)的技术差距模型，Gruber(1967)的"研究与开发要素论"，还是Grossman & Helpman(1991)的GH大国模型，所有具有内生增长思想的贸易模型都明确指出，科技创新是提升和维持一国出口贸易竞争力的关键，那么，一国由科技创新引致的出口贸易竞争力提升最典型的表征指标之一就是高技术产品出口额了。所以，本书在这一部分，专门实证公共科技创新投入的不同投向对我国高技术产品出口的影响。

(一) 变量与数据的选择

沿用上一部分数据，继续用财政高等教育拨款、财政公共研发部门基础研究拨款、财政公共研发部门应用研究拨款、企业研发接受的财政拨款来表征公共科技创新投入的不同投向。利用我国1991~2011年共21年的数据来计量分析公共科技创新投入的不同投向与高技术产品出口的相关关系。本书在做分析时对时间序列样本数据进行了如下处理：第一，为消除物价

上涨影响,对所有以人民币为单位的数据以1990年为基期以居民消费价格指数进行平减,居民消费价格指数见表4-1;第二,为增强数据可比性,把以美元计价的高技术产品出口额先用年度人民币兑美元名义汇率换算成人民币,人民币兑美元名义汇率见表4-16;再以1990年为基期以居民消费价格指数进行平减;第三,出于样本数据过少的考虑,把低频的年度数据用频度转换的一般方法转换为高频的季度数据,这样可以在不改变变量之间趋势关系的情况下增加样本容量;第四,由于数据的自然对数变换不改变原变量之间的趋势关系,并能使其趋势线性化,消除时间序列中存在的异方差现象,所以本书在作分析之前又分别对这几个变量的数据做了自然对数变换,分别用LHIEXP、LFIEDU、LFIBRD、LFIARD、LFIERD来表示自然对数的高技术产品出口额、财政高等教育拨款、财政公共研发部门基础研究拨款、财政公共研发部门应用研究拨款、企业研发接受的财政拨款。所有数据取自《中国统计年鉴》[①]、《中国科技统计年鉴》[②],部分财政科技创新投入数据由于不同年份科技统计方法有一定差异,根据有关数据处理得到。经平减处理后的数据见表4-17。

表4-16 用于调整出口额的汇率表

年份	人民币兑美元名义汇率
1991	5.32
1992	5.51
1993	5.76
1994	8.619
1995	8.351
1996	8.314
1997	8.29
1998	8.279
1999	8.278
2000	8.279

---

① 摘自中华人民共和国统计局,http://www.ststs.gov.cn/.历年《中国统计年鉴》。
② 摘自中华人民共和国科学技术部,http://www.most gov.cn/.历年《中国科技统计年鉴》。

(续表)

年份	人民币兑美元名义汇率
2001	8.277
2002	8.277
2003	8.277
2004	8.277
2005	8.194
2006	7.973
2007	7.608
2008	6.949
2009	6.831
2010	6.623
2011	6.301

表 4-17　经汇率调整和平减处理后的 HIEXP、FIEDU、FIBRD、FIARD、FIERD 数据表

年份	财政高等教育拨款(亿元) FIEDU	财政公共研发部门基础研究拨款(亿元) FIBRD	财政公共研发部门应用研究拨款(亿元) FIARD	企业研发接受的财政拨款(亿元) FIERD	高技术产品出口额(亿元) HIEXP
1991	64.9	6.6	82.9	13.2	633.6
1992	73.1	7.3	93.3	15.7	736.6
1993	84.8	8.6	101.5	12.8	939.6
1994	96.7	10.0	96.9	15.6	1 482.5
1995	108.5	9.1	93.8	14.8	1 453.5
1996	124.8	9.5	101.7	16.1	1 470.7
1997	139.4	12.1	117.3	15.4	1 632.4
1998	175.4	13.4	130.6	21.7	2 021.5
1999	222.6	15.8	146.5	24.9	2 582.6
2000	264.2	21.5	145.4	21.5	3 697.8
2001	313.2	26.1	167.6	20.4	4 533.1
2002	376.9	34.2	206.4	26.8	6 227.6
2003	413.9	39.4	237.6	25.6	9 377.0
2004	458.6	47.3	253.1	30.8	12 851.3

(续表)

年份	财政高等教育拨款(亿元) FIEDU	财政公共研发部门基础研究拨款(亿元) FIBRD	财政公共研发部门应用研究拨款(亿元) FIARD	企业研发接受的财政拨款(亿元) FIERD	高技术产品出口额(亿元) HIEXP
2005	503.9	53.5	298.9	38.2	15 898.6
2006	573.0	64.0	323.9	48.4	19 374.2
2007	701.6	70.8	368.8	63.3	21 178.7
2008	827.6	85.9	411.6	79.8	21 798.6
2009	938.0	106.8	503.8	99.7	19 563.6
2010	1 121.4	125.1	595.0	125.7	24 197.1
2011	1 312.1	149.5	711.2	158.9	24 422.7

(二) 单位根检验

本书采用 VECM 模型考察变量之间的长期均衡和短期动态关系,在构建模型之前首先需对变量进行单位根检验,以确定变量时间序列数据是否平稳,检验结果见表 4-18。可以看出,时间序列 LHIEXP、LFIEDU、LFIBRD、LFIARD、LFIERD 都是二阶协整的,而其二阶差分时间序列是平稳的,说明变量 LHIEXP、LFIEDU、LFIBRD、LFIARD、LFIERD 都是 $I(2)$ 的。

表 4-18 变量 LHIEXP、LFIEDU、LFIBRD、LFIARD、LFIERD 的平稳性检验结果

变量	检验形式	ADF 检验值	5%的临界值	P 值	结论
LHIEXP	Trend and Intercept	−2.399 251	−3.476 275	0.376 7	非平稳
LFIEDU	Trend and Intercept	−2.141 900	−3.475 305	0.513 7	非平稳
LFIBRD	Intercept	0.324 180	−2.904 198	0.978 0	非平稳
LFIARD	Trend and Intercept	−2.238 921	−3.471 693	0.461 2	非平稳
LFIERD	Trend and Intercept	0.363 340	−3.471 693	0.998 6	非平稳
LHIEXP_1	None	−1.062 300	−1.945 596	0.257 7	非平稳
LFIEDU_1	None	−0.456 371	−1.945 525	0.513 9	非平稳
LFIBRD_1	None	−0.171 659	−1.945 596	0.620 7	非平稳
LFIARD_1	None	0.575 589	−1.945 596	0.838 3	非平稳
LFIERD_1	None	0.192 036	−1.945 596	0.739 0	非平稳

(续表)

变量	检验形式	ADF 检验值	5%的临界值	P 值	结论
LHIEXP_2	None	−3.382 782	−1.945 596	0.001 0	平稳
LFIEDU_2	None	−2.199 042	−1.945 525	0.027 8	平稳
LFIBRD_2	None	−3.679 415	−1.945 596	0.000 4	平稳
LFIARD_2	None	−4.479 835	−1.945 596	0.000 0	平稳
LFIERD_2	None	−5.520 403	−1.945 596	0.000 0	平稳

注：本书采用 Cubic-match last 的方法将年度数据转化为季度数据，转换后共 81 个有效数据。

（三）格兰杰因果关系检验

通过格兰杰因果关系检验，发现财政公共研发部门应用研究拨款与高技术产品出口额互为 Granger 因果如表 4-19 所示，从而说明财政公共研发部门应用研究拨款的变化将会引起高技术产品出口额的变化。

表 4-19　变量 LHIEXP、LFIEDU、LFIBRD、LFIARD、LFIERD 的格兰杰因果关系检验结果

原假设	F 统计量	P 值
LFIEDU_2 does not Granger Cause LHIEXP_2	0.546 86	0.740 06
LHIEXP_2 does not Granger Cause LFIEDU_2	1.076 66	0.381 90
LFIBRD_2 does not Granger Cause LHIEXP_2	0.448 25	0.719 33
LHIEXP_2 does not Granger Cause LFIBRD_2	0.445 91	0.720 97
LFIARD_2 does not Granger Cause LHIEXP_2	7.100 30	9.6E−06
LHIEXP_2 does not Granger Cause LFIARD_2	4.757 36	0.000 50
LFIERD_2 does not Granger Cause LHIEXP_2	0.673 08	0.645 34
LHIEXP_2 does not Granger Cause LFIERD_2	1.013 41	0.417 37

注：根据 AIC 准则，LHIEXP_2 分别与 LFIEDU_2、LFIERD_2 的 Granger 因果检验的滞后期为 5，与 LFIBRD_2 的 Granger 因果检验的滞后期为 3，与 LFIARD_2 的 Granger 因果检验的滞后期为 6。

（四）Johansen 协整检验

时间序列 LHIEXP、LFIEDU、LFIBRD、LFIARD、LFIERD，虽然它们

自身的表现为非平稳的,但是其中某种线性组合往往存在均衡关系,即虽然经济变量经常会离开均衡点,但内在的均衡机制将不断地消除偏差以维持这种均衡关系。这个线性组合反映了变量之间的长期稳定的比例关系,称为协整关系。为建立协整关系,本书分别确立了 LHIEXP 与 LFIEDU、LFIBRD、LFIARD、LFIERD 构成的四个 VAR 模型,然后在其基础上对其进行 Johansen 协整检验,检验结果见表 4-20、4-21、4-22、4-23。

表 4-20 变量 LHIEXP 和 LFIEDU 的 Johansen 协整检验结果

零假设	特征值	迹统计量	5%的临界值	P 值	结果
$r \leqslant 0$	0.232 010	26.950 61	25.872 11	0.036 6	拒绝
$r \leqslant 1$	0.086 648	6.888 198	12.517 98	0.356 3	接受

注:根据 AIC 准则,选择滞后期为 4。

表 4-21 变量 LHIEXP 和 LFIBRD 的 Johansen 协整检验结果

零假设	特征值	迹统计量	5%的临界值	P 值	结果
$r \leqslant 0$	0.181 507	20.564 41	20.261 84	0.045 4	拒绝
$r \leqslant 1$	0.067 880	5.342 354	9.164 546	0.248 0	接受

注:根据 AIC 准则,选择滞后期为 4。

表 4-22 变量 LHIEXP 和 LFIARD 的 Johansen 协整检验结果

零假设	特征值	迹统计量	5%的临界值	P 值	结果
$r \leqslant 0$	0.232 594	19.347 34	15.494 71	0.012 5	拒绝
$r \leqslant 1$	0.000 292	0.021 355	3.841 466	0.883 7	接受

注:根据 AIC 准则,选择滞后期为 7。

表 4-23 变量 LHIEXP 和 LFIERD 的 Johansen 协整检验结果

零假设	特征值	迹统计量	5%的临界值	P 值	结果
$r \leqslant 0$	0.259 312	24.539 63	20.261 84	0.012 1	拒绝
$r \leqslant 1$	0.035 343	2.626 773	9.164 546	0.652 5	接受

注:根据 AIC 准则,选择滞后期为 7。

四个 VAR 模型协整检验结果表明,分别有一个最大特征根统计量大于 5% 水平上的临界值,因而分别有一个原假设被拒绝,相应地各自存在一个协整方程,表明变量之间存在长期稳定的协整关系。这种长期稳定的协整关系可以 VECM 方程中标准化的协整方程来表示:

vecm:vecm1=LHIEXP－1.262 947×LFIEDU－1.363 166
　　　　vecm2=LHIEXP－0.814 759×LFIBRD－5.848 918
　　　　vecm3=LHIEXP+3.074 032×LFIARD－25.048 01
　　　　vecm4=LHIEXP－1.343 799×LFIERD－2.274 553

将上述四个方程移项得:

　　LHIEXP=1.262 947×LFIEDU+1.363 166+vecm1　　(4－15)
　　LHIEXP=0.814 759×LFIBRD+5.848 918+vecm2　　(4－16)
　　LHIEXP=－3.074 032×LFIARD+25.048 01+vecm3　　(4－17)
　　LHIEXP=1.343 799×LFIERD+2.274 553+vecm4　　(4－18)

上述协整方程反映了我国高技术产品出口分别与财政高等教育拨款、财政公共研发部门基础研究拨款、财政公共研发部门应用研究拨款、企业研发接受的财政拨款之间的某种长期均衡关系。从式(4－15)、(4－16)、(4－17)、(4－18)中可以直观地得出公共科技创新投入的不同投向的高技术产品出口乘数。即从长期来看,财政高等教育拨款每增加 1 个百分点,则高技术产品出口将会增加 1.26 个百分点;财政公共研发部门基础研究拨款每增加 1 个百分点,则高技术产品出口将会增加 0.81 个百分点;财政公共研发部门应用研究拨款每增加 1 个百分点,则高技术产品出口将会减少 3.07 个百分点;企业研发接受的财政拨款每增加 1 个百分点,则高技术产品出口将会增加 1.34 个百分点。

四、计量分析对出口贸易的影响

高技术产品出口是一国科技创新推动出口贸易发展的集中体现,没有领先的技术,就不会形成有比较优势的高技术产品贸易格局,就不会有成规模的高技术产品出口到别国,这是理论和实践都充分证明的。但是,由于科技创新是广泛的,高技术产品的定义和统计范围是相对狭窄的,许多没有列入高技术产品出口范围的货物贸易实际上也是科技创新的成果,所以仅仅高技术产品出口是无法全面衡量一个国家由于科技创新所形成的出口贸易技术比较优势的。所以,在计量分析了公共科技创新投入的不同投向对高技术产品出口的影响后,本书在这一部分计量分析公共科技创新投入的不同投向对我国出口贸易(货物出口)的影响。

(一)变量与数据的选择

继续用财政高等教育拨款、财政公共研发部门基础研究拨款、财政公共研发部门应用研究拨款、企业研发接受的财政拨款来表征公共科技创新投入的不同投向。用货物出口额来表征出口贸易状况。利用我国1991~2011年共21年的数据来计量分析公共科技创新投入的不同投向与货物出口的相关关系。本书在做分析时对时间序列样本数据进行了如下处理:第一,为消除物价上涨影响,对所有以人民币为单位的数据以1990年为基期以居民消费价格指数进行平减,居民消费价格指数见表4-1;第二,为增强数据可比性,把以美元计价的货物出口额先用年度人民币兑美元名义汇率换算成人民币,人民币兑美元名义汇率见表4-16;再以1990年为基期以居民消费价格指数进行平减;第三,出于样本数据过少的考虑,把低频的年度数据用频度转换的一般方法转换为高频的季度数据,这样可以在不改变变量之间趋势关系的情况下增加样本容量;第四,由于数据的自然对数变换不改变原变量之间的趋势关系,并能使其趋势线性化,消除时间序列中存在的异方差现象,所以本书在作分析之前又分别对这几个变量的数据做了自然对数变换,分别用LEXP、LFIEDU、LFIBRD、LFIARD、LFIERD来表示自然对数的货物出口额、财政高等教育拨款、财政公共研发部门基础研究拨款、财政公共研发部门应用研究拨款、企业研发接受的财政拨款。所有数据取自《中国统计年鉴》[①]、《中国科技统计年鉴》[②],部分财政科技创新投入数据由于不同年份科技统计方法有一定差异,根据有关数据处理得到。经平减处理后的数据见表4-24。

---

① 摘自中华人民共和国统计局,http://www.ststs.gov.cn/.历年《中国统计年鉴》。
② 摘自中华人民共和国科学技术部,http://www.most.gov.cn/.历年《中国科技统计年鉴》。

表 4-24 经汇率调整和平减处理后的 EXP、FIEDU、FIBRD、FIARD、FIERD 数据表

年份	财政高等教育拨款(亿元) FIEDU	财政公共研发部门基础研究拨款(亿元) FIBRD	财政公共研发部门应用研究拨款(亿元) FIARD	企业研发接受的财政拨款(亿元) FIERD	货物出口额(亿元) EXP
1991	64.9	6.6	82.9	13.2	3 701.3
1992	73.1	7.3	93.3	15.7	4 250.5
1993	84.8	8.6	101.5	12.8	4 188.0
1994	96.7	10.0	96.9	15.6	6 655.0
1995	108.5	9.1	93.8	14.8	6 790.1
1996	124.8	9.5	101.7	16.1	6 332.5
1997	139.4	12.1	117.3	15.4	7 425.8
1998	175.4	13.4	130.6	21.7	7 516.7
1999	222.6	15.8	146.5	24.9	8 092.3
2000	264.2	21.5	145.4	21.5	10 291.9
2001	313.2	26.1	167.6	20.4	10 908.8
2002	376.9	34.2	206.4	26.8	13 455.1
2003	413.9	39.4	237.6	25.6	17 903.7
2004	458.6	47.3	253.1	30.8	23 317.1
2005	503.9	53.5	298.9	38.2	29 223.0
2006	573.0	64.0	323.9	48.4	35 661.3
2007	701.6	70.8	368.8	63.3	41 029.5
2008	827.6	85.9	411.6	79.8	41 572.4
2009	938.0	106.8	503.8	99.7	34 207.0
2010	1 121.4	125.1	595.0	125.7	43 203.7
2011	1 312.1	149.5	711.2	158.9	45 818.0

(二) 单位根检验

本书采用 VECM 模型考察变量之间的长期均衡和短期动态关系,在构建模型之前首先需对变量进行单位根检验,以确定变量时间序列数据是否平稳,检验结果见表 4-25。可以看出,时间序列 LEXP、LFIEDU、LFIBRD、LFIARD、LFIERD 都是二阶协整的,而其二阶差分时间序列是平稳的,说明变量 LEXP、LFIEDU、LFIBRD、LFIARD、LFIERD 都是 $I(2)$ 的。

表 4-25 变量 LEXP、LFIEDU、LFIBRD、LFIARD、LFIERD 的平稳性检验结果

变量	检验形式	ADF 检验值	5%的临界值	P 值	结论
LEXP	Intercept	−0.512 350	−2.904 198	0.881 8	非平稳
LFIEDU	Trend and Intercept	−2.141 900	−3.475 305	0.513 7	非平稳
LFIBRD	Intercept	0.324 180	−2.904 198	0.978 0	非平稳
LFIARD	Trend and Intercept	−2.238 921	−3.471 693	0.461 2	非平稳
LFIERD	Trend and Intercept	0.363 340	−3.471 693	0.998 6	非平稳
LEXP_1	None	−1.111 426	−1.945 596	0.239 5	非平稳
LFIEDU_1	None	−0.456 371	−1.945 525	0.513 9	非平稳
LFIBRD_1	None	−0.171 659	−1.945 596	0.620 7	非平稳
LFIARD_1	None	0.575 589	−1.945 596	0.838 3	非平稳
LFIERD_1	None	0.192 036	−1.945 596	0.739 0	非平稳
LEXP_2	None	−3.436 045	−1.945 596	0.000 8	平稳
LFIEDU_2	None	−2.199 042	−1.945 525	0.027 8	平稳
LFIBRD_2	None	−3.679 415	−1.945 596	0.000 4	平稳
LFIARD_2	None	−4.479 835	−1.945 596	0.000 0	平稳
LFIERD_2	None	−5.520 403	−1.945 596	0.000 0	平稳

注：本书采用 Cubic-match last 的方法将年度数据转化为季度数据，转换后共 81 个有效数据。

（三）格兰杰因果关系检验

通过格兰杰因果关系检验，发现财政公共研发部门基础研究拨款与货物进口额存在单项格兰杰因果关系，货物出口额的变化会引起财政公共研发部门基础研究拨款的变化；且财政公共研发部门应用研究拨款与货物进出口额也存在单项格兰杰因果关系，财政公共研发部门应用研究拨款的变化会引起货物进出口额的变化，如表 4-26 所示。

表 4-26 变量 LEXP、LFIEDU、LFIBRD、LFIARD、LFIERD 的格兰杰因果关系检验结果

原假设	F 统计量	P 值
LFIEDU_2 does not Granger Cause LEXP_2	0.525 07	0.787 06
LEXP_2 does not Granger Cause LFIEDU_2	0.615 59	0.716 94
LFIBRD_2 does not Granger Cause LEXP_2	0.864 46	0.539 98

(续表)

原假设	F 统计量	P 值
LEXP_2 does not Granger Cause LFIBRD_2	3.589 93	0.002 87
LFIARD_2 does not Granger Cause LEXP_2	2.101 87	0.046 48
LEXP_2 does not Granger Cause LFIARD_2	1.556 28	0.154 04
LFIEDU_2 does not Granger Cause LEXP_2	0.563 31	0.782 43
LEXP_2 does not Granger Cause LFIEDU_2	0.523 29	0.813 27

注：根据 AIC 准则，LEXP_2 分别与 LFIEDU_2 的 Granger 因果检验的滞后期为 6，与 LFIBRD_2 和 LFIERD_2 的 Granger 因果检验的滞后期为 7，与 LFIARD_2 的 Granger 因果检验的滞后期为 9。

（四）Johansen 协整检验

时间序列 LEXP、LFIEDU、LFIBRD、LFIARD、LFIERD，虽然它们自身的表现为非平稳的，但是其中某种线性组合往往存在均衡关系，即虽然经济变量经常会离开均衡点，但内在的均衡机制将不断地消除偏差以维持这种均衡关系。这个线性组合反映了变量之间的长期稳定的比例关系，称为协整关系。为建立协整关系，本书分别确立了 LEXP 与 LFIEDU、LFIBRD、LFIARD、LFIERD 构成的四个 VAR 模型，然后在其基础上对其进行 Johansen 协整检验，检验结果见表 4-27、4-28、4-29、4-30。

表 4-27 变量 LEXP 和 LFIEDU 的 Johansen 协整检验结果

零假设	特征值	迹统计量	5% 的临界值	P 值	结果
$r \leqslant 0$	0.170 045	13.669 30	12.320 90	0.029 5	拒绝
$r \leqslant 1$	0.000 866	0.063 275	4.129 906	0.836 6	接受

注：根据 AIC 准则，选择滞后期为 7。

表 4-28 变量 LEXP 和 LFIBRD 的 Johansen 协整检验结果

零假设	特征值	迹统计量	5% 的临界值	P 值	结果
$r \leqslant 0$	0.512 452	44.174 30	15.494 71	0.000 0	拒绝
$r \leqslant 1$	0.005 785	0.353 891	3.841 466	0.551 9	接受

注：根据 AIC 准则，选择滞后期为 19。

表 4-29　变量 LEXP 和 LFIARD 的 Johansen 协整检验结果

零假设	特征值	迹统计量	5%的临界值	P值	结果
$r \leqslant 0$	0.216 661	20.291 01	15.494 71	0.008 7	拒绝
$r \leqslant 1$	0.036 930	2.709 318	3.841 466	0.099 8	接受

注：根据 AIC 准则，选择滞后期为 8。

表 4-30　变量 LEXP 和 LFIERD 的 Johansen 协整检验结果

零假设	特征值	迹统计量	5%的临界值	P值	结果
$r \leqslant 0$	0.198 251	16.013 02	15.494 71	0.041 8	拒绝
$r \leqslant 1$	0.001 443	0.103 958	3.841 466	0.747 1	接受

注：根据 AIC 准则，选择滞后期为 8。

四个 VAR 模型协整检验结果表明，分别有一个最大特征根统计量大于 5%水平上的临界值，因而分别有一个原假设被拒绝，相应地各自存在一个协整方程，表明变量之间存在长期稳定的协整关系。这种长期稳定的协整关系可以 VECM 方程中标准化的协整方程来表示：

$$vecm: vecm1 = LEXP - 0.907\ 494 \times LFIEDU - 4.385\ 803$$
$$vecm2 = LEXP - 0.913\ 838 \times LFIBRD - 6.485\ 164$$
$$vecm3 = LEXP - 0.748\ 751 \times LFIARD - 5.639\ 645$$
$$vecm4 = LEXP - 0.798\ 868 \times LFIERD - 6.876\ 424$$

将上述四个方程移项得：

$$LEXP = 0.907\ 494 \times LFIEDU + 4.385\ 803 + vecm1 \quad (4-19)$$
$$LEXP = 0.913\ 838 \times LFIBRD + 6.485\ 164 + vecm2 \quad (4-20)$$
$$LEXP = 0.748\ 751 \times LFIARD + 5.639\ 645 + vecm3 \quad (4-21)$$
$$LEXP = 0.798\ 868 \times LFIERD + 6.876\ 424 + vecm4 \quad (4-22)$$

上述协整方程反映了我国货物出口分别与财政高等教育拨款、财政公共研发部门基础研究拨款、财政公共研发部门应用研究拨款、企业研发接受的财政拨款之间的某种长期均衡关系。从式(4-19)、(4-20)、(4-21)、(4-22)中可以直观地得出公共科技创新投入的不同投向的出口贸易乘数。即从长期来看，财政高等教育拨款每增加 1 个百分点，则货物出口将会增加 0.91 个百分点；财政公共研发部门基础研究拨款每增加 1 个百分点，则货物出口将会增加 0.91 个百分点；财政公共研发部门应用研究拨款每增加 1 个百分点，则货物出口将会增加 0.75 个百分点；企业研发接受的财政拨款每增加 1 个百分点，则货物出口将会增加 0.80 个百分点。

五、计量分析对经济增长的影响

任何一个国家，发展出口贸易的初衷都是试图发挥要素或者是技术的比较优势，通过出口贸易在国际市场上获取更大利益，最终获得可持续的有质量的经济增长。对我国来说，从改革开放以来，外贸出口一直都是拉动经济增长的"三驾马车"之一，与投资、消费一起为我国经济增长做出巨大的贡献，使我国经济创造了连续 30 年以上高速增长的世界奇迹。所以，为了反映这种从投入到最终产出的最终效果，证明本书公共科技创新投入作用机理的合理性，证实公共科技创新投入经济增长乘数的存在，本书在这一部分，计量分析公共科技创新投入的不同投向对我国经济增长的影响。

（一）变量与数据的选择

继续用财政高等教育拨款、财政公共研发部门基础研究拨款、财政公共研发部门应用研究拨款、企业研发接受的财政拨款来表征公共科技创新投入的不同投向。用国内生产总值来表征经济增长。利用我国 1991~2011 年共 21 年的数据来计量分析公共科技创新投入的不同投向额与国内生产总值的相关关系。本书在做分析时对时间序列样本数据进行了如下处理：第一，为消除物价上涨影响，对所有以人民币为单位的数据以 1990 年为基期以居民消费价格指数进行平减，居民消费价格指数见表 4-1；第二，出于样本数据过少的考虑，把低频的年度数据用频度转换的一般方法转换为高频的季度数据，这样可以在不改变变量之间趋势关系的情况下增加样本容量；第三，由于数据的自然对数变换不改变原变量之间的趋势关系，并能使其趋势线性化，消除时间序列中存在的异方差现象，所以本书在作分析之前又分别对这几个变量的数据做了自然对数变换，分别用 LGDP、LFIEDU、LFIBRD、LFIARD、LFIERD 来表示自然对数的国内生产总值、财政高等教育拨款、财政公共研发部门基础研究拨款、财政公共研发部门应用研究拨款、企业研发接受的财政拨款。所有数据取自《中国统计年鉴》[①]、《中国科技统计年鉴》[②],部分财政科技创新投入数据由于不同年份科技统计方法有一定差异,根据有关数据处理得到。经平减处理后的数据见表 4-31。

表 4-31 经汇率调整和平减处理后的 GDP、FIEDU、FIBRD、FIARD、FIERD 数据表

年份	财政高等教育拨款(亿元) FIEDU	财政公共研发部门基础研究拨款(亿元) FIBRD	财政公共研发部门应用研究拨款(亿元) FIARD	企业研发接受的财政拨款(亿元) FIERD	国内生产总值(亿元) GDP
1991	64.9	6.6	82.9	13.2	21 065.3
1992	73.1	7.3	93.3	15.7	24 472.0
1993	84.8	8.6	101.5	12.8	28 000.5
1994	96.7	10.0	96.9	15.6	30 777.3
1995	108.5	9.1	93.8	14.8	33 151.6
1996	124.8	9.5	101.7	16.1	35 838.9
1997	139.4	12.1	117.3	15.4	38 681.5
1998	175.4	13.4	130.6	21.7	41 674.1
1999	222.6	15.8	146.5	24.9	44 907.3
2000	264.2	21.5	145.4	21.5	49 485.4
2001	313.2	26.1	167.6	20.4	54 312.7
2002	376.9	34.2	206.4	26.8	60 082.0
2003	413.9	39.4	237.6	25.6	67 012.0
2004	458.6	47.3	253.1	30.8	75 919.7
2005	503.9	53.5	298.9	38.2	86 266.4
2006	573.0	64.0	323.9	48.4	99 411.4
2007	701.6	70.8	368.8	63.3	116 563.2
2008	827.6	85.9	411.6	79.8	130 042.7
2009	938.0	106.8	503.8	99.7	142 159.2
2010	1 121.4	125.1	595.0	125.7	161 959.8
2011	1 312.1	149.5	711.2	158.9	181 196.5

① 摘自中华人民共和国统计局,http://www.ststs.gov.cn/.历年《中国统计年鉴》。
② 摘自中华人民共和国科学技术部,http://www.most.gov.cn/.历年《中国科技统计年鉴》。

(二) 单位根检验

本书采用 VECM 模型考察变量之间的长期均衡和短期动态关系,在构建模型之前首先需对变量进行单位根检验,以确定变量时间序列数据是否平稳,检验结果见表 4-32。可以看出,时间序列 LGDP、LFIEDU、LFIBRD、LFIARD、LFIERD 都是二阶协整的,而其二阶差分时间序列是平稳的,说明变量 LGDP、LFIEDU、LFIBRD、LFIARD、LFIERD 都是 $I(2)$ 的。

表 4-32 变量 LGDP、LFIEDU、LFIBRD、LFIARD、LFIERD 的平稳性检验结果

变量	检验形式	ADF 检验值	5% 的临界值	P 值	结论
LGDP	Trend and Intercept	-2.170 293	-3.476 275	0.498 1	非平稳
LFIEDU	Trend and Intercept	-2.141 900	-3.475 305	0.513 7	非平稳
LFIBRD	Intercept	0.324 180	-2.904 198	0.978 0	非平稳
LFIARD	Trend and Intercept	-2.238 921	-3.471 693	0.461 2	非平稳
LFIERD	Trend and Intercept	0.363 340	-3.471 693	0.998 6	非平稳
LGDP_1	None	0.019 059	-1.945 596	0.685 4	非平稳
LFIEDU_1	None	-0.456 371	-1.945 525	0.513 9	非平稳
LFIBRD_1	None	-0.171 659	-1.945 596	0.620 7	非平稳
LFIARD_1	None	0.575 589	-1.945 596	0.838 3	非平稳
LFIERD_1	None	0.192 036	-1.945 596	0.739 0	非平稳
LGDP_2	None	-2.398 084	-1.945 596	0.017 0	平稳
LFIEDU_2	None	-2.199 042	-1.945 525	0.027 8	平稳
LFIBRD_2	None	-3.679 415	-1.945 596	0.000 4	平稳
LFIARD_2	None	-4.479 835	-1.945 596	0.000 0	平稳
LFIERD_2	None	-5.520 403	-1.945 596	0.000 0	平稳

注:本书采用 Cubic-match last 的方法将年度数据转化为季度数据,转换后共 81 个有效数据。

(三) 格兰杰因果关系检验

本书对财政高等教育拨款、财政公共研发部门基础研究拨款、财政公共研发部门应用研究拨款、企业研发接受的财政拨款分别和国内生产总值进行 Granger 因果关系检验，检验结果见表 4-33。检验结果表明，财政高等教育拨款、财政公共研发部门基础研究拨款、财政公共研发部门应用研究拨款、企业研发接受的财政拨款与国内生产总值不存在 Granger 因果关系。

表 4-33　变量 LGDP、LFIEDU、LFIBRD、LFIARD、LFIERD 的格兰杰因果关系检验结果

原假设	F 统计量	P 值
LFIEDU_2 does not Granger Cause LGDP_2	1.181 60	0.323 16
LGDP_2 does not Granger Cause LFIEDU_2	0.083 75	0.968 68
LFIBRD_2 does not Granger Cause LGDP_2	0.006 07	0.999 99
LGDP_2 does not Granger Cause LFIBRD_2	0.331 86	0.891 86
LFIARD_2 does not Granger Cause LGDP_2	0.451 13	0.717 32
LGDP_2 does not Granger Cause LFIARD_2	0.068 96	0.976 28
LFIERD_2 does not Granger Cause LGDP_2	1.181 60	0.323 16
LGDP_2 does not Granger Cause LFIERD_2	0.083 75	0.968 68

注：根据 AIC 准则，LGDP_2 分别与 LFIEDU_2、LFIARD_2、LFIERD_2 的 Granger 因果检验的滞后期为 3，与 LFIBRD_2 的 Granger 因果检验的滞后期为 5。

(四) Johansen 协整检验

时间序列 LGDP、LFIEDU、LFIBRD、LFIARD、LFIERD，虽然它们自身的表现为非平稳的，但是其中某种线性组合往往存在均衡关系，即虽然经济变量经常会离开均衡点，但内在的均衡机制将不断地消除偏差以维持这种均衡关系。这个线性组合反映了变量之间的长期稳定的比例关系，称为协整关系。为建立协整关系，本书分别确立了 LGDP 与 LFIEDU、LFIBRD、LFIARD、LFIERD 构成的四个 VAR 模型，然后在其基础上对其进行 Johansen 协整检验，检验结果见表 4-34、4-35、4-36、4-37。

表 4-34　变量 LGDP 和 LFIEDU 的 Johansen 协整检验结果

零假设	特征值	迹统计量	5%的临界值	P 值	结果
$r \leqslant 0$	0.195 437	22.226 68	20.261 84	0.026 5	拒绝
$r \leqslant 1$	0.068 727	5.482 597	9.164 546	0.234 6	接受

注：根据 AIC 准则，选择滞后期为 3。

表 4-35　变量 LGDP 和 LFIBRD 的 Johansen 协整检验结果

零假设	特征值	迹统计量	5%的临界值	P 值	结果
$r \leqslant 0$	0.205 936	23.595 61	20.261 84	0.016 7	拒绝
$r \leqslant 1$	0.088 475	6.762 485	9.164 546	0.139 5	接受

注：根据 AIC 准则，选择滞后期为 7。

表 4-36　变量 LGDP 和 LFIARD 的 Johansen 协整检验结果

零假设	特征值	迹统计量	5%的临界值	P 值	结果
$r \leqslant 0$	0.208 445	20.285 47	15.494 71	0.008 8	拒绝
$r \leqslant 1$	0.032 615	2.520 029	3.841 466	0.112 4	接受

注：根据 AIC 准则，选择滞后期为 4。

表 4-37　变量 LGDP 和 LFIERD 的 Johansen 协整检验结果

零假设	特征值	迹统计量	5%的临界值	P 值	结果
$r \leqslant 0$	0.210 239	18.360 04	15.494 71	0.018 0	拒绝
$r \leqslant 1$	0.005 539	0.422 114	3.841 466	0.515 9	接受

注：根据 AIC 准则，选择滞后期为 4。

四个 VAR 模型协整检验结果表明，分别有一个最大特征根统计量大于 5%水平上的临界值，因而分别有一个原假设被拒绝，相应地各自存在一个协整方程，表明变量之间存在长期稳定的协整关系。这种长期稳定的协整关系可以 VECM 方程中标准化的协整方程来表示：

vecm：vecm1＝LGDP－0.787 869×LFIEDU－6.527 352

vecm2＝LGDP－0.728 948×LFIBRD－9.292 615

vecm3＝LGDP－0.888 600×LFIARD－6.314 207

vecm4＝LGDP－0.666 042×LFIERD－8.749 037

将上述四个方程移项得：

$$LGDP=0.787\ 869\times LFIEDU+6.527\ 352+vecm1 \quad (4-23)$$

$$LGDP=0.728\ 948\times LFIBRD+9.292\ 615+vecm2 \quad (4-24)$$

$$LGDP=0.888\ 600\times LFIARD+6.314\ 207+vecm3 \quad (4-25)$$

$$LGDP=0.666\ 042\times LFIERD+8.749\ 037+vecm4 \quad (4-26)$$

上述协整方程反映了我国国内生产总值分别与财政高等教育拨款、财政公共研发部门基础研究拨款、财政公共研发部门应用研究拨款、企业研发接受的财政拨款之间的某种长期均衡关系。从式(4-23)、(4-24)、(4-25)、(4-26)中可以直观地得出公共科技创新投入的不同投向的经济增长乘数。即从长期来看，财政高等教育拨款每增加1个百分点，则国内生产总值将会增加0.79个百分点；财政公共研发部门基础研究拨款每增加1个百分点，则国内生产总值将会增加0.73个百分点；财政公共研发部门应用研究拨款每增加1个百分点，则国内生产总值将会增加0.89个百分点；企业研发接受的财政拨款每增加1个百分点，则国内生产总值将会增加0.67个百分点。

第四节　公共科技创新投入总量影响经济增长的计量分析[①]

前面几部分已经实证了公共科技创新的不同投向对我国科技创新的有代表性的中间投入、中间产出以及几种最终产出的影响。在这一节，再实证考察公共科技创新的总量对我国科技创新的有代表性的中间投入、中间产出以及几种最终产出的影响。

---

① 张宏洲，冯学钢.政府资助研发促进国际贸易与经济增长影响研究[J].上海管理科学，2013，(3)：5-12.

一、变量与数据的选择

选用全国财政科技拨款和全国高等教育拨款①之和来表征公共科技创新投入的总量,用国内生产总值来衡量国家的经济增长状况,用货物出口总额来衡量对外贸易状况,用高技术产品出口额来表征代表科技创新高端产出的对外贸易成果,用国内专利申请量来表征科技创新的中间产出成果,用全社会研发投入量来表征科技创新的整体投入,利用我国1991～2011年共21年的数据来实证公共科技创新的总量对另外五个变量的影响关系。笔者在做分析时对时间序列样本数据进行了如下处理:第一,为消除物价上涨影响,对所有以人民币为单位的数据以1990年为基期以居民消费价格指数进行平减,居民消费价格指数见表4-1;第二,为增强数据可比性,把以美元计价的货物出口额先用年度人民币兑美元名义汇率换算成人民币,人民币兑美元名义汇率见表4-16;再以1990年为基期以居民消费价格指数进行平减;第三,出于样本数据过少的考虑,把低频的年度数据用频度转换的一般方法转换为高频的季度数据,这样可以在不改变变量之间趋势关系的情况下增加样本容量;第四,由于数据的自然对数变换不改变原变量之间的趋势关系,并能使其趋势线性化,消除时间序列中存在的异方差现象,所以笔者在作分析之前又分别对这几个变量的数据做了自然对数变换,分别用LFUSTI、LFURD、LPAT、LHIEXP、LEXP、LGDP来表示自然对数的公共科技创新投入总额、全社会研发投入、国内专利申请量、高技术产品出口额、货物出口总额、国内生产总值。所有数据取自《中国统计年鉴》②、《中国科技统计年鉴》③。经平减处理后的数据见表4-38。

---

① 财政高等教育拨款作为一个代理变量表征政府为公共研发部门和资助企业研发之外的科技创新活动提供的资助,原因有三方面:一是科技创新有知识创新、技术创新和管理创新三方面内涵,研发投入之外还有许多内容,仅公共研发资金不能概括公共科技创新投入;二是借鉴Uzawa(1961)两部门模型、Rebelo(1991)教育凸性模型的思想,这两个模型依靠教育部门实现内生增长,借鉴Pelloni(1997)两要素内生增长模型思想,将教育部门与研发部门并列同时作为经济内生增长的驱动部门;三是事实上高等院校的大量人力资本积累活动和研发活动使用的是财政高等教育拨款而不仅仅是公共研发资金拨付给高等院校使用的资金部分。

② 摘自中华人民共和国统计局,http://www.ststs.gov.cn/. 历年《中国统计年鉴》。

③ 摘自中华人民共和国科学技术部,http://www.most.gov.cn/. 历年《中国科技统计年鉴》。

表 4-38　经平减处理后的 FUSTI、FURD、PAT、HIEXP、EXP、GDP 数据表

年份	公共科技创新总投入(亿元) FUSTI	全社会研发投入(亿元) FURD	国内专利申请量(万件) PAT	高技术产品出口额(亿元) HIEXP	货物出口额(亿元) EXP	国内生产总值(亿元) GDP
1991	219.6	139.7	4.568 6	633.6	3 701.3	21 065.3
1992	245.8	149.5	6.228 2	736.6	4 250.5	24 472.0
1993	263.9	160.5	6.888 8	939.6	4 188.0	28 000.5
1994	267.9	175.7	6.848 7	1 482.5	6 655.0	30 777.3
1995	273.7	190.1	6.953 5	1 453.5	6 790.1	33 151.6
1996	300.6	203.7	8.302 6	1 470.7	6 332.5	35 838.9
1997	339.7	249.4	9.007 1	1 632.4	7 425.8	38 681.5
1998	392.2	272.1	9.623 3	2 021.5	7 516.7	41 674.1
1999	490.0	340.0	10.995 8	2 582.6	8 092.3	44 907.3
2000	551.5	446.7	14.033 9	3 697.8	10 291.9	49 485.4
2001	661.4	516.4	16.577 3	4 533.1	10 908.8	54 312.7
2002	784.3	642.9	20.554 4	6 227.6	13 455.1	60 082.0
2003	880.1	759.6	25.123 8	9 377.0	17 903.7	67 012.0
2004	978.7	933.7	27.894 3	12 851.3	23 317.1	75 919.7
2005	1 126.5	1 142.8	38.315 7	15 898.6	29 223.6	86 266.4
2006	1 348.9	1 380.1	47.034 2	19 374.2	35 661.3	99 411.4
2007	1 622.6	1 627.0	58.649 8	21 178.7	41 029.5	116 563.2
2008	1 896.7	1 911.4	71.714 4	21 798.6	41 572.4	130 042.7
2009	2 282.4	2 419.5	87.761 1	19 563.6	34 207.0	142 159.2
2010	2 787.0	2 851.1	110.942 8	24 197.1	43 203.7	161 959.8
2011	2 968.7	3 327.2	150.467 0	24 422.7	45 818.0	181 196.5

二、单位根检验

本书采用 VECM 模型考察变量之间的长期均衡和短期动态关系，在构建模型之前首先需对变量进行单位根检验，以确定变量时间序列数据是否平稳，检验结果见表 4-39。可以看出，时间序列 LFUSTI、LFURD、LPAT、LHIEXP、LEXP、LGDP 都是非平稳的，而其二阶差分时间序列是

平稳的,说明变量 LFUSTI、LFURD、LPAT、LHIEXP、LEXP、LGDP 都是 $I(2)$ 的。

表4-39 变量 LFUSTI、LFURD、LPAT、LHIEXP、LEXP、LGDP 的平稳性检验结果

变量	检验形式	ADF 检验值	5%的临界值	P 值	结论
LFUSTI	Intercept	0.149 376	−2.903 566	0.967 3	非平稳
LFURD	Trend and Intercept	−3.146 425	−3.475 305	0.104 0	非平稳
LPAT	Trend and Intercept	−1.698 379	−3.471 693	0.742 3	非平稳
LHIEXP	Trend and Intercept	−2.399 251	−3.476 275	0.376 7	非平稳
LEXP	Intercept	−0.512 350	−2.904 198	0.881 8	非平稳
LGDP	Trend and Intercept	−2.170 293	−3.476 275	0.498 1	非平稳
LFUSTI_1	None	−0.614 041	−1.945 525	0.447 9	非平稳
LFURD_1	None	−0.257 030	−1.945 525	0.590 1	非平稳
LPAT_1	None	0.773 926	−1.945 596	0.878 4	非平稳
LHIEXP_1	None	−1.062 300	−1.945 596	0.257 7	非平稳
LEXP_1	None	−1.111 426	−1.945 596	0.239 5	非平稳
LGDP_1	None	0.019 059	−1.945 596	0.685 4	非平稳
LFUSTI_2	None	−2.054 183	−1.945 525	0.039 1	平稳
LFURD_2	None	−2.156 280	−1.945 525	0.030 8	平稳
LPAT_2	None	−6.545 405	−1.945 525	0.000 0	平稳
LHIEXP_2	None	−3.382 782	−1.945 596	0.001 0	平稳
LEXP_2	None	−3.436 045	−1.945 596	0.000 8	平稳
LGDP_2	None	−2.398 084	−1.945 596	0.017 0	平稳

注:本书采用 Cubic-match last 的方法将年度数据转化为季度数据,转换后共 81 个有效数据。

三、格兰杰因果关系检验

根据理论模型,公共科技创新投入的增加会促进全社会研发投入、国内专利申请量、高技术产品出口额、货物出口总额、国内生产总值的增长,为检验上述判断,我们对公共科技创新投入分别和全社会研发投入、国内专利申请量、高技术产品出口额、货物出口总额、国内生产总值进行 Granger 因果关系检验,检验结果见表 4-40。检验结果表明,在 5%的显著性水平上,公

共科技创新投入与全社会研发投入存在单向 Granger 因果关系，即公共科技创新投入的变化是全社会研发投入变化的 Granger 原因；与国内专利申请量存在单向 Granger 因果关系，即公共科技创新投入的变化是国内专利申请量变化的 Granger 原因；与高技术产品出口互为 Granger 因果；与货物出口总额互为 Granger 因果；与国内生产总值存在单向 Granger 因果关系，即国内生产总值的变化是公共科技创新投入变化的 Granger 原因。

表 4-40　变量 LFUSTI、LFURD、LPAT、LHIEXP、LEXP、LGDP 的格兰杰因果关系检验结果

原假设	F 统计量	P 值
LFURD_2 does not Granger Cause LFUSTI_2	1.516 77	0.180 12
LFUSTI_2 does not Granger Cause LFURD_2	2.692 89	0.017 57
LPAT_2 does not Granger Cause LFUSTI_2	0.849 55	0.630 15
LFUSTI_2 does not Granger Cause LPAT_2	2.377 24	0.021 54
LHIEXP_2 does not Granger Cause LFUSTI_2	4.187 58	0.001 40
LFUSTI_2 does not Granger Cause LHIEXP_2	4.838 87	0.000 43
LEXP_2 does not Granger Cause LFUSTI_2	4.740 00	0.000 52
LFUSTI_2 does not Granger Cause LEXP_2	3.321 77	0.006 85
LGDP_2 does not Granger Cause LFUSTI_2	2.350 09	0.050 89
LFUSTI_2 does not Granger Cause LGDP_2	1.646 20	0.160 89

注：根据 AIC 准则，LFUSTI_2 分别与 LFURD_2、LPAT_2、LHIEXP_2、LEXP_2 和 LGDP_2 的 Granger 因果检验的滞后期为 7、17、6、6、5。

四、Johansen 协整检验

时间序列 LFUSTI、LFURD、LPAT、LHIEXP、LEXP、LGDP，虽然它们自身的表现为非平稳的，但是其中某种线性组合往往存在均衡关系，即虽然经济变量经常会离开均衡点，但内在的均衡机制将不断地消除偏差以维持这种均衡关系。这个线性组合反映了变量之间的长期稳定的比例关系，称为协整关系。为建立协整关系，本书分别确立了 LFURD 和 LFUSTI、LPAT 和 LFUSTI、LHIEXP 和 LFUSTI、LEXP 和 LFUSTI、LGDP 和 LFUSTI 五个 VAR 模型，然后在其基础上对其进行 Johansen 协整检验，检验结果见表 4-41、4-42、4-43、4-44 和 4-45。

表 4-41　变量 LFURD 和 LFUSTI 的 Johansen 协整检验结果

零假设	特征值	迹统计量	5%的临界值	P值	结果
$r \leqslant 0$	0.222 559	20.025 32	15.494 71	0.009 7	拒绝
$r \leqslant 1$	0.029 845	2.151 255	3.841 466	0.142 5	接受

注：根据 AIC 准则，选择滞后期为 9。

表 4-42　变量 LPAT 和 LFUSTI 的 Johansen 协整检验结果

零假设	特征值	迹统计量	5%的临界值	P值	结果
$r \leqslant 0$	0.284 987	24.681 96	15.494 71	0.001 6	拒绝
$r \leqslant 1$	0.002 652	0.193 831	3.841 466	0.659 7	接受

注：根据 AIC 准则，选择滞后期为 7。

表 4-43　变量 LHIEXP 和 LFUSTI 的 Johansen 协整检验结果

零假设	特征值	迹统计量	5%的临界值	P值	结果
$r \leqslant 0$	0.215 349	22.769 95	20.261 84	0.022 1	拒绝
$r \leqslant 1$	0.071 081	5.308 813	9.164 546	0.251 3	接受

注：根据 AIC 准则，选择滞后期为 8。

表 4-44　变量 LEXP 和 LFUSTI 的 Johansen 协整检验结果

零假设	特征值	迹统计量	5%的临界值	P值	结果
$r \leqslant 0$	0.234 508	24.148 80	20.261 84	0.013 8	拒绝
$r \leqslant 1$	0.065 892	4.907 726	9.164 546	0.293 7	接受

注：根据 AIC 准则，选择滞后期为 8。

表 4-45　变量 LGDP 和 LFUSTI 的 Johansen 协整检验结果

零假设	特征值	迹统计量	5%的临界值	P值	结果
$r \leqslant 0$	0.239 464	20.774 26	15.494 71	0.007 3	拒绝
$r \leqslant 1$	0.014 690	1.065 544	3.841 466	0.302 0	接受

注：根据 AIC 准则，选择滞后期为 8。

五个 VAR 模型协整检验结果表明，分别有一个最大特征根统计量大于5%水平上的临界值,因而分别有一个原假设被拒绝,相应地各自存在一个协整方程,表明变量之间存在长期稳定的协整关系。这种长期稳定的协整关系可以 VECM 方程中标准化的协整方程来表示：

vecm：vecm1＝LFURD－0.800 812×LFUSTI－1.463 129

vecm2＝LPAT－0.688 418×LFUSTI－4.487 748

vecm3＝LHIEXP－0.578 145×LFUSTI－1.610 960

vecm4＝LEXP－0.935 537×LFUSTI＋2.338 862

vecm5＝LGDP－1.267 326×LFUSTI＋7.402 376

将上述五个方程移项得：

$$LFURD=0.800\ 812\times LFUSTI+1.463\ 129+vecm1 \quad (4-27)$$

$$LPAT=0.688\ 418\times LFUSTI+4.487\ 748+vecm2 \quad (4-28)$$

$$LHIEXP=0.578\ 145\times LFUSTI+1.610\ 960+vecm3 \quad (4-29)$$

$$LEXP=0.935\ 537\times LFUSTI-2.338\ 862+vecm4 \quad (4-30)$$

$$LGDP=1.267\ 326\times LFUSTI-7.402\ 376+vecm5 \quad (4-31)$$

上述协整方程反映了我国全社会研发投入、国内专利申请量、高技术产品出口额、货物出口总额、国内生产总值分别与公共科技创新投入总量之间的某种长期均衡关系。从式(4-27)、(4-28)、(4-29)、(4-30)、(4-31)中可以直观地得出公共科技创新投入的全社会研发投入乘数、全社会研发产出乘数、高技术产品出口乘数、货物出口乘数和经济增长乘数。即从长期来看,公共科技创新投入每增加1个百分点,则全社会研发投入、国内专利申请量、高技术产品出口额、货物出口总额、国内生产总值分别将会增加 0.80、0.69、0.58、0.94 和 1.27 个百分点。

第五节　本章计量分析结论

一、综合分析公共科技创新投入的总量和不同投向对我国科技创新部分投入产出的乘数作用

现在将第四节计量分析的公共科技创新投入总量和第三节计量分析的公共科技创新投入的不同投向即财政高等教育拨款、财政公共研发部门基

础研究拨款、财政公共研发部门应用研究拨款、企业研发接受的财政拨款等对我国全社会研发投入、对全社会专利产出、高技术产品出口、出口贸易和经济增长的影响进行综合分析，将总量和四个不同投入方向对全社会研发投入、对全社会专利产出、高技术产品出口、出口贸易和经济增长的影响乘数列表比对，见表 4-46。

表 4-46　对数化的我国公共科技创新投入总量和
不同投向对科技创新部分投入产出的影响乘数表

不同投向\产出	全社会研发投入	全社会专利产出	高技术产品出口	出口贸易	经济增长
公共科技创新投入总量	0.80	0.69	0.58	0.93	1.27
财政高等教育拨款	1.27	2.04	1.26	0.91	0.79
财政公共研发部门基础研究拨款	1.08	1.67	0.81	0.91	0.73
财政公共研发部门应用研究拨款	1.49	1.71	3.07	0.75	0.89
企业研发接受的财政拨款	0.91	0.34	1.34	0.80	0.67

我国公共科技创新投入总量对我国全社会研发投入，对全社会专利产出、高技术产品出口、出口贸易和经济增长都有正向的乘数作用，对经济增长的乘数最大，对出口贸易乘数次之，对高技术产品出口乘数最小。财政高等教育拨款对全社会专利产出的影响乘数最大；财政公共研发部门基础研究拨款对全社会专利产出的影响乘数最大；财政公共研发部门应用研究拨款对高技术产品出口的影响乘数最大；企业研发接受的财政拨款对高技术产品出口的影响乘数最大。

全社会研发投入受到财政高等教育拨款、财政公共研发部门应用研究拨款、财政公共研发部门基础研究拨款的乘数作用比较高；全社会专利产出受到财政公共研发部门应用研究拨款、财政公共研发部门基础研究拨款的乘数作用比较大；高技术产品出口受到财政公共研发部门应用研究拨款的乘数作用最为突出，受到企业研发接受的财政拨款、财政高等教育拨款的乘数作用次之，也比较明显；出口贸易和经济增长受到公共科技创新投入总量以及四种公共科技创新投入不同投向的乘数作用比较平均，都比较小；经济增长受到公共科技创新投入总量的乘数作用影响最大，受到四种公共科技创新投入不同投向的乘数作用都比较小，相比之下，四种公共科技创新投入不同投向对出口贸易的乘数作用大于对经济增长的乘数作用。

二、综合分析结论

结论一：我国总的公共科技创新投入对全社会科技创新的投入有激励引导作用，对科技创新的产出特别是经济增长有明显乘数作用，并且表现出从局部到整体的逐级放大作用。

结论二：我国公共科技创新投入不同投向对全社会科技创新的投入有激励引导作用，对科技创新的产出特别是经济增长有明显乘数作用，但是具体的不同乘数有很大差别，说明对经济增长影响效应不同。

结论三：财政公共研发部门应用研究拨款的乘数作用是最大的，财政高等教育拨款次之，其他两项投入效果都要低一些。也就是说，财政公共研发部门应用研究拨款对我国经济增长的影响最大，财政高等教育拨款的影响次之，其他两种投向对我国经济增长的影响都比较小。

本章计量分析给我们的启示是：

第一，应逐步增加我国总的公共科技创新投入量以充分发挥公共科技创新投入对全社会科技创新投入的激励引导作用，以及对科技创新的产出特别是经济增长的乘数作用，以公共科技创新投入推动我国经济增长。

第二，应根据公共科技创新投入的不同投向的实际效果逐步调整优化资助结构，适当调高乘数作用较大的财政公共研发部门应用研究拨款和财政高等教育拨款在公共科技创新投入中的占比，逐步调低直接资助企业研发的资金占比，从而进一步发挥我国公共科技创新投入对科技创新产出特别是经济增长的乘数作用，以公共科技创新投入推动我国经济增长。

第五章 源于不同级别财政的公共科技创新投入影响经济增长有差异吗

我国从 1994 年起开始实施分税制,其后中央级财政和地方财政的收支完全分开,财政支出重点各不相同,对于科技创新的支持也是一样。在前面的数学模型中已经分析过不同级别财政投入的科技创新资金由于着力重点不同,所以影响效果是有差异的。那么,这种差异效果究竟有多大? 表现出什么特征? 本章将做一次计量分析。

第一节 公共科技创新投入不同来源影响经济增长差异的理论分析

一、不同级别财政来源公共科技创新资金资助重点和决策出发点差异

我国公共科技创新资金分别来源于中央财政、地方省、市、县不同级别的财政,虽然最终都用于企业科技创新,但是在支持科技创新的过程中,不同来源资金的资助重点是不同的。由于资助着力点不同,相应的作用过程和效果反映在最终产出方面也是不同的。中央财政支持科技创新的重点是基础研究和基础性共性技术开发、与国防安全相关的核心技术开发以及公益性全国公共产品技术开发。共性技术具有与基础科学知识相似的特性,所以共性技术的外溢和规模经济特征使共性技术具备一定的公共物品特征。中央财政和省或者直辖市级别的地方财政联合支持的企业科技创新重点是战略性高技术产业、公益性产业中准公共产品的技术开发、军民两用项目以及关键共性技术开发,这一范畴的共性技术成分相对有所下降。地级市、市辖区或者县级地方财政支持企业科技创新的重点方向是一般共性技

术创新、地方性准公共产品的技术创新、高新技术产品的开发以及一般性竞争性产业中高端技术创新①,现实中比较多的是对专有技术开发的激励。专有技术产权非常明晰,具备很强的排他性和受益的内部性,对研发者而言,可以通过市场竞争的渠道和以商业利益的形式实现自我激励。

1994年中央和地方财政分权后,地方政府开始拥有一定的自主财权,伴随着财政分权化进程的是地方政府利益的逐渐形成。在多级委托代理的框架下,中央政府很难实现对地方政府充分的控制,这种权力格局逐渐助长了地方政府的利己行为②。还由于在财政分权的背景下,地方政府虽然成了相对独立的行动主体,但是地方政府的财政支出受到本级财政收入的严格约束,必须"看菜吃饭",理性决策。另外,改革开放以来,由于地方政府负责人受到激励的晋升制度长期与以经济增长为主的考核制度关联,使得地方政府更倾向于按照自身利益最大化的原则理性地选择财政支出结构。地方政府对于是否在公共科技创新方面持续加大投入的决策方面受到多种复杂因素的影响,所以中央和地方对公共科技创新投入的决策呈现出反复博弈的特点。

二、财政分权后中央和地方财政收入与支出责任不对等

1994年的分税制改革显著改变了中央和地方财政资源的配置关系。经过分税制改革,中央财政收入占全国总收入的比重长期维持在50%以上,然而在总体财政支出中,中央的支出只占30%左右,而地方的预算内支出却占到70%左右,这说明中央政府在汲取了我国大部分的财政收入之后却没有相应地调整与地方政府间的支出责任。在分税制改革之前,中央政府承担了绝大部分的财政科技投入,如1993年中央的科技经费支出比重达到了全国财政科技投入的74.3%。1994年之后,中央政府的科技经费投入比重稳定下降,2006年下降到59.8%,从2007年开始到2011年,中央和地方的财政科技支出始终接近对等,说明分税制后从总体上看地方政府负担

---

① 董为民.公共财政与企业科技创新[J].财政研究,2011,(11):57-62.
② 殷华方,潘镇,鲁明泓.中央—地方政府关系和政策执行力:以外资产业政策为例[J].管理世界,2007,(7):22-36.

了更大比例的科技支出。

1995年中央颁布的《关于加速科学技术进步的决定》要求,中央和地方每年财政科技投入的增长速度要高于财政收入的增长速度。但是事实上,在1994~2011年的18年间,即便按照现价来计算,有超过一半的年份该增速是达不到政策要求的,如果考虑物价上涨因素,许多年份的增幅更是小得可怜,许多地区还维持名义上固定规模的(可比价递减的)财政科技支出。即使在实施科教兴国战略之后,这种情况也没有得到特别明显的改善。从个别省市来看,即使是在重视科技创新工作的上海和北京,也分别有3年和4年的科技财政投入的年增长率低于财政收入的增长率,中西部省市由于财政收入有限,情况就更不乐观。所以,从某种程度上说,中央关于稳步提高财政科技投入方面的政策并没有得到地方认真执行。

三、财政分权体制使地方政府策略性决策科技创新投入

潘镇等(2013)发现地方政府在科技创新资金支出决策方面呈现出明显的策略性行为特征[①]。改革开放以来,中央政府越来越认识到科技创新的重要作用,提出"科学技术是第一生产力"的战略定位,甚至在一定时期出台"市场换技术"的FDI政策。1995年科教兴国战略提出之后,中央政府从政策和资金上给予科技创新活动更多的支持。1993至2006年间,国家平均每年颁布的科技政策约为25项,政策力度也大为增强[②]。同时,中央也对地方政府的科技创新投入提出一些刚性要求。在市县级科技进步考核中,将财政科技经费的投入是否达标作为"一票否决"指标。中央还经常采用多部委联合发文的方式发布科技政策,这传达出该政策涉及面较广、关注度高的信号。中央政府的这些战略定位、财政科技创新支出要求和政策制定策略都会给地方政府形成压力,迫使地方政府尽量避免在政策执行过程中出现可能被严厉惩罚的偏差。

---

① 潘镇,金中坤,徐伟.财政分权背景下地方政府科技支出行为研究[J].上海经济研究,2013,(1):34-45.

② 彭纪生,孙文祥,仲为国.中国技术创新政策演变与绩效实证研究(1977—2006)[J].科研管理,2008(4):134-150.

但是,我国现行官员晋升机制会导致地方政府官员更倾向于直接追求任期内的经济增长。地方官员由上级任命,中央政府采用考核来实现对地方政府的政治控制是我国政治体制的重要特征。过去多年中,中央政府经常通过领导干部目标责任书明确要求地方要完成的任务,这些任务体系随着层级结构分解逐级下达,任务书还多附有奖惩措施作为激励手段,任务体系的完成情况经常被当作晋升的主要依据[1]。虽然 GDP 的高速增长并不一定使官员得到升迁,但是,在任期内不能实现 GDP 高速增长的官员一般是无法升迁的。所以,追求有利于经济高速增长的财政支出结构就客观上成为地方政府大多数官员的理性决策行为。

另外,由于我国政府基于市场经济的科技创新管理经验不足,政府不同部门间存在着部门利益冲突,所以我国出台的许多科技政策都存在缺乏政策连续性、执行协同性以及操作执行方式不够明确等漏洞,这就给地方政府提供了机会。因此,在几方面利弊权衡之下,为避免由于决策失误带来有损政治声誉的风险,地方政府不会直接、明显地表现出违背中央政府的决策倾向,但可能会采取象征性、一般性、策略性服从的执行策略[2]。

四、地区间竞争行为可能削弱地方政府对公共科技创新投入的正向效应

财政分权使得中央政府可以利用标尺竞争机制来激励和约束地方政府。地方政府间激烈的行政竞争进一步推动地区间的经济竞争,政府部门会由于应对这种竞争而改变对重要生产要素的决策态度[3]。改革开放以来对 FDI 的争夺是我国地区间竞争的一个非常典型的表现,对 FDI 的争夺诱导地方政府将财政支出重点置于着力改善地区产业基础设施和对 FDI 提供财政税收优惠政策等招商引资方面[4]。对许多地方政府来说,在财力极

---

[1] Tsui, Kai-yuen, Youqiang, Wang. Between Sparate Stoves and a Single Menu: Fiscal Decentralization in China[J]. China Quarterly, 2004,177(3): 71 - 90.

[2] 李涛,周业安. 中国地方政府间支出竞争研究——基于中国省级面板数据的经验研究[J]. 管理世界,2009,(2): 12 - 22.

[3] 周黎安. 中国地方官员的晋升锦标赛模式研究[J]. 经济研究,2007,(7): 35 - 50.

[4] 潘镇,殷华方,姚晓霞,鲁明泓. 探索中的手——中国外商直接投资政策及有效性研究[M]. 北京: 经济管理出版社,2006: 34 - 45.

为有限的情况下，为参与 FDI 而使财政支出偏向于基础设施建设，无疑会对包括科技创新在内的其他社会公共品的投入形成挤出效应。现实中，大多数地方政府为了招商引资还经常通过税收减免或财政补贴的方式为外来产业投资提供优惠政策，这又会减少当期以及一定期限的财政收入，进一步导致这种系统性的支出结构偏向加剧①。

此外，由于科技创新活动还具有不确定性，科技创新从投入到产出时间跨度较大，同时由于轮岗和跨地区交流任职的制度和我国官员的任期一般五年一任甚至更短，我国地方政府任期内的政府官员往往会认为：如果加大对公共科技创新投资的力度很可能只能成为科技创新活动的投资者而很难成为受益者。所以在面对地区竞争的巨大压力时，我国地方政府官员就极有可能产生行政决策的短视心理，倾向于减少对科技创新的投入强度而不是增加。显然，地区间的竞争程度越激烈，相应地方政府官员的短期行为就有可能表现得越明显。

五、市场化程度提高有利于强化地方政府公共科技创新投入的正向效应

市场化程度的提高会使得地方政府从公共科技创新投入中获得的预期收益增加。在市场化程度较低的整体环境下，地方政府往往可以通过行政或法律手段限制知识外溢，但这种行为会导致科技创新成果难以快速产业化。相比较而言，在市场化程度较高的地区，知识封闭的壁垒被市场化的要素流通局面打破，知识外溢的速度和范围都会增大，产业化速度会因之而加快，科技创新的生产力效应得以迅速提升。由于可以发现科技创新对于促进财政税收和经济增长的作用，市场化环境下的地方政府会有更大的意愿增加公共科技创新投入。除了在公共科技创新资金中给予企业一定的补助之外，还会倾向于为企业提供与当地主导产业或支柱产业相关的共性技术和基础研究支持。事实上，通过历年经济数据的比较分析，很容易发现，地方公共科技创新投入比重较大的往往是市场化程度较高的地区。

---

① Keen. M., M. Marchand. Fiscal Competition and the Pattern of Public Spending[J]. Journal of Public Economics, 1997, 66(1): 33 - 53.

此外,在市场化程度高的经济和社会环境下,地方政府会更多地采用经济手段而非行政手段对待本地区经济体系中的经济活动,地方政府及地方政府官员权力寻租的动机也会随市场化程度提升而降低[①]。这种情况下,地方政府更有可能从辖区居民的利益出发进行财政支出决策,使得总体财政支出结构向偏向于有利于公共福利的结构演化。而且现实中,地方政府在进行公共科技创新投入决策时,往往会参照前一期的投资决策,通常会相对过去保持一个较好的平稳增长。同时,地方政府也会根据作为参照对象的辖区周边其他地方政府的情况调整自己的公共科技创新投入,以使自己在上级的考核体系中不至于显得过于另类,或者主动去模仿别的地方政府更有效的决策方案以试图获得更好的财政支出决策效果,这些都有利于强化地方政府公共科技创新投入的正向效应。

六、地方政府的公共科技创新投入是多种因素综合影响的结果

行为人的决策是制度的产物。综上所述,在我国这样的制度框架之下,当政府的政策导向与政府官员追求任期内 GDP 增长率的目标有冲突时,地方政府往往会采取策略性的执行方式。一方面,表现出对中央政府权威的至少是形式上的服从,另一方面,利用上下信息不对称和客观上科技政策清晰度不高的缺陷,相机抉择灵活行事。地方政府在决定公共科技创新支出时一般以过去的投入额度为参考值,这也在客观上造成了对该公共科技创新投入额度的认同和在以后的决策期间被进一步强化,表现出公共科技创新投入随着财政分权度的提高而提高。地方政府同时也会参考其他地区的决策行为,这主要是为了降低财政支出决策风险和规避可能受到的中央政府惩罚的风险。当然,地方政府一般不会选择与本地区差距较大的地区进行比较,而往往根据周边或者是水平相当的竞争对手的公共科技创新投入的情况,来决定和调整本地区的公共科技创新投入的强度和增长速率,显然这会导致竞争对手间公共科技创新资金财政支出结构趋同。

---

① 王文剑,覃成林.地方政府行为与财政分权增长效应的地区差异[J].管理世界,2008,(1):9-21.

所以，对地方政府而言，存在着对原有公共科技创新投资行为决策进行双向突破的可能。由于科技创新转化为现实生产力的周期较长，在 GDP 增长优先的思维框架下，地方政府面临的地区间竞争越激烈，地方政府官员更倾向于将有限的财政资金用于基础设施建设，以期获得任期内经济增长速率和本身显性政绩最大化。另一方面，市场化程度提升有利于提高公共科技创新投入促进产出增长的绩效，这在一定程度上也会改变地方政府的传统静态政绩观，使得地方政府的预期利益逐渐向与公众利益一致的方向移动，从而促进地方政府提高公共科技创新投入。这样，地区间激烈的竞争对公共科技创新资金的投入起到了"向下拉"的作用，而市场化则起到了"向上推"的作用。地方政府的公共科技创新投入决策就在这样多种因素的作用下演化，并进而通过投入产出传导过程对科技创新的产出尤其是出口贸易和经济增长产生相当复杂的不确定的影响。近年来，我国中央和地方政府不同级别财政支出的公共科技创新资金的具体影响究竟如何，将在下面的计量分析中做一个定量的具体考察。

第二节 公共科技创新投入不同来源影响经济增长差异的计量分析

笔者在研究过程中发现，国家层面的公共科技创新资金是从中央到地方各级财政资金的加总。对于整个国家而言，公共科技创新投入主要由中央财政科技拨款和地方财政科技拨款组成。在数学模型推导中发现，由于中央级、省、自治区、直辖市级、地、市、自治州、区、县级的公共科技创新资助重点是不同的，所以其效果也是不同的。而对于一个区域而言，数学模型中分类研究并在上一节计量分析过在该区域内可以使用的公共科技创新资金实际来源并不都是本级财政支出。由于我国财政分级收支的缘故，其中一部分是来自上级拨付的资金，一部分是本级财政支付的资金，还有一部分是下级财政支付的资金。虽然这些资金仍然基本上是前面研究过的四种投向，但是这些不同来源的资金对于科技创新的中间投入、中间产出、最终产出可能具有不同的影响效果。这种类似研究还是鲜有学者涉足，所以笔者在此做一个尝试，将我国财政用于公共科技创新的财政拨款根据不同财政来源分为中央财政科技拨款和地方财政科技拨款两个部分。由于地方财政投入高等教育的资金不均衡,所以在这一节中不考虑计量高等教育财政拨款,仅考虑地方财政科技拨款。选用将全社会研发投入作为科技创新的中间投入,选择年度国内发明专利申请数作为科技创新中间产出的表征数据,选择高技术产品出口值来衡量对高技术产业这一科技企业的高端贸易状况,选择货物贸易出口额来表征出口贸易状况,选择国内生产总值来表征经济增长。用脉冲响应函数来分析输入变量的变动对输出量变动影响的长期趋势,用约翰森协整检验方法来分别计算各种不同来源的公共科技创新投入对各种中间投入、中间产出、最终产出特别是经济增长的乘数。

一、对全社会研发投入的影响的计量分析

(一) 变量与数据的选择

如前所述,用中央财政科技拨款、地方财政科技拨款来表征我国公共科技创新投入的不同来源。利用我国 1991～2011 年共 21 年的数据来分析这两类来源与全社会研发投入的相关关系。本书在做分析时对时间序列样本数据进行了如下处理:第一,为消除物价上涨影响,对所有以人民币为单位的数据以 1990 年为基期以居民消费价格指数进行平减,居民消费价格指数见表 4-1;第二,出于样本数据过少的考虑,把低频的年度数据用频度转换的一般方法转换为高频的季度数据,这样可以在不改变变量之间趋势关系的情况下增加样本容量;第三,由于数据的自然对数变换不改变原变量之间的趋势关系,并能使其趋势线性化,消除时间序列中存在的异方差现象,所以本书在作分析之前又分别对这几个变量的数据做了自然对数变换,分别用 LFURD、LFICEN、LFIDIS 来表示自然对数的全社会研发投入、中央财政科技拨款、地方财政科技拨款。所有数据取自《中国统计年鉴》[1]、《中国科技统计年鉴》[2]。经平减处理后的数据见表 5-1。

---

[1] 摘自中华人民共和国统计局,http://www.ststs.gov.cn/. 历年《中国统计年鉴》。

[2] 摘自中华人民共和国科学技术部,http://www.most.gov.cn/. 历年《中国科技统计年鉴》。

表 5-1 经平减处理后的 FURD、FICEN、FIDIS 数据表

年份	中央财政科技拨款（亿元）FICEN	地方财政科技拨款（亿元）FIDIS	全社会研发投入（亿元）FURD
1991	111.2	43.5	139.7
1992	121.8	50.9	149.5
1993	133.1	46.0	160.5
1994	127.1	44.1	175.7
1995	117.8	47.4	190.1
1996	122.4	53.4	203.7
1997	134.7	65.6	249.4
1998	143.2	73.6	272.1
1999	173.3	94.1	340.0
2000	174.6	112.7	446.7
2001	219.9	128.3	516.4
2002	255.0	152.4	642.9
2003	300.7	165.5	759.6
2004	328.7	191.4	933.7
2005	376.7	245.9	1 142.8
2006	464.0	311.9	1 380.1
2007	457.0	470.0	1 627.0
2008	532.4	536.7	1 911.4
2009	797.8	546.6	2 419.5
2010	825.6	835.5	2 851.1
2011	899.9	912.3	3 327.1

（二）单位根检验

本书采用 VECM 模型考察变量之间的长期均衡和短期动态关系，在构建模型之前首先需对变量进行单位根检验，以确定变量时间序列数据是否平稳，检验结果见表 5-2。可以看出，时间序列 LFURD、LFICEN、LFIDIS 都是二阶协整的，而其二阶差分时间序列是平稳的，说明变量 LFURD、LFICEN、LFIDIS 都是 $I(2)$ 的。

表 5-2　变量 LFURD、LFICEN、LFIDIS 的平稳性检验结果

变量	检验形式	ADF 检验值	5% 的临界值	P 值	结论
LFURD	Trend and Intercept	−3.146 425	−3.475 305	0.104 0	非平稳
LFICEN	Intercept	1.178 193	−2.903 566	0.997 8	非平稳
LFIDIS	Trend and Intercept	−1.485 600	−3.475 305	0.825 4	非平稳
LFURD_1	None	−0.257 030	−1.945 525	0.590 1	非平稳
LFICEN_1	None	−0.351 529	−1.945 596	0.554 7	非平稳
LFIDIS_1	None	−0.492 926	−1.945 525	0.499 1	非平稳
LFURD_2	None	−2.156 280	−1.945 525	0.030 8	平稳
LFICEN_2	None	−3.722 400	−1.945 596	0.000 3	平稳
LFIDIS_2	None	−2.890 438	−1.945 525	0.004 4	平稳

注：本书采用 Cubic-match last 的方法将年度数据转化为季度数据，转换后共 81 个有效数据。

(三) 格兰杰因果关系检验

根据理论模型，公共科技创新投入的增加会促进全社会研发投入的增长，为检验上述判断，我们对中央财政科技拨款、地方财政科技拨款分别与全社会研发投入进行 Granger 因果关系检验，检验结果见表 5-3。检验结果表明，在 10% 的显著性水平上，中央财政科技拨款与全社会研发投入存在单向因果关系，即中央财政科技投入的变化会引起全社会研发投入的变化；地方财政科技拨款与全社会研发投入不存在 Granger 因果关系。

表 5-3　变量 LFURD、LFICEN、LFIDIS 的格兰杰因果关系检验结果

原假设	F 统计量	P 值
LFICEN_2 does not Granger Cause LFURD_2	1.966 54	0.075 73
LFURD_2 does not Granger Cause LFICEN_2	1.189 29	0.323 59
LFIDIS_2 does not Granger Cause LFURD_2	0.294 89	0.953 19
LFURD_2 does not Granger Cause LFIDIS_2	0.071 75	0.999 36

注：根据 AIC 准则，以上两 Granger 因果检验的滞后期都为 7。

(四) VAR 模型的脉冲响应函数

LFURD、LFICEN、LFIDIS 都是二阶单整的时间序列，对 LFURD 和

LFICEN、LFIDIS 构建 VAR 模型。通过脉冲响应函数考察中央财政科技拨款和地方财政科技拨款变化对于我国全社会研发投入的影响,如图 5-1 所示。

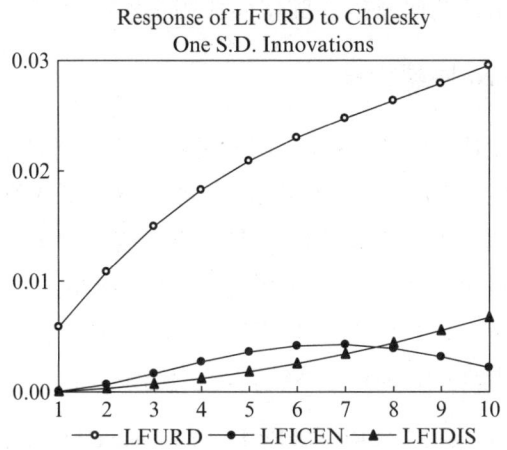

图 5-1　全社会研发投入对中央财政科技拨款和地方财政科技拨款增加的信息响应

注：根据 AIC 准则,选取 VAR 模型的滞后期为 9。

图 5-1 是考察 LFICEN、LFIDIS 对 LFURD 的影响的长期趋势使用 VAR 模型和渐近解析法模拟的广义脉冲响应函数曲线,模型的追踪期数设定为 10 年。考察 LFICEN 对 LFURD 的一个标准差扰动的响应,这一响应一直呈微弱增强趋势,并在第 6 期对 LFURD 的影响达到最大,随后逐渐减弱,并呈现稳定正向收敛特征。而从 LFIDIS 对 LFURD 的响应情况和响应路径看,其响应一直在增强,并在第 7 期以后超过 LFICEN 的响应。但是就 LFURD 自身对 LFURD 的冲击响应而言则为最大,远远超过另外两个变量对其的响应。

这一模拟结果说明,我国中央财政科技拨款和地方财政科技拨款在 10 年追踪期内对全社会研发投入都存在正向影响,但是两者的影响程度存在差别,中央财政科技拨款的正向影响在第 6 期发挥至峰值,地方财政科技拨款则可以持续发挥正向影响。第 7 期前中央财政科技拨款的正向响应大于地方财政科技拨款,第 7 期后地方财政科技拨款则反超。总的来说,全社会研发投入对自身变动的响应更加显著,原因可能是地方财政科技拨款更偏重于资助企业和应用研究,引导激励作用较强,且可以稳定持续发挥作用,而中央财政科技拨款更偏重于资助基础研究和公益性应用研究,对企业的引导激励作用相对间接。中央财政科技拨款和地方财政科技拨款的正向响应都明显小于全社会研发投入自身正向响应的原因可能在于当前阶段我国财政科技拨款对全社会研发投入的导向作用不够显著。

（五）Johansen 协整检验

时间序列 LFURD、LFICEN、LFIDIS,虽然它们自身的表现为非平稳的,但是其中某种线性组合往往存在均衡关系,即虽然经济变量经常会离开均衡点,但内在的均衡机制将不断地消除偏差以维持这种均衡关系。这个线性组合反映了变量之间的长期稳定的比例关系,称为协整关系。为建立协整关系,本书分别确立了 LFURD 与 LFICEN、LFIDIS 构成的两个 VAR 模型,然后在其基础上对其进行 Johansen 协整检验,检验结果见表 5-4、5-5。

表 5-4　变量 LFURD 和 LFICEN 的 Johansen 协整检验结果

零假设	特征值	迹统计量	5%的临界值	P 值	结果
$r \leqslant 0$	0.163 403	13.240 38	12.320 90	0.035 0	拒绝
$r \leqslant 1$	0.008 039	0.573 097	4.129 906	0.510 9	接受

注：根据 AIC 准则,选择滞后期为 9。

表 5-5　变量 LFURD 和 LFIDIS 的 Johansen 协整检验结果

零假设	特征值	迹统计量	5%的临界值	P 值	结果
$r \leqslant 0$	18.862 57	15.494 71	0.014 9	0.205 110	拒绝
$r \leqslant 1$	2.564 436	3.841 466	0.109 3	0.035 474	接受

注：根据 AIC 准则,选择滞后期为 9。

两个 VAR 模型协整检验结果表明,分别有一个最大特征根统计量大于 5%水平上的临界值,因而分别有一个原假设被拒绝,相应地各自存在一个协整方程,表明变量之间存在长期稳定的协整关系。这种长期稳定的协整关系可以 VECM 方程中标准化的协整方程来表示：

vecm：vecm1＝LFURD－1.145 783×LFICEN

vecm2＝LFURD－0.992 047×LFIDIS－1.424 317

将上述两个方程移项得：

$$LFURD = 1.145\,783 \times LFICEN + vecm1 \qquad (5-1)$$
$$LFURD = 0.992\,047 \times LFIDIS + 1.424\,317 + vecm2 \qquad (5-2)$$

上述协整方程反映了我国全社会研发投入分别与中央财政科技拨款、地方财政科技拨款之间的某种长期均衡关系。从式(5-1)、(5-2)中可以直观地得出公共科技创新投入的不同来源的全社会研发投入乘数,即从长期来看,中央财政科技拨款每增加1个百分点,则全社会研发投入将会增加1.15个百分点;地方财政科技拨款每增加1个百分点,则全社会研发投入将会增加0.99个百分点。

二、对全社会专利产出的影响的计量分析

(一) 变量与数据的选择

如前所述,用中央财政科技拨款、地方财政科技拨款来表征公共科技创新投入的不同来源。为方便起见,不组织复杂的指标体系表征全社会研发产出,用每一年度的国内专利申请数来表征全社会研发产出。利用我国1991~2011年共21年的数据来计量分析这两类来源与全社会专利产出的相关关系。本书在做分析时对时间序列样本数据进行了如下处理:第一,为消除物价上涨影响,对所有以人民币为单位的数据以1990年为基期以居民消费价格指数进行平减,居民消费价格指数见表4-1;第二,出于样本数据过少的考虑,把低频的年度数据用频度转换的一般方法转换为高频的季度数据,这样可以在不改变变量之间趋势关系的情况下增加样本容量;第三,由于数据的自然对数变换不改变原变量之间的趋势关系,并能使其趋势线性化,消除时间序列中存在的异方差现象,所以本书在作分析之前又分别对这几个变量的数据做了自然对数变换,分别用LPAT、LFICEN、LFIDIS来表示自然对数的国内专利申请量、中央财政科技拨款、地方财政科技拨款。所有数据取自《中国统计年鉴》[1]、《中国科技统计年鉴》[2]及《中国知识产权局公报》[3]。经平减处理后的数据见表5-6。

---

[1] 摘自中华人民共和国统计局,http://www.ststs.gov.cn/.历年《中国统计年鉴》。
[2] 摘自中华人民共和国科学技术部,http://www.most.gov.cn/.历年《中国科技统计年鉴》。
[3] 摘自中华人民共和国知识产权局,www.sipo.gov.cn/.历年《中国知识产权局公报》。

表 5-6　经平减处理后的 PAT、FICEN、FIDIS 数据表

年份	中央财政科技拨款 （亿元） FICEN	地方财政科技拨款 （亿元） FIDIS	国内专利申请量 （万件） PAT
1991	111.2	43.5	4.5686
1992	121.8	50.9	6.2282
1993	133.1	46.0	6.8888
1994	127.1	44.1	6.8487
1995	117.8	47.4	6.9535
1996	122.4	53.4	8.3026
1997	134.7	65.6	9.0071
1998	143.2	73.6	9.6233
1999	173.3	94.1	10.9958
2000	174.6	112.7	14.0339
2001	219.9	128.3	16.5773
2002	255.0	152.4	20.5544
2003	300.7	165.5	25.1238
2004	328.7	191.4	27.8943
2005	376.7	245.9	38.3157
2006	464.0	311.9	47.0342
2007	457.0	470.0	58.6498
2008	532.4	536.7	71.7144
2009	797.8	546.6	87.7611
2010	825.6	835.5	110.9428
2011	899.9	912.3	150.4670

（二）单位根检验

本书采用 VECM 模型考察变量之间的长期均衡和短期动态关系，在构建模型之前首先需对变量进行单位根检验，以确定变量时间序列数据是否平稳，检验结果见表 5-7。可以看出，时间序列 LPAT、LFICEN、LFIDIS 都是二阶协整的，而其二阶差分时间序列是平稳的，说明变量 LPAT、LFICEN、LFIDIS 都是 $I(2)$ 的。

表 5-7 变量 LPAT、LFICEN、LFIDIS 的平稳性检验结果

变量	检验形式	ADF 检验值	5%的临界值	P 值	结论
LPAT	Trend and Intercept	−1.698 379	−3.471 693	0.742 3	非平稳
LFICEN	Intercept	1.178 193	−2.903 566	0.997 8	非平稳
LFIDIS	Trend and Intercept	−1.485 600	−3.475 305	0.825 4	非平稳
LPAT_1	None	0.773 926	−1.945 596	0.878 4	非平稳
LFICEN_1	None	−0.351 529	−1.945 596	0.554 7	非平稳
LFIDIS_1	None	−0.492 926	−1.945 525	0.499 1	非平稳
LPAT_2	None	−6.545 405	−1.945 525	0.000 0	平稳
LFICEN_2	None	−3.722 400	−1.945 596	0.000 3	平稳
LFIDIS_2	None	−2.890 438	−1.945 525	0.004 4	平稳

注：本书采用 Cubic-match last 的方法将年度数据转化为季度数据，转换后共 81 个有效数据。

(三) 格兰杰因果关系检验

根据理论模型，公共科技创新投入的增加会促进全社会研发产出的增长，为检验上述判断，我们对中央财政科技拨款、地方财政科技拨款分别与国内专利申请量进行 Granger 因果关系检验，检验结果见表 5-8。检验结果表明，中央财政科技拨款与国内专利申请量不存 Granger 因果关系；而在 10%的显著性水平上，地方财政科技拨款与国内专利申请量存在单向 Granger 因果关系，即地方财政科技拨款的变化会引起国内专利申请量的变化。

表 5-8 变量 LPAT、LFICEN、LFIDIS 的格兰杰因果关系检验结果

原假设	F 统计量	P 值
LFICEN_2 does not Granger Cause LPAT_2	0.195 68	0.963 07
LPAT_2 does not Granger Cause LFICEN_2	1.439 68	0.222 48
LFIDIS_2 does not Granger Cause LPAT_2	2.235 27	0.051 76
LPAT_2 does not Granger Cause LFIDIS_2	0.831 84	0.550 07

注：根据 AIC 准则，LPAT_2 与 LFICEN_2 的 Granger 因果检验的滞后期为 5，与 LFIDIS_2 的 Granger 因果检验的滞后期为 6。

(四) VAR 模型的脉冲响应函数

LPAT、LFICEN、LFIDIS 都是二阶单整的时间序列,对 LPAT 和 LFICEN、LFIDIS 构建 VAR 模型。通过脉冲响应函数考察中央财政科技拨款和地方财政科技拨款变化对于我国国内专利申请量的影响,如图 5-2 所示。

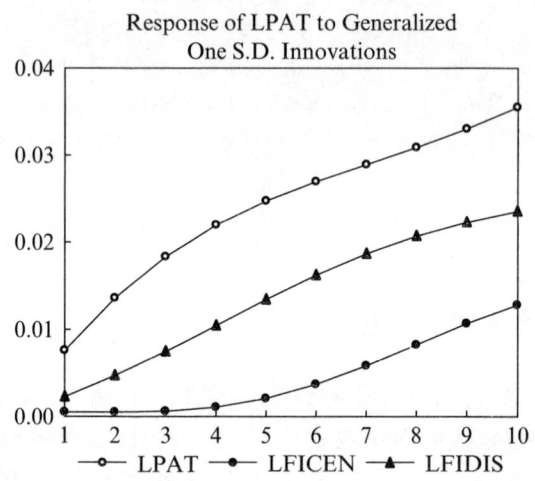

图 5-2 国内专利申请量对中央财政科技拨款和地方财政科技拨款增加的信息响应

注:根据 AIC 准则,选取 VAR 模型的滞后期为 3。

图 5-2 是考察 LFICEN、LFIDIS 对 LPAT 的影响的长期趋势使用 VAR 模型和渐近解析法模拟的广义脉冲响应函数曲线,模型的追踪期数设定为 10 年。考察 LFICEN 对 LPAT 的一个标准差扰动的响应,这一响应始终为正向响应,在第 4 期前非常微弱,从第 4 期起开始持续显著增强。而从 LFIDIS 对 LPAT 的响应情况和响应路径看,其响应始终超过 LFICEN 的响应,同样呈现出持续增强响应的特征。但是就 LPAT 自身对 LPAT 的冲击响应而言则为最大,明显超过另外两个变量单独对其的响应,响应程度与另外两个变量响应的和相接近。

这一模拟结果说明,我国中央财政科技拨款和地方财政科技拨款对国内专利申请量都存在正向影响,但是影响程度存在差别。地方财政科技拨款的正向影响程度始终大于中央财政科技拨款的。这可能是由于地方财政科技拨款更加偏重于资助企业和应用研究等相对容易产生国内专利成果的研发活动。中央财政科技拨款的正向响应在前4期较平，第4期后稳定增强，可能是由于中央财政科技拨款更偏重于资助基础研究，基础研究对产生国内专利的应用性成果存在4年滞后期。而国内发明专利自身的响应约略等于中央财政科技拨款和地方财政科技拨款的影响之和，说明我国财政科技拨款对国内专利申请量的影响是非常显著的。

（五）Johansen 协整检验

时间序列 LPAT、LFICEN、LFIDIS，虽然它们自身的表现为非平稳的，但是其中某种线性组合往往存在均衡关系，即虽然经济变量经常会离开均衡点，但内在的均衡机制将不断地消除偏差以维持这种均衡关系。这个线性组合反映了变量之间的长期稳定的比例关系，称为协整关系[①]。为建立协整关系，本书分别确立了 LPAT 与 LFICEN、LFIDIS 构成的两个 VAR 模型，然后在其基础上对其进行 Johansen 协整检验，检验结果见表5-9、5-10。

表5-9　变量 LPAT 和 LFICEN 的 Johansen 协整检验结果

零假设	特征值	迹统计量	5%的临界值	P值	结果
$r \leq 0$	0.181 736	15.605 96	12.320 90	0.013 6	拒绝
$r \leq 1$	0.002 102	0.162 035	4.129 906	0.739 2	接受

注：根据 AIC 准则，选择滞后期为3。

表5-10　变量 LPAT 和 LFIDIS 的 Johansen 协整检验结果

零假设	特征值	迹统计量	5%的临界值	P值	结果
$r \leq 0$	0.200 368	22.174 97	20.261 84	0.027 0	拒绝
$r \leq 1$	0.062 354	4.957 496	9.164 546	0.288 1	接受

注：根据 AIC 准则，选择滞后期为3。

两个 VAR 模型协整检验结果表明，分别有一个最大特征根统计量大

[①] 高铁梅.计量经济分析方法与建模——Eviews 应用及实例[M].北京：清华大学出版社，2009：177-180.

于 5% 水平上的临界值，因而分别有一个原假设被拒绝，相应地各自存在一个协整方程，表明变量之间存在长期稳定的协整关系。这种长期稳定的协整关系可以 VECM 方程中标准化的协整方程来表示：

vecm：vecm1＝LPAT－1.281 227×LFICEN＋4.064 361

vecm2＝LPAT－1.553 612×LFIDIS＋3.198 833

将上述两个方程移项得：

$$LPAT=1.281\ 227\times LFICEN-4.064\ 361+vecm1 \qquad (5-3)$$

$$LPAT=1.553\ 612\times LFIDIS-3.198\ 833+vecm2 \qquad (5-4)$$

上述协整方程反映了我国全社会研发产出分别与中央财政科技拨款、地方财政科技拨款之间的某种长期均衡关系。从式 (5-3)、(5-4) 中可以直观地得出公共科技创新投入的不同来源的全社会研发产出乘数，即从长期来看，中央财政科技拨款每增加 1 个百分点，则国内专利申请量将会增加 1.28 个百分点；地方财政科技拨款每增加 1 个百分点，则国内专利申请量将会增加 1.55 个百分点。

三、对高技术产品出口的影响的计量分析

(一) 变量与数据的选择

利用我国 1991～2011 年共 21 年的数据来计量分析公共科技创新投入的不同来源与高技术产品出口的相关关系。用中央财政科技拨款、地方财政科技拨款来表征我国公共科技创新投入的不同来源。本书在做分析时对时间序列样本数据进行了如下处理：第一，为消除物价上涨影响，对所有以人民币为单位的数据以 1990 年为基期以居民消费价格指数进行平减，居民消费价格指数见表 4-1；第二，为增强数据可比性，把以美元计价的高技术产品出口额先用年度人民币兑美元名义汇率换算成人民币，人民币兑美元名义汇率见表 4-16；再以 1990 年为基期以居民消费价格指数进行平减；第三，出于样本数据过少的考虑，把低频的年度数据用频度转换的一般方法转换为高频的季度数据，这样可以在不改变变量之间趋势关系的情况下增加样本容量；第四，由于数据的自然对数变换不改变原变量之间的趋势关系，并能使其趋势线性化，消除时间序列中存在的异方差现象，所以本书在作分

析之前又分别对这几个变量的数据做了自然对数变换,分别用 LHIEXP、LFICEN、LFIDIS 来表示自然对数的高技术产品出口额、中央财政科技拨款、地方财政科技拨款。所有数据取自《中国统计年鉴》[①]、《中国科技统计年鉴》[②],高技术产品出口的部分数据由于不同年份科技统计方法有一定差异而根据有关数据处理得到。经平减处理后的数据见表 5-11。

表 5-11　经平减处理后的 HIEXP、FICEN、FIDIS 数据表

年份	中央财政科技拨款 （亿元） FICEN	地方财政科技拨款 （亿元） FIDIS	高技术产品出口额 （亿元） HIEXP
1991	111.2	43.5	633.6
1992	121.8	50.9	736.6
1993	133.1	46.0	939.6
1994	127.1	44.1	1 482.5
1995	117.8	47.4	1 453.5
1996	122.4	53.4	1 470.7
1997	134.7	65.6	1 632.4
1998	143.2	73.6	2 021.5
1999	173.3	94.1	2 582.6
2000	174.6	112.7	3 697.8
2001	219.9	128.3	4 533.1
2002	255.0	152.4	6 227.6
2003	300.7	165.5	9 377.0
2004	328.7	191.4	12 851.3
2005	376.7	245.9	15 898.6
2006	464.0	311.9	19 374.2
2007	457.0	470.0	21 178.7
2008	532.4	536.7	21 798.6
2009	797.8	546.6	19 563.6
2010	825.6	835.5	24 197.1
2011	899.9	912.3	24 422.7

---

① 摘自中华人民共和国统计局,http://www.ststs.gov.cn/.历年《中国统计年鉴》。
② 摘自中华人民共和国科学技术部,http://www.most gov.cn/.历年《中国科技统计年鉴》。

（二）单位根检验

本书采用 VECM 模型考察变量之间的长期均衡和短期动态关系，在构建模型之前首先需对变量进行单位根检验，以确定变量时间序列数据是否平稳，检验结果见表 5-12。可以看出，时间序列 LHIEXP、LFICEN、LFIDIS 都是二阶协整的，而其二阶差分时间序列是平稳的，说明变量 LHIEXP、LFICEN、LFIDIS 都是 $I(2)$ 的。

表 5-12 变量 LHIEXP、LFICEN、LFIDIS 的平稳性检验结果

变量	检验形式	ADF 检验值	5%的临界值	P 值	结论
LHIEXP	Trend and Intercept	-2.399 251	-3.476 275	0.376 7	非平稳
LFICEN	Intercept	1.178 193	-2.903 566	0.997 8	非平稳
LFIDIS	Trend and Intercept	-1.485 600	-3.475 305	0.825 4	非平稳
LHIEXP_1	None	-1.062 300	-1.945 596	0.257 7	非平稳
LFICEN_1	None	-0.351 529	-1.945 596	0.554 7	非平稳
LFIDIS_1	None	-0.492 926	-1.945 525	0.499 1	非平稳
LHIEXP_2	None	-3.382 782	-1.945 596	0.001 0	平稳
LFICEN_2	None	-3.722 400	-1.945 596	0.000 3	平稳
LFIDIS_2	None	-2.890 438	-1.945 525	0.004 4	平稳

注：本书采用 Cubic-match last 的方法将年度数据转化为季度数据，转换后共 81 个有效数据。

（三）格兰杰因果关系检验

根据理论模型，公共科技创新投入的增加会促进高技术产品出口的增长，为检验上述判断，对中央财政科技拨款、地方财政科技拨款分别和高技术产品出口额进行 Granger 因果关系检验，检验结果见表 5-13。检验结果表明，在 10%的显著性水平上，中央财政科技拨款与高技术产品出口额存在单向 Granger 因果关系，即中央财政科技拨款的变化将会引起高技术产品出口额的变化；在 5%的显著性水平上，地方财政科技拨款与高技术产品出口额存在单向 Granger 因果关系，即地方财政科技拨款的变化将会引起高技术产品出口额的变化。

表 5-13 变量 LHIEXP、LFICEN、LFIDIS 的格兰杰因果关系检验结果

原假设	F 统计量	P 值
LFICEN_2 does not Granger Cause LHIEXP_2	4.206 56	0.000 85
LHIEXP_2 does not Granger Cause LFICEN_2	1.646 97	0.140 94
LFIDIS_2 does not Granger Cause LHIEXP_2	2.408 59	0.023 18
LHIEXP_2 does not Granger Cause LFIDIS_2	0.706 75	0.699 86

注：根据 AIC 准则，LHIEXP_2 与 LFICEN_2 的 Granger 因果检验的滞后期为 7，与 LFIDIS_2 的 Granger 因果检验的滞后期为 9。

（四）VAR 模型的脉冲响应函数

LHIEXP、LFICEN、LFIDIS 都是二阶单整的时间序列，对 LHIEXP 和 LFICEN、LFIDIS 构建 VAR 模型。通过脉冲响应函数考察中央财政科技拨款和地方财政科技拨款变化对于我国高技术产品出口的影响，如图 5-3 所示。

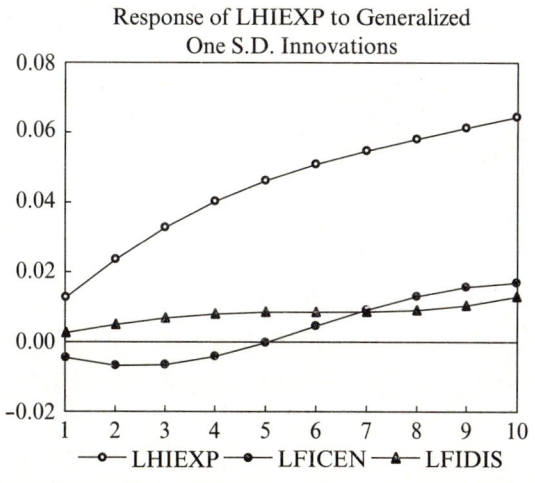

图 5-3 高技术产品出口对中央财政科技拨款和地方财政科技拨款增加的信息响应

注：根据 AIC 准则，选取 VAR 模型的滞后期为 9。

图 5-3 是考察 LFICEN、LFIDIS 对 LHIEXP 的影响的长期趋势使用 VAR 模型和渐近解析法模拟的广义脉冲响应函数曲线，模型的追踪期数设定为 10 年。考察 LFICEN 对 LHIEXP 的一个标准差扰动的响

应,这一响应在第 5 期前表现为负向响应,并在第 3 期达到最大负向响应,此后负向响应逐渐减弱,并在第 5 期至第 9 期表现出持续增强的正向响应,第 9 期后开始收敛。而从 LFIDIS 对 LHIEXP 的响应情况和响应路径看,其响应在第 4 期前表现为微弱持续增强的正向响应,第 4 期至第 8 期表现为微弱收敛,第 8 期后恢复为微弱增强正向响应。但是就 LHIEXP 自身对 LHIEXP 的冲击响应而言则为最大,远远超过另外两个变量对其的响应。

这一模拟结果说明,我国中央财政科技拨款对高技术产品出口的响应在追踪期内前半期为负向响应,后半期为正向响应,原因可能在于中央财政科技拨款比较偏重于资助基础研究以及高等院校和公共研发机构的公益性应用研究,与出口高技术产品厂商的研发关联度不高,资金量上存在一定替代关系,研发成果关联影响存在滞后。地方财政科技拨款对高技术产品出口虽然始终表现为正向影响,但是影响程度一直较低,以及高技术产品出口对自身变动的响应比较大的现象,一方面可能是由于财政科技拨款资助的研究较少用于高技术产品出口方向,另一方面也可能是由于专门从事高技术产品出口的厂商得到财政科技拨款的资助相对比较少。

(五) Johansen 协整检验

时间序列 LHIEXP、LFICEN、LFIDIS,虽然它们自身的表现为非平稳的,但是其中某种线性组合往往存在均衡关系,即虽然经济变量经常会离开均衡点,但内在的均衡机制将不断地消除偏差以维持这种均衡关系。这个线性组合反映了变量之间的长期稳定的比例关系,称为协整关系。为建立协整关系,本书分别确立了 LHIEXP 与 LFICEN、LFIDIS 构成的两个 VAR 模型,然后在其基础上对其进行 Johansen 协整检验,检验结果见表 5 - 14、5 - 15。

表 5 - 14 变量 LHIEXP 和 LFICEN 的 Johansen 协整检验结果

零假设	特征值	迹统计量	5%的临界值	P 值	结果
$r \leqslant 0$	0.175 457	13.698 37	12.320 90	0.029 2	拒绝
$r \leqslant 1$	8.30E-06	0.000 589	4.129 906	0.988 2	接受

注:根据 AIC 准则,选择滞后期为 9。

表 5-15　变量 LHIEXP 和 LFIDIS 的 Johansen 协整检验结果

零假设	特征值	迹统计量	5%的临界值	P值	结果
$r \leqslant 0$	0.196 387	16.874 33	15.494 71	0.030 8	拒绝
$r \leqslant 1$	0.003 388	0.257 903	3.841 466	0.611 6	接受

注：根据 AIC 准则，选择滞后期为 9。

两个 VAR 模型协整检验结果表明，分别有一个最大特征根统计量大于 5%水平上的临界值，因而分别有一个原假设被拒绝，相应地各自存在一个协整方程，表明变量之间存在长期稳定的协整关系。这种长期稳定的协整关系可以 VECM 方程中标准化的协整方程来表示：

$$vecm: vecm1 = LHIEXP - 7.919\ 487 \times LFICEN + 35.593\ 67$$
$$vecm2 = LHIEXP - 1.036\ 735 \times LFIDIS - 3.383\ 668$$

将上述两个方程移项得：

$$LHIEXP = 7.919\ 487 \times LFICEN - 35.593\ 67 + vecm1 \quad (5-5)$$
$$LHIEXP = 1.036\ 735 \times LFIDIS + 3.383\ 668 + vecm2 \quad (5-6)$$

上述协整方程反映了我国高技术产品出口分别与中央财政科技拨款、地方财政科技拨款之间的某种长期均衡关系。从式(5-5)、(5-6)中可以直观地得出公共科技创新投入的不同来源的高技术产品出口乘数，即从长期来看，中央财政科技拨款每增加 1 个百分点，则高技术产品出口将会增加 7.92 个百分点；地方财政科技拨款每增加 1 个百分点，则高技术产品出口将会增加 1.04 个百分点。

四、对出口贸易的影响的计量分析

（一）变量与数据的选择

利用我国 1991~2011 年共 21 年的数据来计量分析公共科技创新投入的不同来源与出口贸易发展的相关关系，用货物贸易出口额来表征出口贸易状况。用中央财政科技拨款、地方财政科技拨款来表征公共科技创新投入的不同来源。本书在做分析时对时间序列样本数据进行了如下处理：第一，为消除物价上涨影响，对所有以人民币为单位的数据以 1990 年为基期以居民消费价格指数进行平减,居民消费价格指数见表 4-1;第二,为增强数据可比性,把以美元计价的货物出口额先用年度人民币兑美元名义汇率换算成人民币,人民币兑美元名义汇率见表 4-16;再以 1990 年为基期以居民消费价格指数进行平减,居民消费价格指数见表 4-1;第三,出于样本数据过少的考虑,把低频的年度数据用频度转换的一般方法转换为高频的季度数据,这样可以在不改变变量之间趋势关系的情况下增加样本容量;第四,由于数据的自然对数变换不改变原变量之间的趋势关系,并能使其趋势线性化,消除时间序列中存在的异方差现象,所以本书在作分析之前又分别对这几个变量的数据做了自然对数变换,分别用 LEXP、LFICEN、LFIDIS 来表示自然对数的货物出口额、中央财政科技拨款、地方财政科技拨款。所有数据取自《中国统计年鉴》[①]、《中国科技统计年鉴》[②]。经平减处理后的数据见表 5-16。

表 5-16　经平减处理后的 EXP、FICEN、FIDIS 数据表

年份	中央财政科技拨款（亿元）FICEN	地方财政科技拨款（亿元）FIDIS	货物出口额（亿元）EXP
1991	111.2	43.5	3 701.3
1992	121.8	50.9	4 250.5
1993	133.1	46.0	4 188.0
1994	127.1	44.1	6 655.0
1995	117.8	47.4	6 790.1
1996	122.4	53.4	6 332.5
1997	134.7	65.6	7 425.8
1998	143.2	73.6	7 516.7
1999	173.3	94.1	8 092.3
2000	174.6	112.7	10 291.9
2001	219.9	128.3	10 908.8
2002	255.0	152.4	13 455.1
2003	300.7	165.5	17 903.7

[①] 摘自中华人民共和国统计局,http://www.ststs.gov.cn/.历年《中国统计年鉴》。
[②] 摘自中华人民共和国科学技术部,http://www.most.gov.cn/.历年《中国科技统计年鉴》。

(续表)

年份	中央财政科技拨款 （亿元） FICEN	地方财政科技拨款（亿元） FIDIS	货物出口额 （亿元） EXP
2004	328.7	191.4	23 317.1
2005	376.7	245.9	29 223.0
2006	464.0	311.9	35 661.3
2007	457.0	470.0	41 029.5
2008	532.4	536.7	41 572.4
2009	797.8	546.6	34 207.0
2010	825.6	835.5	43 203.7
2011	899.9	912.3	45 818.0

（二）单位根检验

本书采用 VECM 模型考察变量之间的长期均衡和短期动态关系，在构建模型之前首先需对变量进行单位根检验，以确定变量时间序列数据是否平稳，检验结果见表 5-17。可以看出，时间序列 LEXP、LFICEN、LFIDIS 都是二阶协整的，而其二阶差分时间序列是平稳的，说明变量 LEXP、LFICEN、LFIDIS 都是 $I(2)$ 的。

表 5-17 变量 LEXP、LFICEN、LFIDIS 的平稳性检验结果

变量	检验形式	ADF 检验值	5% 的临界值	P 值	结论
LEXP	Intercept	−0.512 350	−2.904 198	0.881 8	非平稳
LFICEN	Intercept	1.178 193	−2.903 566	0.997 8	非平稳
LFIDIS	Trend and Intercept	−1.485 600	−3.475 305	0.825 4	非平稳
LEXP_1	None	−1.111 426	−1.945 596	0.239 5	非平稳
LFICEN_1	None	−0.351 529	−1.945 596	0.554 7	非平稳
LFIDIS_1	None	−0.492 926	−1.945 525	0.499 1	非平稳
LEXP_2	None	−3.436 045	−1.945 596	0.000 8	平稳
LFICEN_2	None	−3.722 400	−1.945 596	0.000 3	平稳
LFIDIS_2	None	−2.890 438	−1.945 525	0.004 4	平稳

注：本书采用 Cubic-match last 的方法将年度数据转化为季度数据，转换后共 81 个有效数据。

（三）格兰杰因果关系检验

根据理论模型,公共科技创新投入的增加会促进出口贸易的发展,为检验上述判断,我们对中央财政科技拨款、地方财政科技拨款和货物贸易出口额进行 Granger 因果关系检验,检验结果见表 5-18。检验结果表明,在 5% 的显著性水平上,中央财政科技拨款与货物出口额存在单向 Granger 因果关系,即中央财政科技拨款的变化将引起货物出口额的变化,地方财政科技拨款与货物出口额存在单向 Granger 因果关系,即地方财政科技拨款的变化将引起货物出口额的变化。

表 5-18　变量 LEXP、LFICEN、LFIDIS 的格兰杰因果关系检验结果

原假设	F 统计量	P 值
LFICEN_2 does not Granger Cause LEXP_2	2.328 28	0.036 75
LEXP_2 does not Granger Cause LFICEN_2	0.993 58	0.445 32
LFIDIS_2 does not Granger Cause LEXP_2	2.312 58	0.028 84
LEXP_2 does not Granger Cause LFIDIS_2	1.090 44	0.386 21

注：根据 AIC 准则,LEXP_2 与 LFICEN_2 的 Granger 因果检验的滞后期为 7,与 LFIDIS_2 的 Granger 因果检验的滞后期为 9。

（四）VAR 模型的脉冲响应函数

LEXP、LFICEN、LFIDIS 都是二阶单整的时间序列,对 LEXP 和 LFICEN、LFIDIS 构建 VAR 模型。通过脉冲响应函数考察中央财政科技拨款和地方财政科技拨款变化对于我国出口贸易的影响,如图 5-4 所示。

图 5-4 是考察 LFICEN、LFIDIS 对 LEXP 的影响的长期趋势使用 VAR 模型和渐近解析法模拟的广义脉冲响应函数曲线,模型的追踪期数设定为 10 年。考察 LFICEN 对 LEXP 的一个标准差扰动的响应,这一响应在第 4 期之前一直呈稳定收敛的负向响应特征,在第 2 期和第 3 期之间负向响应达到最大,在第 4 期到第 5 期之间开始转为持续稳定增强的正向响应,并在第 7 期以后超过 LFIDIS 的响应。而从 LFIDIS 对 LEXP 的响应情况和响应路径看,其响应在第 4 期前为持续增强的正向响应,在第 4 期达到最大,随后逐渐减弱,并呈现出稳定正向收敛的特征。但是就 LEXP 自身对

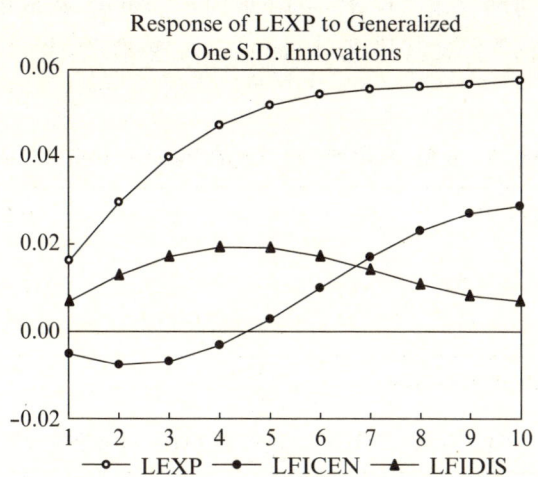

图 5-4 货物出口对中央财政科技拨款和地方财政科技拨款增加的信息响应

注：根据 AIC 准则，选取 VAR 模型的滞后期为 7。

LEXP 的冲击响应而言则为最大，远远超过另外两个变量对其的响应，尤其是第 5 期之前的正向响应极为强劲。

这一模拟结果说明，中央财政科技拨款对货物出口的影响在追踪期内前半期为微弱并收敛的负向响应，后半期为持续稳定增强的正向响应，这一现象的原因可能是由于中央财政科技拨款偏重于资助基础研究和公益性应用研究，和货物出口厂商的应用研究关联度不高且资金存在替代关系，其基础研究和公益性应用研究对出口厂商的产品开发存在滞后。地方财政科技拨款对货物出口的正向响应呈现正向收敛特征，前半期影响较强，说明地方财政科技拨款重点资助企业和应用研发对货物出口的影响在前 5 期比较有成效。货物出口对自身响应更加显著说明财政科技拨款不是货物出口大幅度增长的最主要促进因素。

（五）Johansen 协整检验

时间序列 LEXP、LFICEN、LFIDIS，虽然它们自身的表现为非平稳的，但是其中某种线性组合往往存在均衡关系，即虽然经济变量经常会离开均衡点，但内在的均衡机制将不断地消除偏差以维持这种均衡关系。这个线性组合反映了变量之间的长期稳定的比例关系，称为协整关系。为建立协整关系,本书分别确立了 LEXP 与 LFICEN、LFIDIS 构成的两个 VAR 模型,然后在其基础上对其进行 Johansen 协整检验,检验结果见表 5-19、5-20。

表 5-19 变量 LEXP 和 LFICEN 的 Johansen 协整检验结果

零假设	特征值	迹统计量	5%的临界值	P 值	结果
$r \leq 0$	0.259 606	25.332 39	20.261 84	0.009 1	拒绝
$r \leq 1$	0.045 384	3.390 535	9.164 546	0.510 4	接受

注:根据 AIC 准则,选择滞后期为 7。

表 5-20 变量 LEXP 和 LFIDIS 的 Johansen 协整检验结果

零假设	特征值	迹统计量	5%的临界值	P 值	结果
$r \leq 0$	0.197 321	17.007 44	15.494 71	0.029 4	拒绝
$r \leq 1$	0.003 974	0.302 622	3.841 466	0.582 2	接受

注:根据 AIC 准则,选择滞后期为 7。

两个 VAR 模型协整检验结果表明,分别有一个最大特征根统计量大于 5%水平上的临界值,因而分别有一个原假设被拒绝,相应地各自存在一个协整方程,表明变量之间存在长期稳定的协整关系。这种长期稳定的协整关系可以 VECM 方程中标准化的协整方程来表示:

$$vecm: vecm1 = LEXP - 0.650\ 999 \times LFICEN - 5.991\ 992$$
$$vecm2 = LEXP - 0.739\ 646 \times LFIDIS - 5.864\ 933$$

将上述两个方程移项得:

$$LEXP = 0.650\ 999 \times LFICEN + 5.991\ 992 + vecm1 \quad (5-7)$$
$$LEXP = 0.739\ 646 \times LFIDIS + 5.864\ 933 + vecm2 \quad (5-8)$$

上述协整方程反映了我国货物出口分别与中央财政科技拨款、地方财政科技拨款之间的某种长期均衡关系。从式(5-7)、(5-8)中可以直观地得出我国公共科技创新投入的不同来源的出口贸易乘数,即从长期来看,中央财政科技拨款每增加 1 个百分点,则货物出口将会增加 0.65 个百分点;地方财政科技拨款每增加 1 个百分点,则货物出口将会增加 0.74 个百分点。

五、对经济增长的影响的计量分析

(一) 变量与数据的选择

利用我国 1991～2011 年共 21 年的数据来计量分析公共科技创新投入的不同来源与经济增长的相关关系,用国内生产总值来表征经济增长状况。用中央财政科技拨款、地方财政科技拨款来表征公共科技创新投入的不同来源。笔者在做分析时对时间序列样本数据进行了如下处理:第一,为消除物价上涨影响,对所有以人民币为单位的数据以 1990 年为基期以居民消费价格指数进行平减,居民消费价格指数见表 4-1;第二,出于样本数据过少的考虑,把低频的年度数据用频度转换的一般方法转换为高频的季度数据,这样可以在不改变变量之间趋势关系的情况下增加样本容量;第三,由于数据的自然对数变换不改变原变量之间的趋势关系,并能使其趋势线性化,消除时间序列中存在的异方差现象,所以笔者在作分析之前又分别对这几个变量的数据做了自然对数变换,分别用 LGDP、LFICEN、LFIDIS 来表示自然对数的国内生产总值、中央财政科技拨款、地方财政科技拨款。所有数据取自《中国统计年鉴》[①]、《中国科技统计年鉴》[②]。经平减处理后的数据见表 5-21。

表 5-21 经平减处理后的 GDP、FICEN、FIDIS 数据表

年份	中央财政科技拨款 (亿元) FICEN	地方财政科技拨款 (亿元) FIDIS	国内生产总值 (亿元) GDP
1991	111.2	43.5	21 065.3
1992	121.8	50.9	24 472.0
1993	133.1	46.0	28 000.5
1994	127.1	44.1	30 777.3
1995	117.8	47.4	33 151.6
1996	122.4	53.4	35 838.9

[①] 摘自中华人民共和国统计局,http://www.ststs.gov.cn/. 历年《中国统计年鉴》。
[②] 摘自中华人民共和国科学技术部,http://www.most.gov.cn/. 历年《中国科技统计年鉴》。

(续表)

年份	中央财政科技拨款（亿元）FICEN	地方财政科技拨款（亿元）FIDIS	国内生产总值（亿元）GDP
1997	134.7	65.6	38 681.5
1998	143.2	73.6	41 674.1
1999	173.3	94.1	44 907.3
2000	174.6	112.7	49 485.4
2001	219.9	128.3	54 312.7
2002	255.0	152.4	60 082.0
2003	300.7	165.5	67 012.0
2004	328.7	191.4	75 919.7
2005	376.7	245.9	86 266.4
2006	464.0	311.9	99 411.4
2007	457.0	470.0	116 563.2
2008	532.4	536.7	130 042.7
2009	797.8	546.6	142 159.2
2010	825.6	835.5	161 959.8
2011	899.9	912.3	181 196.5

（二）单位根检验

本书采用 VECM 模型考察变量之间的长期均衡和短期动态关系，在构建模型之前首先需对变量进行单位根检验，以确定变量时间序列数据是否平稳，检验结果见表 5-22。可以看出，时间序列 LGDP、LFICEN、LFIDIS 都是二阶协整的，而其二阶差分时间序列是平稳的，说明变量 LGDP、LFICEN、LFIDIS 都是 $I(2)$ 的。

表 5-22　变量 LGDP、LFICEN、LFIDIS 的平稳性检验结果

变量	检验形式	ADF 检验值	5% 的临界值	P 值	结论
LGDP	Trend and Intercept	-2.170 293	-3.476 275	0.498 1	非平稳
LFICEN	Intercept	1.178 193	-2.903 566	0.997 8	非平稳
LFIDIS	Trend and Intercept	-1.485 600	-3.475 305	0.825 4	非平稳

(续表)

变量	检验形式	ADF 检验值	5%的临界值	P 值	结论
LGDP_1	None	0.019 059	−1.945 596	0.685 4	非平稳
LFICEN_1	None	−0.351 529	−1.945 596	0.554 7	非平稳
LFIDIS_1	None	−0.492 926	−1.945 525	0.499 1	非平稳
LGDP_2	None	−2.398 084	−1.945 596	0.017 0	平稳
LFICEN_2	None	−3.722 400	−1.945 596	0.000 3	平稳
LFIDIS_2	None	−2.890 438	−1.945 525	0.004 4	平稳

注：本书采用 Cubic-match last 的方法将年度数据转化为季度数据，转换后共 81 个有效数据。

（三）格兰杰因果关系检验

根据理论模型，公共科技创新投入的增加会促进经济增长，为检验上述判断，本书对中央财政科技拨款、地方财政科技拨款分别和国内生产总值进行 Granger 因果关系检验，检验结果见表 5-23。检验结果表明，在 5%的显著性水平上，中央财政科技拨款与国内生产总值互为 Granger 因果；而地方财政科技拨款与国内生产总值不存在 Granger 因果关系。

表 5-23 变量 LGDP、LFICEN、LFIDIS 的格兰杰因果关系检验结果

原假设	F 统计量	P 值
LFICEN_2 does not Granger Cause LGDP_2	9.252 72	1.2E-06
LGDP_2 does not Granger Cause LFICEN_2	3.136 78	0.013 65
LFIDIS_2 does not Granger Cause LGDP_2	0.461 21	0.834 20
LGDP_2 does not Granger Cause LFIDIS_2	1.367 33	0.242 51

注：根据 AIC 准则，LGDP_2 与 LFICEN_2 的 Granger 因果检验的滞后期为 5，与 LFIDIS_2 的 Granger 因果检验的滞后期为 6。

（四）VAR 模型的脉冲响应函数

LGDP、LFICEN、LFIDIS 都是二阶单整的时间序列，对 LGDP、LFICEN 和 LFIDIS 构建 VAR 模型。通过脉冲响应函数考察中央财政科技拨款和地方财政科技拨款变化对于我国经济增长的影响，如图 5-5 所示。

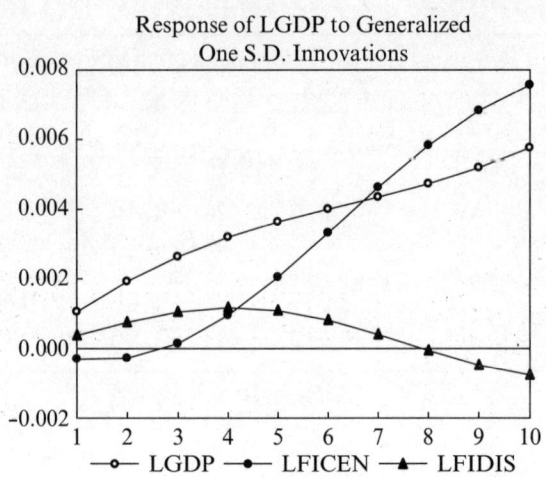

图 5-5 国内生产总值对中央财政科技拨款和地方财政科技拨款增加的信息响应

注：根据 AIC 准则，选取 VAR 模型的滞后期为 11。

图 5-5 是考察 LFICEN、LFIDIS 对 LGDP 的影响的长期趋势使用 VAR 模型和渐近解析法模拟的广义脉冲响应函数曲线，模型的追踪期数设定为 10 年。考察 LFICEN 对 LGDP 的一个标准差扰动的响应，这一响应在前 2 期之前一直表现为稳定收敛的微弱负向响应特征，在第 3 期起转为稳定持续增强的正向响应，在第 4 期后超过 LFIDIS 的响应，甚至在第 7 期后超过 LGDP 对自身的响应。而从 LFIDIS 对 LGDP 的响应情况和响应路径看，其响应在第 4 期前为持续增强的微弱正向响应，在第 4 期达到最大，随后逐渐减弱，并呈现稳定收敛特征，在第 7 期至第 8 期之间正向响应收敛为零，至第 8 期后表现为持续增强的负向响应。但是就 LGDP 自身对 LGDP 的冲击响应而言则表现为持续稳定增强的正向响应，在第 7 期前其响应明显超过 LFICEN 和 LFIDIS 的，但是在第 7 期后被 LFICEN 的响应反超。

这一模拟结果说明，中央财政科技拨款对国内生产总值的影响存在两期滞后，越过滞后期后即表现为强劲持续的正向影响，说明中央财政科技拨款对经济增长的影响非常显著并长期有效，说明中央财政科技拨款偏重资助的基础研究和公益性应用研究促进经济增长非常有成效。地方财政科技拨款对国内生产总值的响应在第 4 期前为持续增强的微弱正向响应，在第 4 期达到最大，随后逐渐减弱，并呈现稳定收敛特征，原因可能在于地方财政科技拨款偏重资助企业研发和应用研究的影响期和影响效果相对有限。

(五) Johansen 协整检验

时间序列 LGDP、LFICEN、LFIDIS,虽然它们自身的表现为非平稳的,但是其中某种线性组合往往存在均衡关系,即虽然经济变量经常会离开均衡点,但内在的均衡机制将不断地消除偏差以维持这种均衡关系。这个线性组合反映了变量之间的长期稳定的比例关系,称为协整关系。为建立协整关系,本书分别确立了 LGDP 与 LFICEN、LFIDIS 构成的两个 VAR 模型,然后在其基础上对其进行 Johansen 协整检验,检验结果见表 5-24、5-25。

表 5-24 变量 LGDP 和 LFICEN 的 Johansen 协整检验结果

零假设	特征值	迹统计量	5%的临界值	P 值	结果
$r \leqslant 0$	0.329 458	29.406 86	15.494 71	0.000 2	拒绝
$r \leqslant 1$	0.026 169	1.829 689	3.841 466	0.176 2	接受

注:根据 AIC 准则,选择滞后期为 11。

表 5-25 变量 LGDP 和 LFIDIS 的 Johansen 协整检验结果

零假设	特征值	迹统计量	5%的临界值	P 值	结果
$r \leqslant 0$	0.185 149	14.724 69	12.320 90	0.019 4	拒绝
$r \leqslant 1$	0.008 614	0.596 963	4.129 906	0.501 1	接受

注:根据 AIC 准则,选择滞后期为 11。

两个 VAR 模型协整检验结果表明,分别有一个最大特征根统计量大于 5%水平上的临界值,因而分别有一个原假设被拒绝,相应地各自存在一个协整方程,表明变量之间存在长期稳定的协整关系。这种长期稳定的协整关系可以 VECM 方程中标准化的协整方程来表示:

$$vecm: vecm1 = LGDP - 0.877\ 203 \times LFICEN - 6.183\ 385$$
$$vecm2 = LGDP - 0.382\ 042 \times LFIDIS - 9.150\ 296$$

将上述两个方程移项得:

$$LGDP = 0.877\ 203 \times LFICEN + 6.183\ 385 + vecm1 \quad (5-9)$$

$$LGDP = 0.382\ 042 \times LFIDIS + 9.150\ 296 + vecm2 \quad (5-10)$$

上述协整方程反映了国内生产总值分别与中央财政科技拨款、地方财政科技拨款之间的某种长期均衡关系。从式(5-9)、(5-10)中可以直观地得出公共科技创新投入的不同来源的经济增长乘数,即从长期来看,中央财政科技拨款每增加1个百分点,则国内生产总值将会增加0.88个百分点;地方财政科技拨款每增加1个百分点,则国内生产总值将会增加0.38个百分点。

第三节 本章计量分析结论

一、综合分析公共科技创新的不同来源对投入产出的乘数作用

现在综合上一节计量分析的我国公共科技创新投入的不同来源即中央财政科技拨款、地方财政科技拨款等对我国全社会研发投入、全社会专利产出、高技术产品出口、出口贸易和经济增长的影响,将两个不同来源对全社会研发投入、全社会专利产出、高技术产品出口、出口贸易和经济增长的影响乘数列表比对,见表5-26。

表5-26 对数化的公共科技创新投入不同来源对部分投入产出的影响乘数表

不同来源\产出	全社会研发投入	全社会专利产出	高技术产品出口	出口贸易	经济增长
中央财政科技拨款	1.15	1.28	7.92	0.65	0.88
地方财政科技拨款	0.99	1.55	1.04	0.74	0.38

中央财政科技拨款对高技术产品出口的影响乘数最大,达到7.92,对全社会研发投入和全社会专利产出的影响乘数居中,分别为1.15和1.28;对出口贸易的乘数作用较小,乘数为0.65。地方财政科技拨款对全社会专利产出的影响乘数最大,为1.55,对全社会研发投入和高技术产品出口的乘数作用相近,分别为0.99和1.04,对经济增长的影响乘数最小,为0.38。

中央财政拨款对各种投入产出的乘数作用总体上超过地方财政科技拨款的乘数。

二、综合分析公共科技创新投入不同来源对投入产出的长期影响趋势

现在综合上一节计量分析的我国公共科技创新投入的不同来源即中央财政科技拨款、地方财政科技拨款等对我国全社会研发投入、全社会专利产出、高技术产品出口、出口贸易和经济增长长期趋势的影响,将使用VAR模型和渐近解析法模拟的两个公共科技创新投入不同来源对全社会研发投入、全社会专利产出、高技术产品出口、出口贸易和经济增长的广义脉冲响应函数曲线比对,见图5-6。

我国中央财政科技拨款在追踪期内对全社会研发投入和国内专利申请量的响应都是稳定正向影响,对高技术产品出口、货物出口和国内生产总值的响应前期有短暂负向影响,越过负向影响期后即表现为稳定持续的正向影响。地方财政科技拨款对全社会研发投入、国内专利申请量、高技术产品出口的响应都是持续稳定的正向影响,对国内专利申请量的正向影响比较强,对货物出口和国内生产总值的响应在追踪期内都表现出正向收敛特征,在第3或第4期达到正向影响峰值。总体上看,我国中央财政科技拨款对科技创新各项投入产出的长期趋势影响的作用超过地方财政科技拨款。

三、综合分析结论

结论四:我国公共科技创新投入不同来源对全社会科技创新的投入有激励引导作用,对科技创新的产出特别是经济增长有明显乘数作用,但是具体的不同乘数有很大差别,说明对经济增长影响效应不同。

结论五:中央财政科技拨款对各种投入产出产生的乘数作用、长期趋势影响都超过地方财政科技拨款。

本章计量分析给我们的启示是:

第一,从中央到地方各种不同级别的财政支出预算都应逐步增加公共

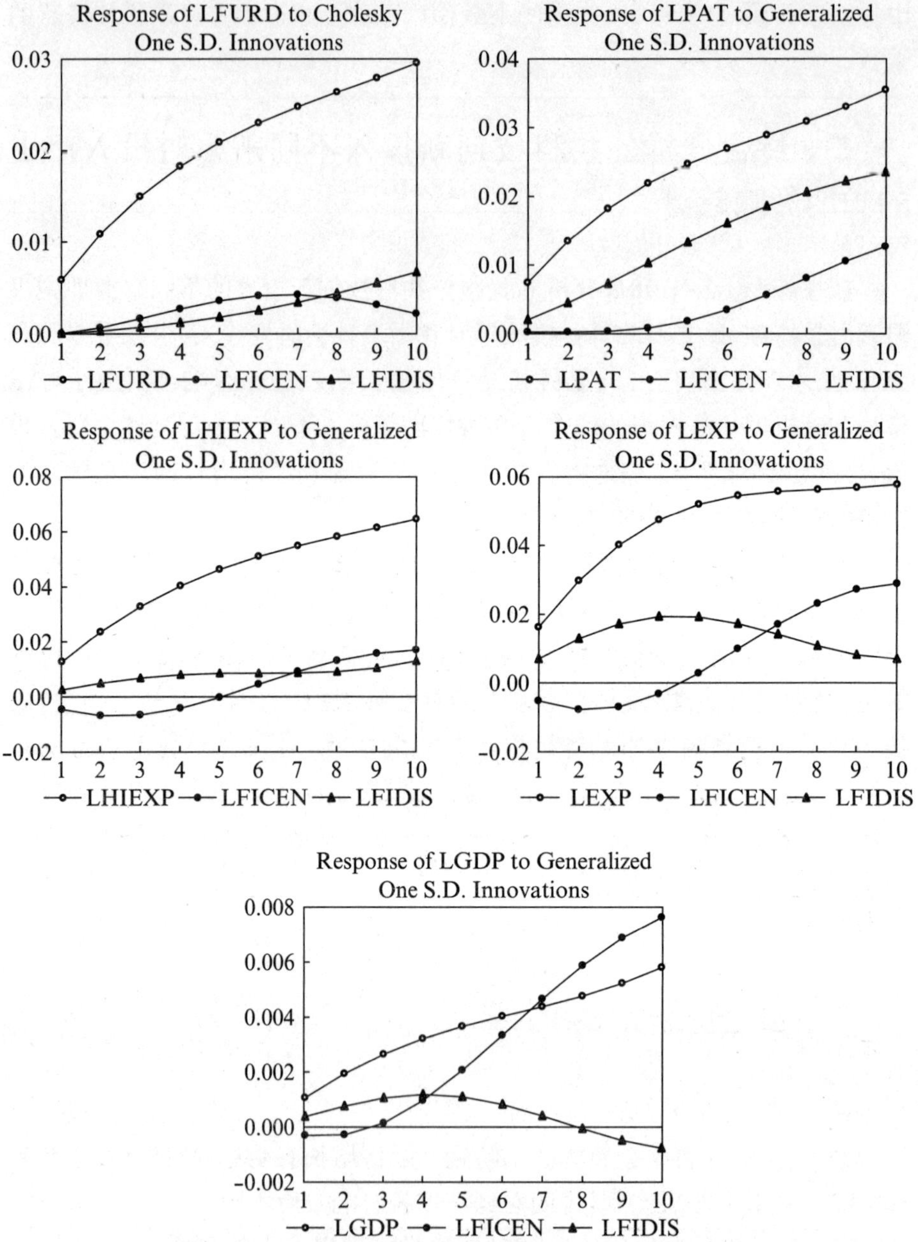

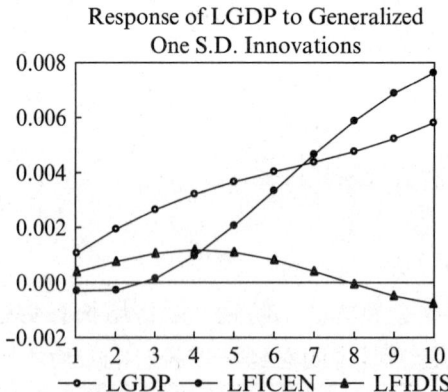

图 5-6 综合分析公共科技创新投入不同来源对投入产出的长期影响趋势图

科技创新投入的总量和在本级财政支出中的占比,以充分发挥公共科技创新投入对全社会科技创新投入的激励引导作用,以及对科技创新的产出特别是经济增长的乘数作用,以公共科技创新投入推动我国经济增长。

第二,应根据公共科技创新投入中来源于不同级别财政的不同部分的实际效果逐步调整优化公共创新投入从不同级别财政的来源结构,适当调高乘数作用和对长期趋势影响较大的中央财政科技拨款在我国公共科技创新投入中的占比,从而进一步发挥我国公共科技创新投入对科技创新产出特别是经济增长的乘数作用,以公共科技创新投入推动我国经济增长。

第六章 公共科技创新投入的不同方式影响经济增长有差异吗

前面两章计量分析的都是财政直接投入公共科技创新的资金,事实上,政府在支持企业开展科技创新活动还有其他间接支持方式,比如财政税收优惠政策等。目前在实行的国家级别的科技税收政策共有九类三十七项,主要包括:高新技术企业的税收政策,研发投入税收政策,鼓励投资的税收政策等。其中,税收优惠占主体地位,主要采取减免税的方式,在增值税、营业税和关税方面,基本实行的是税收免征,而对科技企业的所得税,除了采用免征手段外,也实行大比例的税收减免政策,如对高新技术区的企业(包括高新区外的高新技术企业)的所得税由原税率25%减至15%。在鼓励研发投入的税收政策中,费用扣除是主要的税收鼓励手段,例如规定对赢利企业进行的新产品、新技术、新工艺等研发投入经费比上一年度本企业实际研发费用增长超过10%的,可按实际研发投入的150%从企业应纳的总所得税中扣除相应部分。

本书研究发现,税收优惠也相当于政府对科技企业以税式支出方式实施的间接财政支持,所以也可以算作是公共科技创新投入的一部分。由于笔者从事科技管理工作,发现广大科技企业除了对政府直接以财政资金资助的各种研发和成果转化项目外,对税收优惠政策最为肯定的就是研发费加计扣除政策和高新技术企业减免税政策,而这两项政策的实施情况也可以通过工作渠道取得。所以本章将上海市直接投入科技创新的财政资金、研发费加计扣除折算补贴额(折算系数22.5%)[①]、高新技术企业所得税减免额,作为上海市公共科技创新投入的不同方式来计量对上海市科技创新部分投入产出的影响。有些遗憾的是,实施研发费加计扣除政策的时间比

---

① 享受研发费加计扣除的大多是高新技术企业,所以计算其所得税率以15%计算,则研发费加计扣除折算补贴额=企业从事研发投入额×150%×15%。

较短,2007年后又调整过高新技术企业认定标准,2008年前后高新技术企业减免税相差很大,难以连续计量,所以可以得到并用以连续计量的时间序列数据比较短。本章将上海市全社会研发投入作为科技创新的中间投入,选择上海市年度国内发明专利申请量作为科技创新中间产出的表征数据,选择高技术产品出口值来衡量上海市高技术产业这一科技企业的高端出口贸易状况,选择货物贸易出口额来表征上海市出口贸易状况,选择地区增加值来表征经济增长。用约翰森协整检验方法来分别计算各种不同方式的公共科技创新投入对各种中间投入、中间产出、最终产出特别是经济增长的乘数。

第一节 公共科技创新投入不同方式影响经济增长差异的理论分析

Grossman和Helpman(1991)的质量阶梯模型指出,影响企业研发投入的决策因素主要是企业的研发成本以及消费者对该目标研发产品的需求状况和企业研发投入的主观贴现率[①]。政府的公共科技创新政策正是作用于这几个因素进而影响企业的均衡研发投入决策的,本书分析的公共科技创新投入作用于企业的几种主要方式即财政直接资助研发、给予科技企业税收减免和研发费加计扣除等也是直接或间接作用于这几个因素进而影响企业的均衡研发投入决策的。这几种方式的影响机理有所不同,具体分析如下。

一、财政资金直接资助可以激励企业增加研发投入进行科技创新

由前面的理论分析我们知道,科技企业进行科技创新的根本目的在于

---

① Grossman, G. and Helpman, E. Quality ladders in the theory of Growth[J]. Review of Economic Studies, 1991(8): 43-61.

通过科技创新在市场上获得领先者的地位,从而可以获得高额的垄断利润。也就是说,企业在进行科技创新决策的时候,必须面临的约束条件是科技创新活动成功的预期收益要大于科技创新的预算成本。根据质量阶梯模型的原理,企业要想实现产品质量升级,必须先扩大本企业研发部门的规模,增加企业研发人员的数量。企业从事科技创新的成本主要由研发人员的工资和购买设备、技术、人员培训等的采购成本和融资成本等几个部分构成。因此,产品质量的每一次升级,都会伴随着研发成本的增加。然而,企业在市场上取得领先地位后能够获得的垄断利润却并不会一定随产品质量阶梯上升而增加。企业开展科技创新活动时可能由于技术路径依赖与锁定等市场失灵原因,导致发生技术水平越高,因技术突破而实现的经济收益越小的情况,就是出现科技创新的规模报酬递减的情况。这种规模报酬递减的情况会导致在市场需求不变的情况下科技创新活动给企业带来的垄断利润减少。所以,如果预期会发生随着企业科技创新成本的增加而同时科技创新收益的减少,企业的科技创新激励就会不足,对科技创新的投入会下降。

政府对企业科技创新的直接资助,一般是对企业特定科技创新项目、专利或者专利产品的直接补贴以及对科技创新成果的奖励。政府通过财政直接拨款,帮助分担企业为实现产品质量升级而面临的一部分科技创新成本,使得企业需要支出的实际科技创新成本减少,从而增加企业科技创新的预期收益,进而加强对企业科技创新活动的激励。假设政府对企业科技创新成本的补贴率为 θ,且 $0<\theta<1$,那么得到补贴后企业的实际研发成本 C 变为 $C_\gamma(1-\theta)$,于是相应的企业研发利润率调整为:$((1-1/\lambda)\sigma)/(C_\gamma(1-\theta))$。因为 $C_\gamma(1-\theta)<C_\gamma$,所以补贴后企业利润率上升。如图 6-1 所示,在政府对企业科技创新成本的补贴作用下,原来的企业科技创新利润率曲线 RR 线向上移动至新的科技创新利润率曲线 RR' 线,均衡科技创新密度增加由 A 点移动至 A' 点。显然,政府通过对企业特定科技创新项目、专利或者专利产品的直接补贴以及对科技创新成果的奖励等财政补贴方式,可以实现激励企业增加科技创新投入,达到扶持某一产业领域创新发展的战略目的。

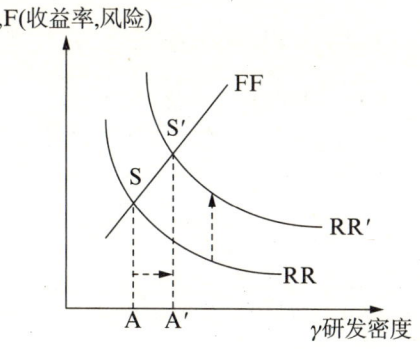

图 6-1 公共科技创新资金直接资助企业的政策效果图

二、税收优惠对企业科技创新投资的影响

税收减免是各国普遍采用的促进企业加大科技创新投入力度的措施,它由所得税优惠税率、免税和免税期等具体的税收激励工具组成。优惠税率是给予合乎规定的企业以较低税率的税收优惠,按其优惠方式可以分为直接降低税率和间接降低税率。直接降低税率是指从标准税率中直接扣除一定百分率,譬如我国税法规定:对于被认定的高新技术企业,"从被认定之日起,减按15%的税率征收所得税"。免税是全部免除应纳税额或除增值税外按零税率计算应纳税额[①]。

在税基不变的情况下,根据较低的税率计算出来的税额比较少,这相当于给企业一种减税优待。假设企业所得税税率为 u,资本成本决定式可以表示为: $c=q(r+d)(1-uz-uy)/(1-u)$,该式中:r 为市场利率,d 为折旧率,y 为价值1元资本的利息扣除的现值,z 为价值1元资本的将来折旧扣除的现值。简单变换一下,可以得到:$c=q(r+d)[1+u[1-(z+y)]/(1-u)]$,从该式很容易看出,资本的成本 c 是税率 u 的减函数,如果税率 u 下降,资本的成本 c 也会随之下降,而且资本的成本 c 下降的程度比税率 u 的下降程度要大。由此可以推知,所得税率下降会导致企业科技创新投资的资本成本降低,进而增加企业的实际利润。

---

① 李丽青.企业 R&D 投入与国家税收政策研究[D].西北大学博士论文,2006:76-78.

但是,降低税率还会间接导致资本折旧的现值减少,这种效应反而会增加资本的使用成本。总的来看,降低税率对科技创新投资有正向促进效应。另外,在投资激励程度既定的前提下,税率降低所放弃的税收收入会比投资税收抵免和税收扣除所放弃的额度更大,因为这种减税措施在实施中除了减少新增投资的应纳税额之外,还会减少现有资本和经济租金的应纳税额[①]。

对企业新增科技创新投资的税收减免,会直接减少企业进行科技创新投资的成本,起到的激励效果与政府直接财政资助的效果相同。假设减免税率或退税率为 t_c,c_γ 为企业新增科技创新投资的成本($c_\gamma = \Delta C(\gamma)$),那么减免税或者退税后企业新增研发的成本就可以表示为 $(1-t_c)c_\gamma$。Stiglitz(2000)的研究表明,只要科技创新活动的税后边际收益高于科技创新投资的边际成本,企业就会增加对科技创新活动的投入[②],即对企业新增科技创新投资产生税收激励的条件为:$(1-\tau)MR_\gamma > (1-t_c)c_\gamma$,这里 MR_γ 为企业科技创新活动的边际收益。对该式变形得:

$$MR_\gamma > (1-t_c)c_\gamma/(1-\tau) \qquad (6-1)$$

假设企业进行科技创新投资前的科技创新活动税前边际收益等于科技创新活动税前边际成本,即:$MR_\gamma = c_\gamma$,此时政府如果想激励企业进行科技创新投资,需要通过制定适当的税收优惠政策,使企业科技创新投资达到不等式(6-1)所示的状态。而在 $MR_\gamma = c_\gamma$ 的条件下,不等式(6-1)成立的条件为:$t_c > \tau$(如果 $t_c = \tau$,则政府制定的税收优惠政策不会对企业科技创新投资产生正向影响,原因在于企业通过科技创新活动获得的边际收益刚好被科技创新活动的边际成本所抵消)。虽然对边际收益征收的所得税 τ 介于 0~1 之间,但是对于企业科技创新税收优惠的退税率 t_c 则没有这样的限制,也就是说 t_c 可以达到高至 100% 的水平。

[①] 李丽青. 企业 R&D 投入与国家税收政策研究[D]. 西北大学博士论文,2006:76-78.
[②] Stiglitz, E. J. Economics of Public Sector, 3rd edition[M]. New York: W. W. norton and company, 2000: 584-585.

三、研发费用加计扣除有助于激励企业强化科技创新加大科技创新投资

研发费用扣除是指允许企业的研发费用项目在税前利润中按规定比例或定额予以扣除,从而达到减轻企业纳税所得额目的的做法。这种税收优惠方式针对性很强,主要适用于所得税,运用起来也比较有弹性,如果再与累进的所得税制合起来协调运用,能进一步强化优惠政策减轻纳税人实际负担的激励效果。研发费用扣除方式有两种实现方法:直接扣除法和费用加成法。研发费用直接扣除法是指允许纳税人就本企业某些规定的研发项目所发生的研发费用全部或部分直接从税前利润中扣除,从而可以缩小所得税的税基;研发费用加成扣除法是指允许企业对某些研发费用的列支可以超过实际发生支出数,达到减轻企业税收负担的目的,这是一种更为间接的优惠方式[①]。

研发费用扣除方式对科技企业实际利润的影响体现可以用乔根森(1963)标准资本成本模型推演出的公式: $A_t=(1-uz-uy-gu)/(1-u)$ 进行讨论,这里: u 为企业所得税率, g 表示税收抵免率, y 为价值1元资本的利息扣除的现值, z 为价值1元的资本的将来折旧扣除的现值[②]。投资成本理论认为,企业内部存在着与资本积累相关的调整成本,这些调整成本使生产者不能在投资初期立即达到长期基本水平的状态,也不能立即达到长期劳动、原材料和产出的水平。调整成本通常被看作是企业的内部成本,而且当把可变生产要素处理成脱离生产过程外并可以用来调整企业的资本存量时,无论这种资本存量是物质资本存量还是知识资本存量,都将引起企业产出供给量的减少,从而使企业产出量减少,实际利润降低。所以,对于企业而言,只要未来产出直接的现值等于或大于产出新资本的成本,新资本的投入就是有利的。公式 $A_t=(1-uz-uy-gu)/(1-u)$ 是研究投资抵免的影响,如果将投资抵免换成研发费用扣除,同样,投资成本将变小。因此,研发费列支有助于激励企业强化科技创新加大研发投资。

---

① 李丽青. 企业R&D投入与国家税收政策研究[D]. 西北大学博士论文, 2006: 81-82.
② Jorgenson D. W. Capital Theory and Investment Behavior[J]. American Economic Association, 1963, (5): 246-259.

第二节　公共科技创新投入不同方式影响经济增长差异的计量分析

一、对上海市全社会研发投入的影响的计量分析

(一) 变量与数据的选择

如前所述,用上海市财政科技拨款、研发费加计扣除折算补贴额、高新技术企业减免税来表征上海市公共科技创新投入的不同方式(为计量分析方便,分别用代号 FISH、SHRDFEEC、SHTAXC 来表示)。利用上海市 2008~2011 年共 4 年的数据来计量分析这三类不同方式与上海市全社会研发投入(用代号 SHFURD 表示)的相关关系。本书在做分析时对时间序列样本数据进行了如下处理:第一,为消除物价上涨影响,对所有以人民币为单位的数据以 1990 年为基期以居民消费价格指数进行平减,居民消费价格指数见表 4-1;第二,出于样本数据过少的考虑,把低频的年度数据用频度转换的一般方法转换为高频的季度数据,这样可以在不改变变量之间趋势关系的情况下增加样本容量;所有数据取自《上海市统计年鉴》[1]、《上海市科技统计年鉴》[2]及上海市科学技术委员会内部资料。经平减处理后的数据见表 6-1。

表 6-1　经平减处理后的 SHFURD、FISH、SHRDFEEC、SHTAXC 数据表

年份	上海市财政科技拨款(亿元) FISH	研发费加计扣除折算补贴额(亿元) SHRDFEEC	高新技术企业减免税(亿元) SHTAXC	上海市全社会研发投入(亿元) SHFURD
2008	49.80	10.19	14.16	150.02
2009	89.81	11.60	20.17	176.56
2010	81.56	14.19	29.94	194.47
2011	83.68	17.06	35.03	228.92

---

[1] 摘自上海市统计局,http://www.stats-sh.gov.cn/.历年《上海市统计年鉴》。
[2] 摘自上海市科学技术委员会,http://shsts.stcsm.gov.cn.历年《上海科技统计年鉴》。

(二) 单位根检验

本书将采用 VECM 模型考察变量之间的长期均衡和短期动态关系,在构建模型之前首先需对变量进行单位根检验,以确定变量时间序列数据是否平稳,检验结果见表 6-2。可以看出,时间序列 SHFURD、FISH、SHTAXC 的一阶差分时间序列在 5% 的显著性水平上是平稳的,SHRDFEEC 的一阶差分时间序列在 10% 的显著性水平上是平稳的,可以认为变量 SHFURD、FISH、SHRDFEEC、SHTAXC 都是 $I(1)$ 的。

表 6-2 变量 SHFURD、FISH、SHRDFEEC、SHTAXC 的平稳性检验结果

变量	检验形式	ADF 检验值	5% 的临界值	P 值	结论
FISH	None	0.632 460	−1.951 332	0.847 9	非平稳
SHRDFEEC	None	3.262 566	−1.951 332	0.999 5	非平稳
SHTAXC	None	2.044 242	−1.951 332	0.988 5	非平稳
SHFURD	None	3.700 102	−1.951 332	0.999 8	非平稳
FISH_1	Intercept	−3.546 888	−2.954 021	0.012 8	平稳
SHRDFEEC_1	Intercept	−2.641 213	−2.951 125	0.094 9	平稳
SHTAXC_1	Intercept	−3.561 634	−2.954 021	0.012 3	平稳
SHFURD_1	Intercept	−3.254 894	−2.954 021	0.025 5	平稳

注:本书采用 Cubic-match last 的方法将年度数据转化为月度数据,转换后共 31 个有效数据。

(三) 格兰杰因果关系检验

根据理论模型,公共科技创新投入的增加会促进全社会研发投入的增长,为检验上述判断,对上海市财政科技拨款、研发费加计扣除折算补贴额、高新技术企业减免税分别和上海市全社会研发投入进行 Granger 因果关系检验,检验结果见表 6-3。检验结果表明上海市财政科技拨款与上海市全社会研发投入互为 Granger 因果,上海市研发费加计扣除折算补贴额与上海市全社会研发投入互为 Granger 因果,上海市高新技术企业减免税与上海市全社会研发投入互为 Granger 因果,从而说明上海市公共科技创新投入不同方式的变化将会引起上海市全社会研发投入的变化。

表6-3 变量SHFURD、FISH、SHRDFEEC、SHTAXC格兰杰因果关系检验结果

原假设	F统计量	P值
SHFURD does not Granger Cause FISH	14.141 4	5.E-05
FISH does not Granger Cause SHFURD	68.121 6	7.E-12
SHRDFEEC does not Granger Cause SHFURD	86.459 9	4.E-13
SHFURD does not Granger Cause SHRDFEEC	60.651 8	3.E-11
SHTAXC does not Granger Cause SHFURD	105.748	3.E-14
SHFURD does not Granger Cause SHTAXC	63.715 4	2.E-11

注：根据AIC准则，FISH与SHRDFEEC、SHTAXC、SHFURD的Granger因果检验的滞后期为2。

（四）Johansen协整检验

时间序列SHFURD、FISH、SHRDFEEC、SHTAXC，虽然它们自身的表现为非平稳的，但是其中某种线性组合往往存在均衡关系，即虽然经济变量经常会离开均衡点，但内在的均衡机制将不断地消除偏差以维持这种均衡关系。这个线性组合反映了变量之间的长期稳定的比例关系，称为协整关系。为建立协整关系，本书分别确立了SHFURD与FISH、SHRDFEEC、SHTAXC构成的三个VAR模型，然后在其基础上对其进行Johansen协整检验，检验结果见表6-4、6-5、6-6。

表6-4 变量SHFURD和FISH的Johansen协整检验结果

零假设	特征值	迹统计量	5%的临界值	P值	结果
$r \leqslant 0$	0.912 334	123.433 7	20.261 84	0.000 0	拒绝
$r \leqslant 1$	0.664 607	38.235 88	9.164 546	0.000 0	拒绝

注：根据AIC准则，选择滞后期为2。

表6-5 变量SHFURD和SHRDFEEC的Johansen协整检验结果

零假设	特征值	迹统计量	5%的临界值	P值	结果
$r \leqslant 0$	0.921 795	105.204 3	20.261 84	0.000 0	拒绝
$r \leqslant 1$	0.367 085	16.009 66	9.164 546	0.002 2	拒绝

注：根据AIC准则，选择滞后期为2。

表 6-6　变量 SHFURD 和 SHTAXC 的 Johansen 协整检验结果

零假设	特征值	迹统计量	5%的临界值	P 值	结果
$r \leqslant 0$	0.926 684	100.836 0	20.261 84	0.000 0	拒绝
$r \leqslant 1$	0.235 134	9.381 924	9.164 546	0.045 5	拒绝

注：根据 AIC 准则，选择滞后期为 2。

三个 VAR 模型协整检验结果表明，在 5%的显著性水平上，均存在协整关系，用 VECM 方程中标准化的协整方程可表示为：

vecm：vecm1＝SHFURD－2.697 249×FISH＋12.302 71
　　　　vecm2＝SHFURD－13.846 39×SHRDFEEC－32.025 02
　　　　vecm3＝SHFURD－6.223 471×SHTAXC－431.006 3

将上述三个方程移项得：

$$SHFURD = 2.697\ 249 \times FISH - 12.302\ 71 + vecm1 \quad (6-2)$$

$$SHFURD = 13.846\ 39 \times SHRDFEEC + 32.025\ 02 + vecm2$$
$$(6-3)$$

$$SHFURD = 6.223\ 471 \times SHTAXC + 431.006\ 3 + vecm3 \quad (6-4)$$

上述协整方程反映了上海市全社会研发投入分别与上海市财政科技拨款、研发费加计扣除折算补贴额、高新技术企业减免税之间的某种长期均衡关系。从式(6-2)、(6-3)、(6-4)中可以直观地得出上海市公共科技创新投入的不同方式的上海市全社会研发投入乘数，即从长期来看，上海市财政科技拨款每增加 1 亿元，则上海市全社会研发投入将会增加 2.67 亿元；上海市研发费加计扣除折算补贴额每增加 1 亿元，则上海市全社会研发投入将会增加 13.85 亿元；高新技术企业减免税每增加 1 亿元，则上海市全社会研发投入将会增加 6.22 亿元。

二、对上海市全社会专利产出的影响的计量分析

（一）变量与数据的选择

如前所述，用上海市财政科技拨款、研发费加计扣除折算补贴额、高新技术企业减免税来表征上海市公共科技创新投入的不同方式（为计量分析

方便,分别用代号 FISH、SHRDFEEC、SHTAXC 来表示)。为方便起见不组织复杂的指标体系再表征全社会研发产出,用每一年度的国内专利申请数(用代号 SHPAT 表示)来表征全社会研发产出。利用上海市 2008～2011 年共 4 年的数据来计量分析这三类不同方式与上海市全社会研发投入的相关关系。笔者在做分析时对时间序列样本数据进行了如下处理:第一,为消除物价上涨影响,对所有以人民币为单位的数据以 1990 年为基期以居民消费价格指数进行平减,居民消费价格指数见表 4-1;第二,出于样本数据过少的考虑,把低频的年度数据用频度转换的一般方法转换为高频的季度数据,这样可以在不改变变量之间趋势关系的情况下增加样本容量。所有数据取自《上海市统计年鉴》[1]、《上海市科技统计年鉴》[2]及上海市科学技术委员会内部资料。经平减处理后的数据见表 6-7。

表 6-7 经平减处理后的 SHPAT、FISH、SHRDFEEC、SHTAXC 数据表

年份	上海市财政科技拨款(亿元) FISH	研发费加计扣除折算补贴额(亿元) SHRDFEEC	高新技术企业减免税(亿元) SHTAXC	上海市专利申请量(件) SHPAT
2008	49.80	10.19	14.16	52 835
2009	89.81	11.60	20.17	62 241
2010	81.56	14.19	29.94	71 196
2011	83.68	17.06	35.03	80 215

(二) 单位根检验

本书将采用 VECM 模型考察变量之间的长期均衡和短期动态关系,在构建模型之前首先需对变量进行单位根检验,以确定变量时间序列数据是否平稳,检验结果见表 6-8。可以看出,时间序列 SHPAT、FISH、SHTAXC 的一阶差分时间序列在 5% 的显著性水平上是平稳的,SHRDFEEC 的一阶差分时间序列在 10% 的显著性水平上是平稳的,可以认为变量 SHPAT、FISH、SHRDFEEC、SHTAXC 都是 $I(1)$ 的。

---

[1] 摘自上海市统计局,http://www.stats-sh.gov.cn/. 历年《上海市统计年鉴》。
[2] 摘自上海市科学技术委员会,http://shsts.stcsm.gov.cn. 历年《上海科技统计年鉴》。

表 6-8 变量 SHPAT、FISH、SHRDFEEC、SHTAXC 的平稳性检验结果

变量	检验形式	ADF 检验值	5%的临界值	P 值	结论
FISH	None	0.632 460	−1.951 332	0.847 9	非平稳
SHRDFEEC	None	3.262 566	−1.951 332	0.999 5	非平稳
SHTAXC	None	2.044 242	−1.951 332	0.988 5	非平稳
LSHPAT	None	2.164 547	−1.951 000	0.991 3	非平稳
FISH_1	Intercept	−3.546 888	−2.954 021	0.012 8	平稳
SHRDFEEC_1	Intercept	−2.641 213	−2.951 125	0.094 9	平稳
SHTAXC_1	Intercept	−3.561 634	−2.954 021	0.012 3	平稳
LSHPAT_1	Intercept	−3.483 903	−2.954 021	0.014 9	平稳

（三）格兰杰因果关系检验

根据理论模型，财政公共科技创新投入的增加会促进全社会研发产出的增长，为检验上述判断，对上海市财政科技拨款、研发费加计扣除折算补贴额及高新技术企业减免税分别和上海市全社会研发产出进行 Granger 因果关系检验，检验结果见表 6-9。检验结果表明上海市财政科技拨款与上海市全社会研发产出互为 Granger 因果；上海市研发费加计扣除折算补贴额与上海市全社会研发产出互为 Granger 因果，上海市高新技术企业减免税与上海市全社会研发产出互为 Granger 因果，从而说明上海市公共科技创新投入不同方式的变化将会引起上海市全社会研发产出的变化。

表 6-9 变量 SHPAT、FISH、SHRDFEEC、SHTAXC 的格兰杰因果关系检验结果

原假设	F 统计量	P 值
FISH does not Granger Cause SHPAT	60.209 6	3.E-11
SHPAT does not Granger Cause FISH	11.849 0	0.000 2
SHRDFEEC does not Granger Cause SHPAT	45.558 1	8.E-10
SHPAT does not Granger Cause SHRDFEEC	41.754 4	2.E-09
SHTAXC does not Granger Cause SHPAT	66.945 4	9.E-12
SHPAT does not Granger Cause SHTAXC	78.003 6	1.E-12

注：根据 AIC 准则，两 Granger 因果检验的滞后期都为 2。

(四) Johansen 协整检验

时间序列 SHPAT、FISH、SHRDFEEC、SHTAXC,虽然它们自身的表现为非平稳的,但是其中某种线性组合往往存在均衡关系,即虽然经济变量经常会离开均衡点,但内在的均衡机制将不断地消除偏差以维持这种均衡关系。这个线性组合反映了变量之间的长期稳定的比例关系,称为协整关系。为建立协整关系,本书确立了 SHPAT 分别与 FISH、SHRDFEEC、SHTAXC 构成的三个 VAR 模型,然后在其基础上对其进行 Johansen 协整检验,检验结果见表 6-10、6-11、6-12。

表 6-10 变量 SHPAT 和 FISH 的 Johansen 协整检验结果

零假设	特征值	迹统计量	5%的临界值	P 值	结果
$r \leqslant 0$	0.872 976	72.218 25	15.892 10	0.000 0	拒绝
$r \leqslant 1$	0.274 822	11.246 85	9.164 546	0.019 9	拒绝

注:根据 AIC 准则,选择滞后期为 2。

表 6-11 变量 SHPAT 和 SHRDFEEC 的 Johansen 协整检验结果

零假设	特征值	迹统计量	5%的临界值	P 值	结果
$r \leqslant 0$	0.839 813	90.773 62	20.261 84	0.000 0	拒绝
$r \leqslant 1$	0.533 322	26.674 05	9.164 546	0.000 0	拒绝

注:根据 AIC 准则,选择滞后期为 2。

表 6-12 变量 SHPAT 和 SHTAXC 的 Johansen 协整检验结果

零假设	特征值	迹统计量	5%的临界值	P 值	结果
$r \leqslant 0$	0.934 263	104.515 1	20.261 84	0.000 0	拒绝
$r \leqslant 1$	0.232 071	9.242 021	9.164 546	0.048 3	拒绝

注:根据 AIC 准则,选择滞后期为 2。

三个 VAR 模型协整检验结果表明,在 5% 的显著性水平上,均存在协整关系,用 VECM 方程中标准化的协整方程可表示为:

$$vecm: vecm1 = SHPAT - 868.507\ 4 \times FISH - 1\ 251\ 185$$

$$vecm2 = SHPAT - 3\ 285.812 \times SHRDFEEC + 28\ 286.29$$

$$vecm3 = SHPAT - 1\ 894.959 \times SHTAXC + 199\ 817.5$$

将上述三个方程移项得：

$$SHPAT = 868.507\,4 \times FISH + 1\,251\,185 + vecm1 \quad (6-5)$$

$$SHPAT = 3\,285.812 \times SHRDFEEC - 28\,286.29 + vecm2 \quad (6-6)$$

$$SHPAT = 1\,894.959 \times SHTAXC - 199\,817.5 + vecm3 \quad (6-7)$$

上述协整方程反映了上海市全社会研发产出分别与上海市财政科技拨款、研发费加计扣除折算补贴额、高新技术企业减免税之间的某种长期均衡关系。从式(6-5)、(6-6)、(6-7)中可以直观地得出上海市公共科技创新投入的不同方式的上海市全社会研发产出乘数，即从长期来看，上海市财政科技拨款每增加1亿元，则上海市全社会专利申请量将会增加869件；上海市研发费加计扣除折算补贴额每增加1亿元，则上海市全社会专利申请量将会增加3 286件；高新技术企业减免税每增加1亿元，则上海市全社会专利申请量将会增加1 895件。

三、对上海市高技术产品出口的影响的计量分析

(一) 变量与数据的选择

如前所述，用上海市财政科技拨款、研发费加计扣除折算补贴额、高新技术企业减免税来表征上海市公共科技创新投入的不同方式（为计量分析方便，分别用代号FISH、SHRDFEEC、SHTAXC来表示）。用上海市高技术产品出口额（用代号SHHIEXP表示）来表征高端科技企业外贸状况。利用上海市2008～2011年共4年的数据来计量分析这三种不同方式与上海市高技术产品出口的相关关系。本书在做分析时对时间序列样本数据进行了如下处理：第一，为消除物价上涨影响，对所有以人民币为单位的数据以1990年为基期以居民消费价格指数进行平减，居民消费价格指数见表4-1；第二，为增强数据可比性，把以美元计价的高技术产品出口额先用年度人民币兑美元汇率换算成人民币，人民币兑美元名义汇率见表4-16；再以1990年为基期以居民消费价格指数进行平减；第三，出于样本数据过少的考虑，把低频的年度数据用频度转换的一般方法转换为高频的季度数据，这样可以在不改变变量之间趋势关系的情况下增加样本容量。所有数据取自《上海市统计

年鉴》[①]、《上海市科技统计年鉴》[②]。经平减处理后的数据见表 6-13。

表 6-13　经平减处理后的 SHHIEXP、FISH、SHRDFEEC、SHTAXC 数据表

年份	上海市财政科技拨款(亿元) FISH	研发费加计扣除折算补贴额(亿元) SHRDFEEC	高新技术企业减免税(亿元) SHTAXC	上海市高技术产品出口额(亿元) SHHIEXP
2008	49.80	10.19	14.16	2 051.89
2009	89.81	11.60	20.17	1 812.15
2010	81.56	14.19	29.94	2 248.80
2011	83.68	17.06	35.03	2 253.14

(二) 单位根检验

本书将采用 VECM 模型考察变量之间的长期均衡和短期动态关系，在构建模型之前首先需对变量进行单位根检验，以确定变量时间序列数据是否平稳，检验结果见表 6-14。可以看出，时间序列 SHHIEXP、FISH、SHTAXC 的一阶差分时间序列在 5% 的显著性水平上是平稳的，SHRDFEEC 的一阶差分时间序列在 10% 的显著性水平上是平稳的，可以认为变量 SHHIEXP、FISH、SHRDFEEC、SHTAXC 都是 $I(1)$ 的。

表 6-14　变量 SHHIEXP、FISH、SHRDFEEC、SHTAXC 的平稳性检验结果

变量	检验形式	ADF 检验值	5% 的临界值	P 值	结论
FISH	None	0.632 460	-1.951 332	0.847 9	非平稳
SHRDFEEC	None	3.262 566	-1.951 332	0.999 5	非平稳
SHTAXC	None	2.044 242	-1.951 332	0.988 5	非平稳
SHHIEXP	None	1.213 727	-1.951 332	0.939 2	非平稳
FISH_1	Intercept	-3.546 888	-2.954 021	0.012 8	平稳
SHRDFEEC_1	Intercept	-2.641 213	-2.951 125	0.094 9	平稳
SHTAXC_1	Intercept	-3.561 634	-2.954 021	0.012 3	平稳
SHHIEXP_1	Intercept	-3.758 733	-2.954 021	0.007 6	平稳

[①] 摘自上海市统计局，http://www.stats-sh.gov.cn/.历年《上海市统计年鉴》。
[②] 摘自上海市科学技术委员会，http://shsts.stcsm.gov.cn.历年《上海科技统计年鉴》。

(三) 格兰杰因果关系检验

根据理论模型,公共科技创新投入的增加会促进高技术产品出口的增长,为检验上述判断,对上海市财政科技拨款、研发费加计扣除折算补贴额、高新技术企业减免税分别和上海市高技术产品出口进行 Granger 因果关系检验,检验结果见表 6-15。检验结果表明上海市财政科技拨款与上海市高技术产品出口互为 Granger 因果;上海市研发费加计扣除折算补贴额与高技术产品出口互为 Granger 因果,上海市高新技术企业减免税与上海市高技术产品出口互为 Granger 因果,从而说明上海市公共科技创新投入不同方式的变化将会引起上海市高技术产品出口的变化。

表 6-15 变量 SHHIEXP、FISH、SHRDFEEC、SHTAXC 的格兰杰因果关系检验结果

原假设	F 统计量	P 值
FISH does not Granger Cause SHHIEXP	22.259 0	1.E-06
SHHIEXP does not Granger Cause FISH	23.680 2	7.E-07
SHRDFEEC does not Granger Cause SHHIEXP	18.432 4	6.E-06
SHHIEXP does not Granger Cause SHRDFEEC	60.223 6	3.E-11
SHTAXC does not Granger Cause SHHIEXP	24.517 2	5.E-07
SHHIEXP does not Granger Cause SHTAXC	91.311 8	2.E-13

注:根据 AIC 准则,两 Granger 因果检验的滞后期都为 2。

(四) Johansen 协整检验

时间序列 SHHIEXP、FISH、SHRDFEEC、SHTAXC,虽然它们自身的表现为非平稳的,但是其中某种线性组合往往存在均衡关系,即虽然经济变量经常会离开均衡点,但内在的均衡机制将不断地消除偏差以维持这种均衡关系。这个线性组合反映了变量之间的长期稳定的比例关系,称为协整关系。为建立协整关系,本书分别确立了 SHHIEXP 与 FISH、SHRDFEEC、SHTAXC 构成的三个 VAR 模型,然后在其基础上对其进行 Johansen 协整检验,检验结果见表 6-16、6-17、6-18。

表6-16 变量SHHIEXP和FISH的Johansen协整检验结果

零假设	特征值	迹统计量	5%的临界值	P值	结果
$r \leqslant 0$	0.926 356	127.290 8	20.261 84	0.000 0	拒绝
$r \leqslant 1$	0.642 410	35.992 92	9.164 546	0.000 0	拒绝

注：根据AIC准则，选择滞后期为2。

表6-17 变量SHHIEXP和SHRDFEEC的Johansen协整检验结果

零假设	特征值	迹统计量	5%的临界值	P值	结果
$r \leqslant 0$	0.925 661	105.546 0	20.261 84	0.000 0	拒绝
$r \leqslant 1$	0.340 633	14.576 62	9.164 546	0.004 4	拒绝

注：根据AIC准则，选择滞后期为2。

表6-18 变量SHHIEXP和SHTAXC的Johansen协整检验结果

零假设	特征值	迹统计量	5%的临界值	P值	结果
$r \leqslant 0$	0.924 928	99.207 38	20.261 84	0.000 0	拒绝
$r \leqslant 1$	0.217 441	8.581 488	9.164 546	0.064 4	接受

注：根据AIC准则，选择滞后期为2。

三个VAR模型协整检验结果表明，在5%的显著性水平上，均存在协整关系，用VECM方程中标准化的协整方程可表示为：

$$vecm: vecm1 = SHHIEXP + 8.046\,006 \times FISH - 2\,921.203$$

$$vecm2 = SHHIEXP + 57.553\,01 \times SHRDFEEC - 1\,907.419$$

$$vecm3 = SHHIEXP + 61.097\,78 \times SHTAXC - 6\,463.785$$

将上述三个方程移项得：

$$SHHIEXP = -8.046\,006 \times FISH + 2\,921.203 + vecm1 \quad (6-8)$$

$$SHHIEXP = -57.553\,01 \times SHRDFEEC + 1\,907.419 + vecm2 \quad (6-9)$$

$$SHHIEXP = -61.097\,78 \times SHTAXC + 6\,463.785 + vecm3 \quad (6-10)$$

上述协整方程反映了上海市高技术产品出口分别与上海市财政科技拨款、研发费加计扣除折算补贴额、高新技术企业减免税之间的某种长期均衡关系。从式(6-8)、(6-9)、(6-10)中可以直观地得出上海市公共科技创新投入的不同方式的上海市高技术产品出口乘数,即从长期来看,上海市财政科技拨款每增加1亿元,则上海市高技术产品出口将会变动8.05亿元;上海市研发费加计扣除折算补贴额每增加1亿元,则上海市高技术产品出口将会变动57.55亿元;高新技术企业减免税每增加1亿元,则上海市高技术产品出口将会变动61.10亿元。

四、对上海市出口贸易的影响的计量分析

上海市是中国改革开放的排头兵,上海是我国最大最繁忙的口岸,上海市的出口贸易长期以来在我国占据举足轻重的地位,无论是一般贸易、加工贸易还是转口贸易都发展良好。当然,这种贸易条件和贸易基础也和科技创新密不可分,所以,在此也对公共科技创新投入的不同方式与上海市出口贸易发展做一个计量分析,考察其相关关系。

(一) 变量与数据的选择

如前所述,用上海市财政科技拨款、研发费加计扣除折算补贴额、高新技术企业减免税(为计量分析方便,分别用代号 FISH、SHRDFEEC、SHTAXC 来表示)表征上海市公共科技创新投入的不同方式。用上海市货物出口额(用代号 SHEXP 表示)来表征上海市出口贸易状况。利用上海市 2008~2011 年共 4 年的数据来计量分析这三种不同方式与上海市货物出口的相关关系。本书在做分析时对时间序列样本数据进行了如下处理:第一,为消除物价上涨影响,对所有以人民币为单位的数据以 1990 年为基期以居民消费价格指数进行平减,居民消费价格指数见表 4-1;第二,为增强数据可比性,把以美元计价的高技术产品出口额先用年度人民币兑美元汇率换算成人民币,人民币兑美元名义汇率见表 4-16;再以 1990 年为基期以居民消费价格指数进行平减;第三,出于样本数据过少的考虑,把低频的年度数据用频度转换的一般方法转换为高频的月度数据,这样可以在不改变变量之间趋势关系的情况下增加样本容量。所有数据取自《上海市统计年鉴》[①]、《上海市科技统计年鉴》[②]及上

---

① 摘自上海市统计局,http://www.stats-sh.gov.cn/.历年《上海市统计年鉴》。
② 摘自上海市科学技术委员会,http://shsts.stcsm.gov.cn.历年《上海科技统计年鉴》。

海市科学技术委员会内部资料。经平减处理后的数据见表6-19。

表6-19 经平减处理后的 SHEXP、FISH、SHRDFEEC、SHTAXC 数据表

年份	上海市财政科技拨款（亿元）FISH	研发费加计扣除折算补贴额（亿元）SHRDFEEC	高新技术企业减免税（亿元）SHTAXC	上海市货物出口额（亿元）SHEXP
2008	49.80	10.19	14.16	4 873.05
2009	89.81	11.60	20.17	4 042.54
2010	81.56	14.19	29.94	4 833.47
2011	83.68	17.06	35.03	5 062.86

（二）单位根检验

本书将采用 VECM 模型考察变量之间的长期均衡和短期动态关系，在构建模型之前首先需对变量进行单位根检验，以确定变量时间序列数据是否平稳，检验结果见表 6-20。可以看出，时间序列 SHEXP、FISH、SHTAXC 的一阶差分时间序列在 5% 的显著性水平上是平稳的，SHRDFEEC 的一阶差分时间序列在 10% 的显著性水平上是平稳的，可以认为变量 SHEXP、FISH、SHRDFEEC、SHTAXC 都是 $I(1)$ 的。

表6-20 变量 SHEXP、FISH、SHRDFEEC、SHTAXC 的平稳性检验结果

变量	检验形式	ADF 检验值	5%的临界值	P 值	结论
FISH	None	0.632 460	-1.951 332	0.847 9	非平稳
SHRDFEEC	None	3.262 566	-1.951 332	0.999 5	非平稳
SHTAXC	None	2.044 242	-1.951 332	0.988 5	非平稳
SHEXP	None	1.148 629	-1.951 332	0.931 9	非平稳
FISH_1	Intercept	-3.546 888	-2.954 021	0.012 8	平稳
SHRDFEEC_1	Intercept	-2.641 213	-2.951 125	0.094 9	平稳
SHTAXC_1	Intercept	-3.561 634	-2.954 021	0.012 3	平稳
SHEXP_1	Intercept	-3.648 017	-2.954 021	0.010 0	平稳

（三）格兰杰因果关系检验

根据理论模型，公共科技创新投入的增加会促进出口贸易的发展，为检验

上述判断,对上海市财政科技拨款、研发费加计扣除折算补贴额、高新技术企业减免税分别和上海市货物出口进行 Granger 因果关系检验,检验结果见表 6-21。检验结果表明上海市财政科技拨款与上海市货物出口互为 Granger 因果;上海市研发费加计扣除折算补贴额与货物出口互为 Granger 因果,上海市高新技术企业减免税与上海市货物出口互为 Granger 因果,从而说明上海市公共科技创新投入不同方式的变化将会引起上海市出口贸易量的变化。

表 6-21 变量 SHEXP、FISH、SHRDFEEC、SHTAXC 的格兰杰因果关系检验结果

原假设	F 统计量	P 值
FISH does not Granger Cause SHEXP	17.526 4	9.E-06
SHEXP does not Granger Cause FISH	23.019 3	9.E-07
SHRDFEEC does not Granger Cause LSHEXP	11.311 3	0.000 2
SHEXP does not Granger Cause SHRDFEEC	57.773 8	5.E-11
SHTAXC does not Granger Cause LSHEXP	17.822 8	8.E-06
SHEXP does not Granger Cause SHTAXC	68.180 6	7.E-12

注:根据 AIC 准则,两 Granger 因果检验的滞后期都为 2。

(四) Johansen 协整检验

时间序列 SHEXP、FISH、SHRDFEEC、SHTAXC,虽然它们自身的表现为非平稳的,但是其中某种线性组合往往存在均衡关系,即虽然经济变量经常会离开均衡点,但内在的均衡机制将不断地消除偏差以维持这种均衡关系。这个线性组合反映了变量之间的长期稳定的比例关系,称为协整关系。为建立协整关系,本书分别确立了 SHEXP 与 FISH、SHRDFEEC、SHTAXC 构成的三个 VAR 模型,然后在其基础上对其进行 Johansen 协整检验,检验结果见表 6-22、6-23、6-24。

表 6-22 变量 SHEXP 和 FISH 的 Johansen 协整检验结果

零假设	特征值	迹统计量	5%的临界值	P 值	结果
$r \leqslant 0$	0.886 915	83.699 10	20.261 84	0.000 0	拒绝
$r \leqslant 1$	0.190 861	7.412 480	9.164 546	0.106 3	接受

注:根据 AIC 准则,选择滞后期为 2。

表 6-23 变量 SHEXP 和 SHRDFEEC 的 Johansen 协整检验结果

零假设	特征值	迹统计量	5%的临界值	P 值	结果
$r \leq 0$	0.905 773	102.657 2	20.261 84	0.000 0	拒绝
$r \leq 1$	0.435 048	19.985 48	9.164 546	0.000 3	拒绝

注：根据 AIC 准则，选择滞后期为 2。

表 6-24 变量 SHEXP 和 SHTAXC 的 Johansen 协整检验结果

零假设	特征值	迹统计量	5%的临界值	P 值	结果
$r \leq 0$	0.887 821	84.469 11	20.261 84	0.000 0	拒绝
$r \leq 1$	0.202 077	7.901 016	9.164 546	0.086 4	接受

注：根据 AIC 准则，选择滞后期为 2。

三个 VAR 模型协整检验结果表明，在 5%的显著性水平上，均存在协整关系，用 VECM 方程中标准化的协整方程可表示为：

$$vecm: vecm1 = SHEXP + 21.540\ 39 \times FISH - 7\ 440.542$$
$$vecm2 = SHEXP + 12.023\ 57 \times SHRDFEEC - 3\ 904.994$$
$$vecm3 = SHEXP + 162.746\ 9 \times SHTAXC - 12\ 875.91$$

将上述三个方程移项得：

$$SHEXP = -21.540\ 39 \times FISH + 7\ 440.542 + vecm1 \quad (6-11)$$
$$SHEXP = -12.023\ 57 \times SHRDFEEC + 3\ 904.994 + vecm2 \quad (6-12)$$
$$SHEXP = -162.746\ 9 \times SHTAXC + 12\ 875.91 + vecm3 \quad (6-13)$$

上述协整方程反映了上海市货物出口分别与上海市财政科技拨款、研发费加计扣除折算补贴额、高新技术企业减免税之间的某种长期均衡关系。从式(6-11)、(6-12)、(6-13)中可以直观地得出上海市公共科技创新投入的不同方式的上海市出口贸易乘数，即从长期来看，上海市财政科技拨款每增加 1 亿元，则上海市货物出口将会变动 21.54 亿元；上海市研发费加计扣除折算补贴额每增加 1 亿元，则上海市货物出口将会变动 12.02 亿元；高新技术企业减免税每增加 1 亿元，则上海市货物出口将会变动 162.75 亿元。

五、对上海市经济增长的影响的计量分析

上海市的出口贸易长期以来为上海市的经济增长做出了重大贡献，公

共科技创新投入促进上海市出口贸易增长最终也表现为促进上海市经济增长。所以,为了反映这种从投入到最终产出的最终效果,证明本书分析的公共科技创新投入作用机理的合理性,证实公共科技创新投入经济增长乘数的存在,在这一部分,计量分析公共科技创新投入的不同方式对上海市经济增长的影响。

(一) 变量与数据的选择

如前所述,用上海市财政科技拨款、研发费加计扣除折算补贴额、高新技术企业减免税来表征上海市公共科技创新投入的不同方式(为计量分析方便,分别用代号 FISH、SHRDFEEC、SHTAXC 来表示)。用地区生产总值(用代号 SHGDP 表示)来表征上海市经济运行状况。利用上海市2008~2011年共4年的数据来计量分析这三类不同方式与上海市经济增长的相关关系。本书在做分析时对时间序列样本数据进行了如下处理:第一,为消除物价上涨影响,对所有以人民币为单位的数据以1990年为基期以居民消费价格指数进行平减,居民消费价格指数见表4-1;第二,出于样本数据过少的考虑,把低频的年度数据用频度转换的一般方法转换为高频的季度数据,这样可以在不改变变量之间趋势关系的情况下增加样本容量。所有数据取自《上海市统计年鉴》[①]、《上海市科技统计年鉴》[②]及上海市科学技术委员会内部资料。经平减处理后的数据见表6-25。

表6-25 经平减处理后的 SHGDP、FISH、SHRDFEEC、SHTAXC 数据表

年份	上海市财政科技拨款(亿元) FISH	研发费加计扣除折算补贴额(亿元) SHRDFEEC	高新技术企业减免税(亿元) SHTAXC	上海市生产总值(亿元) SHGDP
2008	49.80	10.19	14.16	5 826.18
2009	89.81	11.60	20.17	6 274.49
2010	81.56	14.19	29.94	6 929.67
2011	83.68	17.06	35.03	7 352.03

---

① 摘自上海市统计局,http://www.stats-sh.gov.cn/.历年《上海市统计年鉴》。
② 摘自上海市科学技术委员会,http://shsts.stcsm.gov.cn.历年《上海科技统计年鉴》。

（二）单位根检验

本书将采用 VECM 模型考察变量之间的长期均衡和短期动态关系，在构建模型之前首先需对变量进行单位根检验，以确定变量时间序列数据是否平稳，检验结果见表 6-26。可以看出，时间序列 SHGDP、FISH、SHTAXC 的一阶差分时间序列在 5% 的显著性水平上是平稳的，SHRDFEEC 的一阶差分时间序列在 10% 的显著性水平上是平稳的，可以认为变量 SHGDP、FISH、SHRDFEEC、SHTAXC 都是 $I(1)$ 的。

表 6-26　变量 SHGDP、FISH、SHRDFEEC、SHTAXC 的平稳性检验结果

变量	检验形式	ADF 检验值	5%的临界值	P 值	结论
FISH	None	0.632 460	-1.951 332	0.847 9	非平稳
SHRDFEEC	None	3.262 566	-1.951 332	0.999 5	非平稳
SHTAXC	None	2.044 242	-1.951 332	0.988 5	非平稳
SHGDP	None	3.082 845	-1.951 332	0.999 1	非平稳
FISH_1	Intercept	-3.546 888	-2.954 021	0.012 8	平稳
SHRDFEEC_1	Intercept	-2.641 213	-2.951 125	0.094 9	平稳
SHTAXC_1	Intercept	-3.561 634	-2.954 021	0.012 3	平稳
LSHGDP_1	Intercept	-3.620 854	-2.954 021	0.010 7	平稳

（三）格兰杰因果关系检验

根据理论模型，财政公共科技创新投入的增加会促进经济增长，为检验上述判断，对上海市财政科技拨款、研发费加计扣除折算补贴额、高新技术企业减免税分别和上海市地区增加值进行 Granger 因果关系检验，检验结果见表 6-27。检验结果表明上海市财政科技拨款与上海市地区增加值互为 Granger 因果；上海市研发费加计扣除折算补贴额与地区增加值互为 Granger 因果，上海市高新技术企业减免税与上海市地区增加值互为 Granger 因果，从而说明上海市公共科技创新投入不同方式的变化将会引起上海市地区增加值的变化。

表 6-27　变量 SHGDP、FISH、SHRDFEEC、SHTAXC 的格兰杰因果关系检验结果

原假设	F 统计量	P 值
FISH does not Granger Cause SHGDP	50.758 3	2.E-10
SHGDP does not Granger Cause FISH	17.718 6	8.E-06
SHRDFEEC does not Granger Cause SHGDP	16.276 3	2.E-05
SHGDP does not Granger Cause SHRDFEEC	15.077 2	3.E-05
SHTAXC does not Granger Cause SHGDP	62.588 6	2.E-11
SHGDP does not Granger Cause SHTAXC	60.072 3	3.E-11

注：根据 AIC 准则，两 Granger 因果检验的滞后期都为 2。

（四）Johansen 协整检验

时间序列 SHGDP、FISH、SHRDFEEC、SHTAXC，虽然它们自身的表现为非平稳的，但是其中某种线性组合往往存在均衡关系，即虽然经济变量经常会离开均衡点，但内在的均衡机制将不断地消除偏差以维持这种均衡关系。这个线性组合反映了变量之间的长期稳定的比例关系，称为协整关系。为建立协整关系，本书分别确立了 SHGDP 与 FISH、SHRDFEEC、SHTAXC 构成的三个 VAR 模型，然后在其基础上对其进行 Johansen 协整检验，检验结果见表 6-28、6-29、6-30。

表 6-28　变量 SHGDP 和 FISH 的 Johansen 协整检验结果

零假设	特征值	迹统计量	5%的临界值	P 值	结果
$r \leqslant 0$	0.870 522	71.548 66	15.892 10	0.000 0	拒绝
$r \leqslant 1$	0.077 024	2.805 337	9.164 546	0.617 7	接受

注：根据 AIC 准则，选择滞后期为 2。

表 6-29　变量 SHGDP 和 SHRDFEEC 的 Johansen 协整检验结果

零假设	特征值	迹统计量	5%的临界值	P 值	结果
$r \leqslant 0$	0.746 169	64.010 54	20.261 84	0.000 0	拒绝
$r \leqslant 1$	0.367 318	16.022 58	9.164 546	0.002 2	拒绝

注：根据 AIC 准则，选择滞后期为 2。

表 6-30 变量 SHGDP 和 SHTAXC 的 Johansen 协整检验结果

零假设	特征值	迹统计量	5%的临界值	P值	结果
$r \leqslant 0$	0.923 675	99.449 04	20.261 84	0.000 0	拒绝
$r \leqslant 1$	0.235 591	9.402 843	9.164 546	0.045 1	拒绝

注：根据 AIC 准则，选择滞后期为 2。

三个 VAR 模型协整检验结果表明，在 5%的显著性水平上，均存在协整关系，用 VECM 方程中标准化的协整方程可表示为：

vecm：vecm1＝SHGDP－14.417 60×FISH－7 346.412

vecm2＝SHGDP－244.822 0×SHRDFEEC－3 326.680

vecm3＝SHGDP－80.369 02×SHTAXC－5 472.452

将上述三个方程移项得：

SHGDP＝14.417 60×FISH＋7 346.412＋vecm1　　（6-14）

SHGDP＝244.822 0×SHRDFEEC＋3 326.680＋vecm2

（6-15）

SHGDP＝80.369 02×SHTAXC＋5 472.452＋vecm3　（6-16）

上述协整方程反映了上海市地区增加值分别与上海市财政科技拨款、研发费加计扣除折算补贴额、高新技术企业减免税之间的某种长期均衡关系。从式（6-14）、（6-15）、（6-16）中可以直观地得出上海市公共科技创新投入的不同方式的上海市经济增长乘数，即从长期来看，上海市财政科技拨款每增加 1 亿元，则上海市地区增加值将会增加 14.42 亿元；上海市研发费加计扣除折算补贴额每增加 1 亿元，则上海市地区增加值将会增加 244.82 亿元；高新技术企业减免税每增加 1 亿元，则上海市地区增加值将会增加 80.37 亿元。

第三节　本章计量分析结论

一、综合分析公共科技创新的不同方式对投入产出的乘数作用

综合上一节中计量分析的上海市公共科技创新投入的不同方式即上海

市财政科技拨款、研发费加计扣除折算补贴额、高新技术企业减免税等对上海市全社会研发投入、对全社会专利产出、高技术产品出口、出口贸易和经济增长的影响,将三个不同来源对全社会研发投入、对全社会专利产出、高技术产品出口、出口贸易和经济增长的影响乘数列表比对,见表 6-31。

表 6-31 上海市公共科技创新投入不同方式对部分投入产出的影响乘数表

不同投向\产出	全社会研发投入	全社会专利产出	高技术产品出口	出口贸易	经济增长
上海市财政科技拨款	2.70	868	8.04	21.54	14.42
研发费加计扣除折算补贴额	13.85	3 285	57.55	12.02	244.82
高新技术企业减免税	6.22	1 895	61.10	162.74	80.37

上海市财政科技拨款对上海市货物出口的影响乘数最大,对经济增长的影响次之,对高技术产品出口的影响乘数再小一些,对全社会研发投入的影响乘数最小;上海市研发费加计扣除折算补贴额对经济增长的影响乘数最大,对高技术产品出口的影响乘数次之,对出口贸易和全社会研发投入的影响乘数相近;高新技术企业减免税对出口贸易的影响乘数最大,对经济增长的影响乘数次之,对高技术产品出口的影响乘数略小于对经济增长的影响乘数,对全社会研发投入的影响小一些。换个角度看,全社会研发投入受到上海市研发费加计扣除折算补贴额的乘数影响最大,是高新技术企业减免额的影响乘数的 2 倍,是上海市财政科技拨款的影响乘数的 4 倍;上海市全社会研发投入受到上海市研发费加计扣除折算补贴额的乘数影响最大,是高新技术企业减免额的影响乘数的 2 倍,是上海市财政科技拨款的影响乘数的 4 倍;上海市高技术产品出口受上海市研发费加计扣除折算补贴额的乘数影响和高新技术企业减免税额影响相近,都是上海市财政科技拨款的 6~8 倍;上海市货物出口受到上海市高新技术企业减免税的影响乘数最大,是上海市财政科技拨款影响乘数的 8 倍,是研发费加计扣除折算补贴额影响乘数的 13 倍;上海市经济增长受上海市研发费加计扣除折算补贴额的影响乘数最大,是高新技术企业减免税额影响乘数的 3 倍,是上海市财政科技拨款影响乘数的约 14 倍。由于本章的协整检验未对数据做对数化处理,

所以得到的结果更加直观,可以非常清晰地看到这几项上海市公共科技创新投入的各项乘数从全社会研发投入—高技术产品出口—货物出口—经济增长的逐级放大的过程,从而证明了本书第三章所做的公共科技创新投入促进出口贸易和经济增长的作用机制模型的合理性。

二、综合分析结论

结论六:上海市公共科技创新投入不同方式对全社会科技创新的投入有激励引导作用,对科技创新的产出特别是经济增长有明显乘数作用,但具体的不同乘数有很大差别,说明对经济增长影响效应不同。

结论七:上海市公共科技创新投入不同方式中研发费加计扣除折算补贴额和高新技术企业减免税对各项科技创新投入和产出的乘数作用都明显大于财政科技投入的影响乘数。高新技术企业减免税比研发费加计扣除折算补贴额的影响作用大一些。

结论八:上海市公共科技创新投入不同方式的影响乘数具有从全社会研发投入—高技术产品出口—货物出口—经济增长逐级放大的特点。

本章计量分析给我们的启示是:

第一,应逐步增加上海市公共科技创新投入的总量,无论是直接投入还是间接投入的量,充分发挥公共科技创新投入对全社会科技创新投入的激励引导作用,以及对科技创新的产出特别是经济增长的乘数作用,以公共科技创新投入推动我国经济增长。

第二,应根据上海市公共科技创新投入中不同方式的实际效果逐步调整优化公共创新投入的不同方式的结构,适当调高乘数作用较大的间接投入特别是高新技术企业减免税和研发费加计扣除的数量和比例,适当调低财政直接拨款资助企业研发的数量和比例,从而达到进一步发挥我国公共科技创新投入对科技创新产出特别是经济增长的乘数作用,以公共科技创新投入推动我国经济增长。

第三部分

比较

第七章　部分发达国家以公共科技创新投入促进经济增长的启示

过去几十年中,全世界范围内涌现出一大批以美国为典型的依靠科技创新获得国际贸易与经济社会快速发展,如今已经跨入创新驱动发展阶段的国家。当前,科技创新越来越受到各国政府的重视,世界各国都在制定与实行鼓励科技创新的政策。本章通过分析美国、日本以及韩国加大公共科技创新投入并依靠科技创新促进经济增长的典型案例,以及部分发达国家科技创新的新趋势,以期对我国未来的科技创新实践有所启发。

第一节　美国以公共科技创新投入促进经济增长的历程及经验

美国是当代举世公认的最富有科技创新活力和实力的国家。2002~2009年,美国科研论文产出总量占全球比重达到31.72%,2011年全球高质量科研论文中,美国所占比重超过50%。截至2013年,已有298名美国人获得自然科学领域诺贝尔奖,超过获奖总数的40%。美国的全社会研发投入水平及投入强度近几十年来一直是世界领先水平的,2009年美国国内研发经费总额为4 016亿美元,占经济合作与发展组织国家总量的41.42%[1]。二战以来,美国顺应科学技术集群化发展的新趋势,根据各个阶段国际政治经济格局的变化趋势,制定并实施了一系列卓有成效的科技创新政策,联邦政府不断加大公共科技创新投入,努力以科技创新维持超一流的技术先进水平。美国二战以来的科技创新发展历程总体来说分为四个阶段。

第一阶段:20世纪50年代到60年代,冷战前半期,大规模增加公共科

---

[1] 白春礼.世界主要国立科研机构概况[M].北京:科学出版社,2013:26-28.

技创新投入。二战以后,由于美苏两个超级大国开展军备竞赛,美国政府在科技创新活动尤其是国防科技创新的发展中积极发挥推动作用,持续大规模进行军事工业联合体投资,相继建立一大批国家重点实验室,从而在当时形成了全球唯一的以军事科学技术发展为核心目标的科技创新格局,同时也初步确立了以公共科技创新资金支持基础研究的比较完善的体系。这一阶段,美国政府持续大规模增加公共科技创新投入。1947年美国联邦政府投入5亿美元的财政资金资助研发活动,占全社会研发投入的24%;到1961年联邦政府投入公共研发资金增加到92亿美元,占全社会研发投入的63%。同时政府公共研发资金投入强度也大幅度提升,从1953年占美国财政支出的1.36%上升到1964年的占美国财政支出的2.87%。这一时期美国科技战略的重点是国防和空间领域,国防研发开支占美国联邦政府研发经费的80%~90%。这种强大的科技创新投入为以后的经济发展奠定了技术储备(如民用航空、新材料、计算机、通信等),也为日后转向民用和参与国际竞争打下了坚实基础。1960年美国GDP为5 205亿美元,至1970年美国GDP增长到10 248亿美元[1]。1970年美国货物出口额为427亿美元[2]。

第二阶段:20世纪70年代到80年代,冷战后半期,科技创新投入从政府主导型逐步过渡到政府与企业双主导型。随着冷战格局的逐步改变,美国的全球霸主地位逐步得到确立,同时开始面对日本、德国等国的强大竞争压力,美国政府的科技创新战略从前一阶段的以军事技术为主并直接参与研发活动逐渐转变为以战略性高新技术为主并鼓励引导企业积极参与研发活动。美国联邦政府着力于营造一个有利于民间企业开展科技创新的整体环境,开创出一个从"总量支持"科技创新升级到"边际支持"科技创新的时代。在20世纪60年代末期到70年代初期的几年,受经济危机影响,美国财政紧张局面迫使政府大幅度削减公共科技创新投入,企业也因经营绩效不理想和政府削减资助而削减自身科技创新投入,因此这一阶段的前半期美国研发投入强度逐渐下降,从1964年的最高点2.87%下降到1978年的2.12%。后来随着经济复苏,70年代后半期公共科技创新投入强度逐步回

---

[1] 世界银行WDI数据.摘自维基百科 http://zh.wikipedia.org/wiki。
[2] 摘自中国统计网:http://www.stats.gov.cn/tjsj/qtsj/gjsj/1995/t20020322_402279712.htm

升,1985年回升到2.72%,此后长期保持在这一水平上下,相对稳定。这一阶段,美国公共科技创新投入与社会科技创新资源配置政策发生深刻变化,通过对二战以后尤其是冷战时期的公共科技创新投入政策的反省和总结,美国开始把科技创新作为国家战略,并着力以科技创新来引领产业结构的转型升级和经济增长方式转变,从而逐步形成了更贴近时代特征、前瞻性更强的科技创新政策[1]。尤其是1980年颁布的《拜杜法案》从根本上改变了政府资助形成的知识产权的权属关系,把这类成果的权利从政府转移到与政府有合同或授权关系的高等院校或研究机构,促进了科技创新成果的技术转移和产业化,对美国产业国际竞争力的提升影响巨大[2]。1980年,美国货物出口额达到2 255亿美元,GDP为27 675亿美元。1990年,美国货物出口额达到3 936亿美元,GDP增长到57 548亿美元。

第三阶段:20世纪90年代至2008年,美国国家战略的重心更进一步转向经济领域,更加重视以科技创新增强国家竞争力,继续扩大对科技创新活动的支持。1990年,老布什政府颁布了《美国技术政策》,首次把支持工业研究开发纳入国家技术政策。克林顿上台后进一步调整美国科技创新投入的军民比例,加强民用科技特别是民用高科技的开发,实施多项重大科技计划,无论在科学政策还是技术政策上都将私营部门地位提升到突出位置,为其科技活动提供了良好的环境[3]。"9·11"事件后,小布什政府继续大力支持信息、生物和纳米技术研究计划,在能源和环境等优先领域也制订了一些新的计划,2006年还提出促进美国科技长远发展的"美国竞争力计划"。由于受到国际金融危机的影响,美国财政收入时有波动,研发投入强度出现了一些波动,但基本在2.4%~2.75%内维持相对稳定的增长。但是,反恐和国防成为一些新政策的核心,造成美国联邦政府科技预算一定程度上的失衡。另外,面对科学技术对人类经济社会影响的不确定性,美国也制定了一些相对保守的政策,对胚胎干细胞等研究领域加以干涉和限制,引起了科

---

[1] 赵立雨.我国R&D投入绩效评价与目标强度研究[D].西安:西北大学博士论文,2010:109-112.

[2] 彭学龙,赵小东.政府资助研发成果商业化——美国《拜杜法案》对我国的启示[J].电子知识产权,2005,(7):42-45.

[3] 徐峰.美国科技管理体制的形成与发展研究[J].科技管理研究,2005,(6):13-16.

学界一定的争议①。这一阶段,除了以公共科技创新资金直接资助科技创新活动外,美国还同时制定鼓励企业开展科技创新活动的财税优惠政策,激励企业加大科技创新投入力度,美国的全社会研发投入结构进一步改变,逐渐转变为企业主导型的科技创新投入来源结构。这一阶段,在制定科技创新战略上,美国非常重视科技、经济与社会的长远和协调发展,在加强基础研究、科普教育与提高教育水平的同时,非常注重重大科技成果和尖端技术的产业化和商品化,不断出台新的政策突破传统的科技创新投入与资源配置思路,如改变反对企业联合的反托拉斯政策,重视政府与企业的合作等,事实证明这种突破通常很有成效。1999 年,美国货物出口额为 7 021 亿美元,GDP 为 93 010 亿美元。2008 年,美国货物出口额为 12 874 亿美元,GDP 增长到 142 193 亿美元。

第四阶段:2009 年至今,进一步强化科学技术的重要地位,强调科技创新为经济发展和社会变革提供重要手段,进一步加强科学决策,完善科技管理体制,加大公共科技创新投入。奥巴马上台后,强调要恢复科学应有的地位,政府要在科技创新进程中积极作为,承诺增加联邦政府的公共科技创新投入,重视培养美国下一代科技创新人才。奥巴马政府增设了美国第一个国家级首席技术官职位,以增加跨部门的科技创新合作,并任命著名科学家担任联邦政府重要科技创新管理职位。2011 年 2 月,发布《美国创新战略:保障经济增长与繁荣》,集中梳理了奥巴马政府支持科技创新的最新执政理念,凸显出其逐层递进的三大战略重点,即夯实科技创新基础、培育市场环境和突破关键领域,并提出了无线网络、专利审批改革、教育改革、清洁能源和创业美国等五大行动计划②。2009 年,美国的研发投入强度提高到 2.90%,为历史新高。同时,美国联邦政府的主要工作进一步转变为战略研究和政策调整,根据全球经济、科技发展格局发生的重大变化,不断调整和完善科技创新投入与资源配置政策,着眼于预见并发展全球领先的高新技术,并努力促进科技创新投入的国际化。2012 年,美国出口达到 15 465 亿美元,GDP 增长到 15 684 亿美元。

美国是当今世界军事、科技、经济最发达的国家,我国在科技创新投入

---

① 张华胜,彭春燕,成微.美国政府科技政策及其对经济影响[J].中国科技论坛,2009,(3):6-15,20.

② 白春礼.世界主要国力科研机构概况[M].北京:科学出版社,2013:30-31.

方面与其差距较大,现将中美两国近年来全社会研发投入情况和研发投入强度列表比较如下:

表7-1 中国与美国全社会研发投入量及投入强度情况比较表(1994~2011年)

年度	全社会研发投入		R&D/GDP	
	中国（10亿元人民币）	美国（10亿美元）	中国	美国
1994	30.63	169.61	0.64%	2.42%
1995	34.87	184.08	0.57%	2.51%
1996	40.45	197.79	0.57%	2.55%
1997	50.92	212.71	0.64%	2.58%
1998	55.11	228.11	0.65%	2.62%
1999	67.89	245.48	0.76%	2.66%
2000	89.57	267.77	0.90%	2.74%
2001	104.25	278.23	0.95%	2.76%
2002	128.76	277.05	1.07%	2.66%
2003	153.96	289.72	1.13%	2.66%
2004	196.63	301.02	1.23%	2.59%
2005	245.00	324.46	1.34%	2.62%
2006	300.31	343.75	1.39%	2.66%
2007	371.02	368.80	1.40%	2.68%
2008	461.60	398.19	1.47%	2.79%
2009	580.21	401.63	1.70%	2.90%
2010	706.26	408.8	1.76%	2.83%
2011	868.72	415.2	1.84%	2.77%

数据来源:《中国科技统计年鉴,2011,2013》以及《中国科技统计公报,2010,2011》[1]。

总的来看,美国的公共科技创新投入有如下三个特点:

一是持续加大对基础研究的投入已成为美国国家公共科技创新投入政策的战略投资重点。美国的基础研究投入占公共科技创新投入预算的比重长期保持在20%左右。2009年,美国基础研究投入的预算总额为293.19

---

[1] 科技统计数据[R]. 中国国家统计局:http://www.stats.gov.cn/tjsj/qtsj/zgkjtjnj/

亿美元,比上年增长3%。2001~2009年基础研究预算增长了37%,年均增长速度为8%,具体情况见表7-2。尤其是2006年提出"美国竞争力计划"后,进一步确立基础研究投入在美国国家科技创新战略投资中的重要地位,增长速度大幅提高。

表7-2　2001~2009年度美国公共研发预算分类及增长情况(单位:亿美元)

年度	2001	2005	2008	2009	2004~2009增加额	2004~2009增长率	2001~2009增加额	2001~2009增长率
基础研究	213.30	268.47	284.72	293.19	24.72	9%	79.89	37%
应用研究	219.60	284.94	281.12	270.87	-14.07	-5%	51.27	23%
试验发展	432.30	717.29	824.32	840.13	122.84	36%	407.83	94%
合计	865.20	1 270.70	1 390.16	1 404.19	133.49	11%	535.99	59%

资料来源:根据美国OSTP发布的2004~2009年美国政府年度预研发预算数据整理。

二是公共科技创新资金主要投入在国防科技、生命科学、网络信息、能源科学等公共领域。美国政府始终将推动科技创新为国家利益服务视为己任,充分利用市场机制引导私人资本参与科技创新活动,推动科技产业化,避免直接介入市场充分竞争类的技术以及产品的研发和成果应用[①]。从2009年研发预算中可以看出(如表7-3所示),美国国防部、国土安全部、能源部、卫生和健康服务部是受益比较大的部门。

表7-3　2001~2009年度美国公共研发预算分配情况(亿美元)

年度	2001	2005	2008	2009	2009年占比
国防	422.35	698.56	801.92	804.94	55%
卫生健康	210.37	293.81	294.75	294.80	20%
航空航天	96.75	113.08	104.36	107.37	7%
能源	77.72	88.93	97.39	105.58	7%
NSF	33.63	42.52	45.00	52.01	4%
国土安全	N/A	12.16	11.43	32.87	2%

---

① 梁伟.美国科技创新体系中的政府作用[J].全球科技经济瞭望,2008,23(3):20-25.

(续表)

年度	2001	2005	2008	2009	2009年占比
农业	21.82	21.05	23.09	19.52	1%
商务	10.54	10.75	11.13	11.57	1%
交通	7.92	7.72	8.23	9.01	1%
退伍军人	7.48	7.49	9.60	8.84	1%
内务	6.22	6.48	6.76	6.17	0.4%
环保	5.98	5.77	5.57	5.50	0.4%
其他	11.86	10.34	11.40	11.45	1%
总计	912.64	1 318.66	1 430.63	1 469.63	100%

资料来源：根据美国OSTP发布的2004～2009年美国政府年度研发预算数据整理。

三是以税式支出的间接投入方式引导非政府研发机构和企业积极进行科技创新投资。为了鼓励私人部门加大投入，美国利用《国内税收法》中的刺激因素给予科技创新投资减免税等用以鼓励私人部门对科技创新活动进行投资[1]。

第二节　日本以公共科技创新投入促进经济增长的历程及经验

二战以来，日本经济取得了举世瞩目的高速、持续、比较稳定的发展。日本已经成为当代世界科技强国之一，在医疗级诊断仪器设备、高性能计算机、半导体、高密度数据储存、新材料、超导、数字图像技术和光电子技术等领域具有较强的优势。截至2013年，先后有20名日本人获得诺贝尔奖[2]。许多研究发现，日本高速发展的一个重要原因是日本政府根据不同时期的特点采取不同的科技创新战略和公共科技创新投入政策。日本政府采用的科技创新政策具有一个明显特征，就是积极利用国际技术扩散的好处，在模

---

[1] 赵立雨. 我国R&D投入绩效评价与目标强度研究[D]. 西安：西北大学博士论文，2010：109-112.

[2] 白春礼. 世界主要国力科研机构概况[M]. 北京：科学出版社，2013：373-374.

仿的基础上再创新,走的是一条模仿、吸收、消化、改进和创新的道路。进入21世纪后,日本还确定了知识产权立国的国家战略。这些举措都有效促进了日本国家科技创新体系竞争能力的持续提升和科技成果转化能力的持续提高,使日本在全球竞争中胜出。日本的以公共科技创新投入促进出口贸易和经济增长的历程总体来说分为六个阶段。

第一阶段:20世纪40年代到50年代,日本处于恢复经济以自立为目标的战后重建阶段,采取贸易立国政策,日本国家科技体制进行整顿和重构。二战失败后,日本百废待兴,为了确保生存和早日实现自立,日本制定了以粮食增产和医疗卫生保健为中心的阶段性战略,建立了服务于恢复国内经济和尽快实现自立的科技政策。日本举国上下反思战争教训,深刻认识到科技兴国才是根本之道。为强化战后脆弱的产业技术基础,制定了推进工业技术标准化、发展计量技术等具体计划,确立了以引进、消化欧美发达国家先进技术并加以吸收、改良为己所用为中心的科技促进产业发展政策。在恢复经济的同时推动技术革新,改革学术体制,设置了科技厅等行政体制,加快科技体制的整顿和重构。这一阶段,日本政府的公共科技创新投入政策主要是对企业在试验发展阶段的研发活动给予补助金和税收优惠。这一阶段日本的出口额和国家经济实力都很低。

第二阶段:20世纪60年代,日本确定了以缩小与欧美的科技差距、以科技促进经济增长和夯实社会经济基础为目的的科技政策,公共科技创新投入政策以鼓励开发自主技术为重点。这一阶段,日本科技政策的目标是增强自主技术开发能力,努力缩短与欧美间的技术差距,所以公共科技创新投入政策以鼓励开发自主技术为重点。日本在高等院校和公共研发等机构进行科技成果调查、收集工作,培养并挖掘本国优秀科技创新成果,确定重点支持成果并大力推进成果转化,使新的科技创新成果尽快形成新的产业。1961年,日本设立了新技术开发事业团,制定了《工矿业技术研究组合法》,以法律来推动产业界共同开展科技创新活动。1966年,制定了日本国民经济重点且急需的大型研究开发计划,政府对重点技术的研究开发给予资助。为了鼓励民间企业积极开展科技创新活动,日本于1967年创设了鼓励企业增加科技创新投入的税额抵扣制度,政府还在金融方面对民间企业开展科技创新活动给予扶持。日本GDP由1960年的443亿美元增长到1970年的 2 091 亿美元①,跃居全球第二位。日本 1970 年的货物出口额为 193 亿美元。

第三阶段:20 世纪 70 年代,实施重点加强自主技术开发、优先发展产业技术的科技政策,明显加大公共科技创新投入力度。在 70 年代中期,日本的研发投入总量超过法国和英国,研发投入增长速度高于日本 GDP 增长速度。研发投入强度不断提高,从 1970 年的 1.8% 增加到 1979 年的 2.04%。这阶段,日本经济连续七年保持了 10% 左右的增长速度,成为世界级的经济大国。这一阶段,日本实施公共科技创新投入政策的出发点主要有两方面,一是试图依靠科技创新来解决 60 年代经济高速增长带来的问题,二是努力以科技创新成果应用来降低能源消耗率,试图逐步化解 1973 年和 1979 年两度发生的全球石油危机。1980 年,日本 GDP 增长到 10 710 亿美元,货物出口额增长到 1 304 亿美元。

第四阶段:20 世纪 80 年代,提出了技术立国战略,开始实施重视原始科技创新的公共科技创新投入政策,研发投入强度也进一步提升。20 世纪 80 年代以后,日本国家总体实力更加强大,研发投入强度也进一步提升,从 1980 年的 2.13% 上升到 1990 年的 2.91%。1986 年,日本制定了《科学技术政策大纲》,确立了以振兴富有创造性的科学技术为中心的科技创新基本方针,明确了"技术立国是日本的奋斗目标,有效地利用技术资源进行创造性的技术开发、提高竞争力和经济实力是日本的必由之路"②。日本开始高度重视基础研究,这一阶段,日本基础研究的投入占日本全社会研发投入总量的比例一直保持在 13%~16% 的较高水平。在确定以民间企业为科技创新主力、以产业技术为科技创新主要发展方向的同时,力图加强基础研究,鼓励开发世界先进的独创性技术战略实施,进一步促使日本的科技创新跨越模仿阶段进而向创新阶段发展。1990 年,日本 GDP 为 30 580 亿美元,货物出口额增长到 2 876 亿美元。

第五阶段:20 世纪 90 年代至 21 世纪初,提出了"科学技术创新立国"战略,强调知识创新与技术创新相结合的科技创新政策,科技创新投入强度

---

① 世界银行 WDI 数据. 摘自维基百科 http://zh.wikipedia.org/wiki.
② 胡智慧.21 世纪日本科技政策[J].铁路创新技术,2003,(3):37-40.

基本与经济增长速度相适应,总体上平稳上升。20世纪90年代,日本泡沫经济崩溃,同时引发经济衰退。受财政收入下降影响,1991~1995年间,日本研发投入强度有所下降,但1995年后迅速得到调整,研发投入强度基本与经济增长速度相适应,总体上表现为平稳上升的趋势,2000年达到3.04%。这一阶段,日本研发经费的80%来源于企业,政府的公共科技创新投入只占全社会研发投入的20%左右。日本1995年制定《科学技术法》,强调日本要告别"模仿与改良的时代",把科技政策放在"开发有独创性的科学技术"方向,力争从一个技术追赶型国家变为科技领先型国家[①]。这一阶段,日本国家战略从科技立国向科技创新立国转变,产业战略从劳动密集型产业结构向技术密集型产业结构转变、从低技术密集型产业结构向高技术密集型产业结构转变。重视开展以开创未来为目标的高水平基础研究,强调知识创新和技术创新相结合,是这一时期日本公共科技创新投入政策的鲜明特征[②]。2000年,日本出口额达到4 792亿美元,GDP达到46 674亿美元。

第六阶段:2002年至今,提出了"知识产权立国"战略,进一步增加科技创新投入,力图重振经济,增强日本的国际竞争力。由于20世纪90年代来自欧美知识产权方面的压力持续增大,在信息技术等新兴高新技术领域的产业竞争力逐步落后于欧美国家,同时在传统工业方面又面临韩国和中国台湾等新兴工业化国家和地区的激烈竞争,日本连续多年经济疲软并出现产业竞争力下降的窘境。因此,小泉、安倍、福田三内阁最高层强力推进知识产权立国战略,希望通过从战略层面创造、保护和应用知识产权,并以此来摆脱困境。2002年3月至2003年1月,相继出台《知识产权战略大纲》和《知识产权基本法》,成立由首相亲自挂帅的知识产权战略本部,制定包括270项措施的《知识产权战略推进计划》,形成较为完善的知识产权整体战略体系。明确了以充分发挥日本人具有的发明和创作能力为基本目标,以通过日本人的发明创造贡献给世界文明并在世界占据名誉地位为目标,以知识产权为核心促进日本经济社会发展和强化对发明创造进行法律保护以

---

① 节艳丽,杨舰. 新时期日本科技政策的转型[J]. 科学学研究,2003,21(6):611-614.
② 赵立雨. 我国R&D投入绩效评价与目标强度研究[D]. 西安:西北大学博士论文,2010:109-118.

使其具有经济意义等战略要点①。日本政府各省厅、公共研发机构、高等院校和民间大企业都积极响应这一国家战略转型,各自制定出相配套的进一步发展科技创新和以知识产权战略实现技术和产业升级的长期规划与措施。这一阶段,日本的公共科技创新投入水平和全社会研发投入水平继续提升,研发投入强度2007年和2008年达到3.44%的高水平,远高于经济合作与发展组织国家的平均水平(2.4%),在世界主要发达国家中位列第一。2011年,日本出口额达到8 237亿美元,GDP达到58 672亿美元。

总的来看,日本的公共科技创新投入有如下几个特点:

一是政府对科技创新和成果产业化的宏观调控能力强,政府对科技创新成果产业化的推动与协调作用显著。几十年来,日本政府出面组织协调"官、产、学"联合攻关,组织产业相近的大企业开展共性技术联合研究,集中全国人力、物力和财力加快高技术产业化都相当有成效,被证明是一种高效率的科技创新模式。1982～1992年,日本研制并成功产业化的新产品中有70%是"官、产、学"联合研究的成果。1996年制定的《科学技术基本计划》将发展高技术产业进一步纳入国家统一规划和法制轨道,进一步推动日本的科技创新成果产业化和产业结构科学化进入一个新阶段。

二是重视增强研究开发的综合能力,以公共科技创新投入协调引导基础研究、应用研究和试验发展三者协调发展。20世纪50年代至80年代的较长时期中,日本的科技创新战略明显重视应用研究,重视引进技术消化吸收再创新,忽视资助开发原创性新技术,所以科技发展不平衡。20世纪90年代以后,日本加大公共科技创新投入,更加重视基础研究和原创性技术研究开发,总体科技发展趋向平衡。

三是以公共科技创新投入政策引导民间企业加大研发投入力度,企业发挥科技创新主力军作用。在日本政府的公共科技创新资金引导和政策鼓励下,日本的大企业科研经费一般占销售总额的5%左右,企业已经成为科技创新的主力军。因此,在公共科技创新资金只占全社会研发投入20%的低占比情况下,日本的全社会研发投入强度长期维持在3%左右的高水平,1998年以来,更是维持在3%之上,近年来接近3.5%。中国与日本全社会研发投入比较的情况可见表7-4。

---

① 杨和义.日本知识产权立国战略五年特征研究[J].中共中央党校学报,2008,(6):80-83.

表7-4 中国与日本全社会研发投入量及投入强度情况比较表(1994～2011年)

年度	全社会研发投入		R&D/GDP	
	中国（10亿人民币）	日本（10亿日元）	中国	日本
1994	30.63	13 596.03	0.64%	2.79%
1995	34.87	14 408.24	0.57%	2.92%
1996	40.45	14 155.06	0.57%	2.81%
1997	50.92	14 794.03	0.64%	2.87%
1998	55.11	15 169.20	0.65%	3.00%
1999	67.89	15 032.66	0.76%	3.02%
2000	89.57	15 304.42	0.90%	3.04%
2001	104.25	15 542.82	0.95%	3.12%
2002	128.76	15 551.51	1.07%	3.17%
2003	153.96	15 683.40	1.13%	3.20%
2004	196.63	15 782.74	1.23%	3.17%
2005	245.00	16 672.63	1.34%	3.32%
2006	300.31	17 273.45	1.39%	3.39%
2007	371.02	17 756.24	1.40%	3.44%
2008	461.60	17 377.22	1.47%	3.44%
2009	580.21	14 939.68	1.70%	3.33%
2010	706.26	15 805.92	1.76%	3.26%
2011	868.72	15 945.1	1.84%	3.39%

数据来源：《中国科技统计年鉴，2011，2013》以及《中国科技统计公报，2010，2011》[1]。

第三节 韩国以公共科技创新投入促进经济增长的历程及经验

自20世纪50年代至60年代初开始进入起飞阶段以来，韩国从一个自然资源贫乏，经济、社会和科学技术都比较落后的状态起步，以积极的公共

---

[1] 科技统计数据[R]. 中国国家统计局. http://www.stats.gov.cn/tjsj/qtsj/zgkjtjnj/

科技创新投入政策推动产业快速发展,几十年间一跃而跻身于"亚洲四小龙"行列,进入到中等发达国家的水平,创造了"汉江奇迹",并于1996年10月加入经济合作与发展组织,成为新兴工业化经济体的主要代表之一[①]。在经济发展过程中,韩国一直将科学技术当作经济发展的主要动力,不断加大科技创新投入,大力培养科技人才,积极引进国外资金和技术,使国家科技水平快速提升。韩国的汽车制造、船舶制造、钢铁业、电子信息等行业研发实力雄厚,在国际上具有重要地位[②]。韩国以公共科技创新投入促进出口贸易和经济增长的过程总体来说分为五个阶段。

第一阶段:20世纪60年代,实施以集中引进发达国家先进技术进行消化吸收和再创新为主的科技创新政策。20世纪60年代初期,韩国的科技发展处于起步阶段,1964年研发投入强度只有0.2%,全社会科技创新投入严重匮乏,科技水平相当低下,科技人员严重不足。韩国政府在制定第一个"五年经济发展计划"时,认真研究了先进国家成功的产业发展模式,结合韩国实际,将该时期本国技术发展模式定为"不平衡成长",高度重视应用技术,重点围绕一两个目标产业,集中引进相关关键技术,实施产学研合作研发,集中有限的人力、财力资源,进行重点突破,突击实施先进技术的引进、消化吸收和再创新。1960年,韩国GDP仅为20亿美元,1970年增长至90亿美元[③]。1970年,韩国货物出口额仅为8.4亿美元。

第二阶段:20世纪70年代,实施以科技创新促进产业结构改造和升级的科技政策。韩国在前期引进先进技术的基础上阶段性实施重化工发展计划,逐步实现产业结构升级。这一时期,韩国成立了16个国家级公共研发机构,以之引导国内总体科技创新活动方向。为鼓励国内的民间科技创新活动,韩国政府一方面在全社会创造有利于科技创新的氛围和环境,一方面出台了《技术研究开发促进法》,明确规定了鼓励民间企业开展研发活动的税收优惠政策和企业研发活动预备金制度,引导广大企业将研发活动的重点放在产品开发上,以此来增强韩国的出口竞争力,逐渐扩大韩国产品在国外的市场。这一时期,韩国全社会研发投入占GDP的比重为0.4%~

---

① 尉蔚. 韩国的科技实力究竟如何?[J]. 经济学家茶座,2004,(2):74-77.
② 白春礼. 世界主要国力科研机构概况[M]. 北京:科学出版社,2013:429-433.
③ 摘自世界GDP网:http://www.sjgdp.cn/show.php?id=350

0.8%,公共研发投资与民间企业研发投资的比例大体为 50∶50①。1980年,韩国货物出口额达到 175 亿美元,GDP 增长到 637 亿美元。

第三阶段:20 世纪 80 年代,重点转向策划和实施国家的研究与发展项目,以提高国家科技水平为目标的科技创新政策,逐步转换研发资金来源结构。20 世纪 80 年代以来,韩国的经济和工业发展重点逐步转移到资本密集型和技术密集型工业,1982 年首次提出了"以技术为主导"的科技发展战略,制定并实施了第一个科技发展五年计划,开始强调开展面向未来的、长远的、大规模的科学技术研究和发展项目,包括增加对公共和私营研发项目的投资及培养高级研发人才。80 年代后期,开始确立科技立国的战略。1988 年,成立专设机构科学技术委员会,由副总理任委员长。韩国 1980~1990 年全社会研发投入增长了近 10 倍,研发投入强度从 1981 年的 0.64%迅速上升到 1991 年的 1.91%,在研发资金来源结构上,逐步实现了由"政府主导型"到"企业主导型"的转变,政府公共研发资金与企业研发资金投入比例到 80 年代末期转变到 16∶84。1990 年,韩国货物出口额达到 649 亿美元,GDP 增长到 2 537 亿美元。

第四阶段:20 世纪 90 年代,实施从技术模仿向原创性科技创新转变的科技发展政策。由于一些发达国家加强了技术保护措施限制关键技术输出,韩国调整了科技创新投入政策,政府的注意力集中在鼓励基础科学研究、保证对研发资源的有效分配与利用和扩大国际合作上,出台了一系列科技改革措施,科技发展战略转向以自主创新为重点②。1991 年提出了"高级先进国家计划",鼓励科技创新,力图逐步实现四个转换:一是从以科技创新成果数量增加为主向以质的提高为焦点的转换;二是从以为大规模生产服务的产品和技术科技创新为主向以具有原创性创新的基础应用研究为中心转换;三是把科技创新活动目标从提升技术竞争力向提升信息和知识竞争力转换;四是强调科技创新的最终目的转换为在经济增长的同时谋求国民生活水平的提高。这一阶段,韩国鼓励科技创新的政策进一步倾斜于高

---

① 赵立雨.我国 R&D 投入绩效评价与目标强度研究[D].西安:西北大学博士论文,2010:114-117.

② 白春礼.世界主要国力科研机构概况[M].北京:科学出版社,2013:429-430.

技术产业①。这一时期,全社会研发投入的强度在2%～2.5%。2000年,韩国货物出口额达到1 723亿美元,GDP增长到4 572亿美元。

第五阶段:21世纪以来,重点实施健全将政府主导的科技创新体系转变为私营部门主导并具有法律保障的国家科技创新体系。2001年,韩国政府颁布了《科技创新基本法》,该法相当于韩国科技创新领域的"宪法",为科技创新活动开展提供强大法律依据。从2002年开始出台五年期的科技基本计划,设定国家科技创新发展的具体路线,同时开始实施技术开发准备金制度、技术和人才开发费税金减免制度以及新技术推广投资税金减免制度等税收优惠政策,为企业开展科技创新提供优良的环境②。2004年,韩国修订了《政府组织法》和《科技创新基本法》,将科技部长提升为副总理级。2008年,李明博上台后,进行大部制改革,将科技部大部分职能并入教育部,成立了新的教育科学技术部,另外整合成立了知识经济部。至此,韩国已经建成了以企业为科技创新主体,国立科研机构承担基础、公益研究和战略储备技术开发,高等院校从事基础研究,产学研结合并有健全法制保障的国家科技创新体系③。这一阶段,韩国持续加大公共科技创新投入,政府研发预算2000～2006年的年均增长率达到9.5%,增长速度超过美国、日本、德国等发达国家,是经济合作与发展组织国家平均水平(3.9%)的两倍以上④。这一阶段,政府研发预算的增长幅度超过企业投入,在全社会研发投入中所占的比例从1995年的19.04%提高到2010年的26.75%。在公共科技创新投入引导企业加大投入的有效激励下,韩国研发投入强度持续提升,从2006年起超过3%,2011年高达4.03%,从2008年起开始高于大多数经济合作与发展组织国家⑤。2012年,韩国货物出口额达到5 481亿美元,GDP达到11 293亿美元。

总的来看,韩国的公共科技创新投入和科技创新进程有如下几个特点:

第一,科技创新阶段性目标明确,适时调整资助方向和重点,政策长期

---

① 赵立雨. 我国R&D投入绩效评价与目标强度研究[D]. 西安:西北大学博士论文,2010:114-117.
② 韩国-国际科技合作政策与战略研究课题组. 国际科技合作政策与战略[M]. 北京:科学出版社,2003:114-115.
③ 牟春光,刘云. 韩国科技政策的演变特点及其启示[J]. 国防技术基础,2008,(7):3-6.
④ 邓练兵,张传杰,罗芳. 中韩两国R&D投入状况比较与启示[J]. 当代经济,2009,(8):75-77.
⑤ 白春礼. 世界主要国力科研机构概况[M]. 北京:科学出版社,2013:434-436.

连续性好,公共科技创新投入保持稳定持续增长。

第二,近年来积极实施旨在加强主要产业国际竞争力和为未来产业发展奠定基础的国家科技创新计划,研发投资向重点领域倾斜。

第二,坚持以公共科技创新投入促进基础科学研究,重视人才培养。

中国与韩国全社会研发投入具体比较可见表7-5。

表7-5 中国与韩国全社会研发投入量及投入强度情况比较表(1994～2011年)

年度	全社会研发投入		R&D/GDP	
	中国（10亿人民币）	韩国（10亿韩元）	中国	韩国
1994	30.63	7 894.75	0.64%	2.32%
1995	34.87	9 440.61	0.57%	2.37%
1996	40.45	10 878.05	0.57%	2.42%
1997	50.92	12 185.81	0.64%	2.48%
1998	55.11	11 336.62	0.65%	2.34%
1999	67.89	11 921.75	0.76%	2.25%
2000	89.57	13 848.50	0.90%	2.39%
2001	104.25	16 110.52	0.95%	2.59%
2002	128.76	17 325.08	1.07%	2.53%
2003	153.96	19 068.68	1.13%	2.63%
2004	196.63	22 185.34	1.23%	2.85%
2005	245.00	24 155.41	1.34%	2.98%
2006	300.31	27 345.70	1.39%	3.22%
2007	371.02	31 301.38	1.40%	3.47%
2008	461.60	34 498.05	1.47%	3.36%
2009	580.21	37 892.59	1.70%	3.58%
2010	706.26	43 854.8	1.76%	3.74%
2011	868.72	49 890.4	1.84%	4.03%

数据来源:《中国科技统计年鉴,2011,2013》以及《中国科技统计公报,2010,2011》[1]。

---

[1] 科技统计数据[R]. 中国国家统计局: http://www.stats.gov.cn/tjsj/qtsj/zgkjtjnj/

第四节　发达国家以公共科技创新投入促进经济增长的新趋势

当今世界,随着全球经济一体化进程不断加快,信息化和知识经济发展不断深化,在各国的经济发展中,科技进步日益发挥重要作用,科技创新成为经济增长的主要动力。为提升国家的国际竞争力,实现经济的长期可持续发展与维护国家安全,世界大多数国家都大幅度增加公共科技创新投入,许多国家全社会研发投入占 GDP 的比值也不断提高。这种新趋势主要体现在以下几方面:

一、大幅度增加科技创新资金投入成为发达国家科技和经济发展战略举措。全社会研发经费占 GDP 的 3%,当前已经成为各个主要发达国家和新兴工业化国家共同的研发经费投入目标。由本章前三节的比较研究数据可以看到,2009 年,美国全社会研发经费达 4 016 亿美元,占 GDP 的 2.90%。2010 年,日本全社会研发经费为 158 059 亿日元,占日本 GDP 的 3.26%,此年,韩国全社会研发经费为 412 875 亿韩元,占 GDP 的 3.74%[①]。

二、科技创新活动国际化趋势越来越明显。伴随着信息化推动下的跨国公司经济活动的全球化和世界经济的一体化发展,科技创新活动国际化趋势越来越明显。科技交流的国际化和国际技术扩散迅猛发展,结果是很多国家在不同程度上都参与了科技创新的跨国合作。科技创新活动国际化也直接或间接地影响着全球经济一体化的进程,反映出当今时代经济发展依赖于科技创新、科技创新促进经济发展、经济与科技关联日益密切所导致的突出特点。科技创新活动国际化最明显地表现于各国之间直接加强科技创新合作,以及跨国公司在世界各国整合科技创新资源为本公司科技创新活动服务。越来越多的国家选择通过国际科技创新合作来融入世界科技发展进程。

三、公共科技创新资金投入领域与重点更加明确。从本章前三节的比较分析来看,许多国家政府都已经明确了本国的公共科技创新资金资助领

---

① 科技统计数据[R]. 中国国家统计局: http://www.stats.gov.cn/tjsj/qtsj/zgkjtjnj/

域与重点。如作为世界头号科技强国的美国,科技创新目标强调全面领先,力图在所有主要科学领域中保持绝对优势的领导地位,确保美国在未来的产业演进和经济发展产生广泛、深远影响的技术领域保持全球领先者的地位。近几年,美国的科技创新重点确定为打赢反恐战争、保证国土安全和发展本国经济等三项最优先的战略任务。日本政府强调产业共性技术的发展,近年来,日本科学领域中的基础研究和应用研究成绩非常突出,日本的清洁能源、绿色技术等环境技术已经达到全世界最先进水平。如今,日本更是确立从科学技术创新、社会创新和人才创新这三个方面推进创新的基本战略。韩国也从20世纪90年代起开始实施从技术模仿向原创性创新转变的科技发展政策[①]。

第五节 本章比较研究结论

根据本章前四节有关发达国家公共科技创新投入以及科技创新政策的经验比较,结合我国公共科技创新投入的现实情况,得出以下几个比较研究结论:

结论一:发达国家科技创新活动具有明显的阶段性特征,我国科技创新应顺应规律加快发展。科技创新政策一般都随阶段性国家战略作适应性调整。大体上可以将发达国家科技创新战略分为:初级阶段——局部技术领先或鼓励引进先进技术消化再创新阶段;起飞阶段——鼓励开展应用研究促进技术进步阶段;高级阶段——鼓励开展基础研究以原创性创新为目标阶段等三个阶段。我国目前还处于起飞阶段,应尽快突破这一阶段,尽早进入高级阶段。

结论二:科技进步的速度依赖于必要的科技创新投入,发达国家科技创新投入强度高,我国应不断提高科技创新投入水平。经济和科技水平高的发达国家普遍全社会研发投入强度高,均在2%～3%水平,有少数国家甚至近年来持续维持在3%以上水平。我国的全社会研发投入强度明显偏

---

① 赵立雨. 我国R&D投入绩效评价与目标强度研究[D]. 西安:西北大学博士论文,2010:116-118.

低,到2011年还只有1.84%,1994年,美国、日本、韩国的全社会研发投入强度分别为2.42%、2.79%、2.32%,说明我国现在的全社会研发投入强度落后于发达国家至少20年。

结论三:发达国家的全社会研发投入来源结构普遍经历了从政府公共研发投入占主导到企业研发投资占主导的一个转换过程,我国应加快推动相应转变。美国、日本、韩国的企业尤其是跨国公司等大企业研发投入水平相当高,研发经费占销售收入的比重一般为3%～5%,有些高技术企业甚至高达20%,所以这些发达国家全社会研发投入中70%～80%甚至更多来自私人企业研发投资。但是我国的全社会研发投入来源结构目前还处于低水平均衡状态,目前我国的企业(尤其是大中型工业企业)研发投入还不足,许多大中型工业企业研发经费占销售收入的比重长期在0.5%～1%,应加快制定激励企业加大研发投入的法律法规,并以合理的公共科技创新资金补助和科技创新战略引导广大企业加大研发投资力度。

结论四:当前阶段发达国家公共科技创新投入资助重点为基础研究和高等院校,我国对基础研究和高等院校资助水平偏低。随着科技创新战略进入高级阶段,许多发达国家和新兴工业国家都开始重点资助基础研究和原创性的科技创新,主要发达国家和一些新兴工业化国家基础研究经费投入占研发总投入的比例高达13%～19%。2011年,我国基础研究、应用研究、试验发展经费支出所占比重分别为4.7%、11.8%和83.5%①,可见基础研究所占经费比例明显偏低,无论是投入总量还是投入强度都有明显差距。另外,发达国家高等院校获得的研发经费投入所占比重一般都超过公共研发机构,而我国2011年高等院校得到的研发经费占比为7.9%,远远低于公共研发机构得到的研发经费占比15%的水平。

由以上四个比较研究结论进一步得到国际比较研究带给我们的启示:

第一,应认真研判我国国情、国际政治、经济和科技形势以及我国所面临的科技与经济发展机遇和挑战,根据我国的长远国家发展战略,制定切实可行的同时具有一定挑战性的国家科技发展战略,从而逐步实现科技和经济的赶超目标。

第二,所有的科技进步都依赖于必要的资源投入,我国当前阶段已经具

---

① 中国科技统计数据[R]. 中国科技部: http://www.sts.org.cn/sjkl/kjtjdt/

备相当的财政实力和社会投资实力,应配合我国建设创新型国家的总体战略,制定超常规的公共科技创新投入计划和更大力度的鼓励企业加大科技创新投入的财税优惠政策,通过公共科技创新投入水平大幅度提升来引导提高我国全社会研发投入水平。

第三,应借鉴发达国家不同阶段公共科技创新资助重点转换的经验,根据当前和未来我国全社会科技创新的需要制定当前阶段的资助重点,在公共科技创新投入水平大幅度提升的基础上,在全社会研发投入中逐步提高企业科技创新投资的占比,大幅度提升公共科技创新资金资助高等院校和基础研究的占比,逐步夯实我国科技创新基础,进而稳定提高我国科技创新整体水平。

第四部分

结论

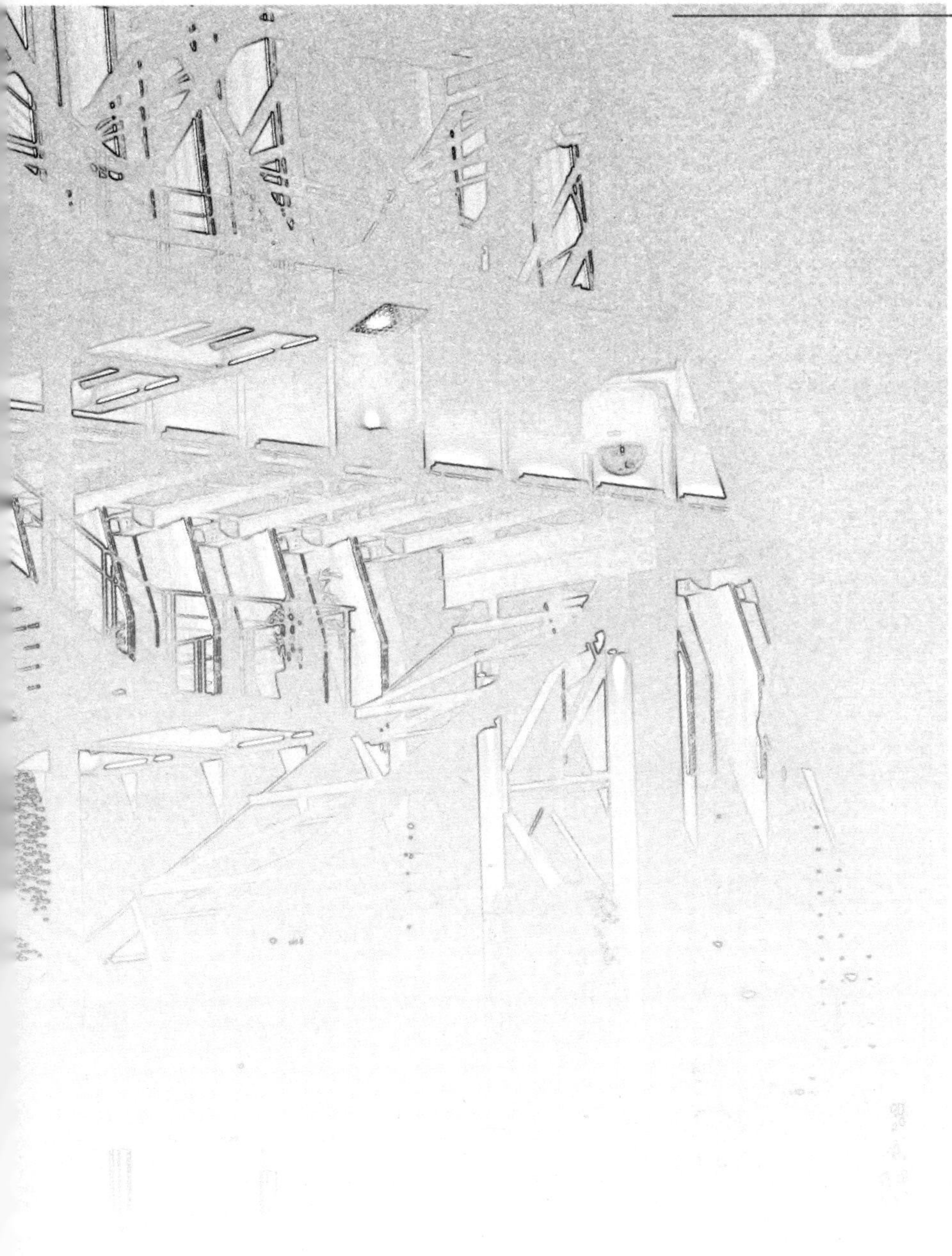

第八章　研究结论与改进建议

第一节　研究结论

根据概念模型、数学模型的推导分析以及计量分析和国际比较研究的结果，综合五个理论研究结论、九个计量分析结论、四个比较研究结论，得出综合结论如下：

一、公共科技创新资金影响经济增长是通过高等院校和公共研发部门进行人力资本积累和公共研发活动影响社会创新成功率而间接发生作用，以及通过资助企业开展科技创新活动影响企业创新成功率而直接发生作用的。

二、我国总的公共科技创新投入、公共科技创新投入的不同投向、不同来源以及不同资助方式对全社会科技创新的投入都有激励引导作用，都对提高社会经济增长率有正向影响，对科技创新的产出特别是经济增长有明显乘数作用，并且表现出从局部到整体的乘数放大作用。

三、增加公共科技创新的资金总量，或者提高公共科技创新资金的财政支出的占比，都有助于经济增长，但由于公共科技创新资金会挤占社会用于资本积累的资金，所以这种正效应会随社会资本积累的减少而逐步被抵消。

四、我国总的公共科技创新投入、公共科技创新投入的不同投向、不同来源以及不同资助方式对全社会科技创新的投入的激励引导作用，对科技创新的产出特别是经济增长的乘数作用存在区别。公共科技创新投入不同方式中高新技术企业减免税的乘数作用最大，研发费加计扣除折算补贴额次之，财政直接资助企业的正效应最小。我国公共科技创新投入不同来源中，中央财政科技拨款的乘数作用总体上超过地方财政科技拨款的乘数作用。我国公共科技创新投入不同投向中，财政公共研发部门应用研究拨款的乘数作用最大,财政高等教育拨款次之,财政公共研发部门基础研究拨款和直接资助企业的乘数作用相对较小。

五、公共科技创新投入的不同投向之间、不同来源之间以及不同资助方式之间存在一定的替代效应。当高等院校和公共研发部门从事应用研发时,或者中央财政拨款资助应用研发时,会对企业的研发投资产生挤出效应,而这种挤出效应最终是否影响均衡状态下的增长率,取决于具体资助的比例;以财税政策实施对企业科技创新活动的间接投入不会对企业的科技创新投资产生挤出效应。

六、与发达国家相比,我国目前还处于科技创新的起飞阶段,我国当前的科技创新投入水平相对较低,资助结构上,企业科技创新投入尚未发挥主体作用,我国的公共科技创新资金对基础研究和高等院校资助水平偏低。

以上六个综合结论带给我们的启示是:

第一,应根据2008年全球金融危机以来全球经济、科技演变的新形势以及我国所面临的机遇和挑战,结合我国的伟大复兴发展战略,制定切实可行的同时具有一定挑战性的国家科技创新发展战略,从而逐步实现科技创新和经济增长的赶超目标。

第二,应配合我国建设创新型国家的总体战略目标和经济结构调整、发展动力切换的新格局制定超常规的公共科技创新投入计划和更大力度的鼓励企业加大科技创新投入的优惠政策,通过公共科技创新投入水平大幅度提升来引导提高我国全社会研发投入水平,激发大众创业、万众创新的热忱,进而促进整体科技创新水平的提升。

第三,应根据当前我国全社会科技创新的战略需要确定公共科技创新投入定位和资助重点,在公共科技创新投入水平大幅度提升的基础上,在全社会研发投入中逐步提高企业科技创新投资的占比,大幅度提升公共科技创新资金尤其是中央财政科技拨款资助高等院校和基础研究的占比,以基础研究的强化和水平提升逐步夯实我国科技创新基础,从而达到稳步提升我国科技创新整体能源和实力的效果,提升我国综合国力,谋求我国今后经济、科技、社会的长远、稳定和可持续发展。

第二节 改进公共科技创新投入管理政策的建议

根据前文所做的公共科技创新投入促进经济增长的作用机制模型的理论分析、包含公共科技创新投入的新古典熊彼特增长模型的数学推导分析、把公共科技创新投入按照不同投向、不同来源和不同方式的投入量和总量对我国和上海市部分科技创新投入产出的计量分析，得到我国公共科技创新投入总量以及不同投向、不同来源和不同方式的投入量对各种产出尤其是经济增长影响的系列结论，综合结论以及给我们的启示，给出如下政策建议：

一、优化制度设计，为提高公共科技创新投入水平和资金绩效提供保障

（一）完善战略规划，强化政府在公共科技创新投入中的制度安排作用

一要充分认识并强化我国政府在增加公共科技创新投入中的制度安排作用。从美国的实践来看，美国联邦政府通过制定各种有关制度、法律以及科技计划和资助计划，在积极投入公共科技创新资金和推动国家科技创新发展进程中发挥着极为重要的引领作用。日本政府在以公共科技创新投入促进技术进步进而推动经济增长发挥的作用更加显著。回顾二战以后日本经济与科技发展的历程，总体战略规划从技术引进立国发展到"以科学技术创造立国"，产业技术重点从工业技术的发展升级到电子技术的革新，创新主体从扶持大型企业为主过渡到中小企业创新主体地位的确立，无一不是政府制定制度、法律、科技计划来主导并主动投入公共科技创新资金来引导实现的。韩国从一个不发达国家在短短几十年间一跃成为科技和经济都比较发达的国家，韩国政府制定国家科技战略和投入财政资金引导科技创新战略实施功不可没，使韩国科技创新从引进消化吸收起步，发展到现在以原创性科技创新为重点的科技创新引领国家未来道路新阶段。美国、日本和

韩国的国情不同,但科技创新发展阶段有相似之处的实践说明,必须强化政府在发挥公共科技创新投入作用、促进科技创新引领经济社会发展中的制度安排作用。

二要进一步明确政府在多个层次和多个方面发挥增加公共科技创新投入的制度安排作用。政府是制度创新的主体,也是公共科技创新投入的主体,只有政府能为推动科技创新制定各种法律法规和政策,建立各种促进科技创新的机制和组织架构,如通过产业引导政策、税收优惠政策等引导、激励企业加大科技创新投入;通过公共科技创新投入政策优化科技创新资源配置,促进高新技术产业和战略性新兴产业快速成长;通过制定技术标准体系、知识产权评估体系,为各类主体开展科技创新活动提供良好的外部环境。从国家到各地区科技创新体系和科技创新服务体系的规划和构建,再具体到各种公共技术创新平台的建设、科技创新和信息化基础设施的完善以及公共科技创新资金投资方向的引导,再到国家和地区科技创新工作组织架构等各方面的制度安排,都需要政府发挥主导作用。

(二)完善法律法规,增强公共科技创新投入的刚性约束和弹性激励

一要建立公共科技创新预算刚性约束制度,确保政府科技创新战略规划的意志得以实现。发达国家依靠科技创新促进经济增长的经验表明,必须通过立法来确立公共科技创新投入的目标并保证目标的实现。目前,就立法保障而言,我国已经在《科学技术进步法》、《国家中长期科学和技术发展规划纲要(2005—2020年)》等一系列法律文件中确立了财政科技投入增长的目标,但在法定目标的实现方面,却缺乏必要的目标落实、责任追究等相关的机制和措施[①]。在1991~2011年期间,我国财政科技拨款的平均增长率(12.98%)低于财政支出平均增长率(14.79%)和财政收入的平均增长率(18.53%);2011年,我国全社会研究开发经费占国内生产总值的比仍只有1.84%,没有实现设定目标。2012年的全国科技创新大会提出了更高的目标,对公共科技创新投入保障也提出了更高的要求,客观上要求进一步以

---

① 张金胜.中国政府财政科技投入适度规模[D].西安:西北大学博士学位论文,2011:115-117.

法律权威确立公共科技创新投入的目标并确保其实现。

二要建立公共科技创新资金预算制度,保证国家对基础研究给予相对稳定的支持。我国当前政府财政预算体系中没有公共科技创新经费科目,也没有研发费科目,政府对各类科技创新活动的资助主要通过实施各类政府科技计划直接或间接体现。政府计划种类繁多,其具体内容和工作目标各不相同,所支持的研发活动中应用研究和基础研究的比例也不同,这导致公共科技创新资金中用于基础研究的总规模和在各具体领域的分配也不明确。缺乏制度保障的结果是,政府很难控制公共科技创新资金资助基础研究的规模,导致我国政府为力图加强基础研究所做的努力效果在经济社会发展实践中打了很大的折扣。鉴于此,应尽快建立我国公共科技创新资金预算制度,明确政府的公共科技创新经费及专门用于基础研究经费的规模和研发目标,严格控制资金的分配和使用,确保重点科技创新领域和涉及国家重要战略目标的各项科技创新活动经费相对充足并得到持续稳定增长,保证稳定、持续、足够强度地支持基础研究。

三要完善考核、评价、预算公开等制度,激励地方政府强化科技创新服务职能。第一,要完善对地方政府官员的考核和评价制度。事实表明,一些地区片面追求 GDP 等经济指标和政治业绩考核指标,已经带来了严重的环境、经济和社会问题。所以,应从完善地方政府官员考核和评价制度入手,改变地方政府官员的政绩观,引导面向未来的可持续发展。第二,要协调好科技创新政策的统一性和操作性,逐步提高科技创新政策的权威性。建议根据国家科技创新战略的要求,加强不同层次和等级的多项政策之间的协调统一,提高政策明晰度,简化政策执行程序,降低政策执行成本,实行严格的奖惩措施,从而使得科技创新政策对各级政府形成真正的约束力,同时给予执行效率高、效果好的政府相应的正向激励。第三,要推动财政科技预算公开,加大各方面对地方政府公共科技创新预算的监督,使得地方政府在各方监督下必须严格按照国家法律、法规和有关政策的规定安排足额的公共科技创新资金预算。第四,要积极推进政府职能转变,强化政府公共科技创新服务职能。理顺中央与地方、政府与市场在科技创新活动中的分工,各级政府要明确在科技创新体系建设中的定位和职责范围,着力做好构建科技创新服务体系的工作,逐步退出过度干预市场经济主体行为的微观领域,将以科技创新推动国家长远发展,以科技创新助推产业健康发展,以科技惠民助力和谐社会建设作为重要的工作出发点。

(三) 优化制度设计,调动企业加大科技创新投入的主动性

一要通过合理的制度安排来引导企业成为科技创新主体。当前,我国企业尤其是广大中小企业在科技创新进程中存在很大不足,使得中小企业在科技创新中的主体地位不够突出。国家统计局的一项企业创新专项调查表明,2004~2006年,全国开展科技创新活动的规模以上工业企业8.6万家,占全部规模以上工业企业的28.8%,其中,开展科技创新活动的大型企业的同类占比为83.5%,中型企业同类占比为55.9%,小型企业同类占比为25.2%[①],显然开展科技创新活动的企业所占比重是随着企业规模由大到小依次递减的。另外,调查结果还显示,中小企业科技创新投入相对不足。2005年,我国国有及国有控股企业人均研发固定资产2.22万元,三资企业为2.19万元,而主要由中小企业构成的民营企业只有1.11万元[②]。美国的科技创新是以企业为主体的,2009年,美国全社会研发投入额为4 016亿美元,其中的65.1%是由企业投资。美国为推动企业特别是中小企业开展科技创新,特别制定了《小企业创新发展法》,以鼓励中小企业科技创新。日本1998年建立"中小企业技术创新制度",进一步扩大了对中小规模创新型企业的补助扶持范围。韩国到20世纪90年代以后企业对全社会研发投入的贡献率超过80%。美国、日本、韩国的科技创新实践启发我们,企业是科技创新的真正主体,要加大对企业特别是中小企业科技创新的支持力度。借鉴科技发达国家的经验,应将确立企业为科技创新主体地位当作大力推进科技创新的突破口。各级政府要对企业特别是中小企业的科技创新活动进行适度的扶持,引导并培育企业成为科技创新费用的投入者、新技术的创造者、科技创新成果的吸纳者和产业化者。

二要完善政府公共科技创新补贴制度,提高公共科技创新资金促进企业加大科技创新投入的效率。公共科技创新资金能否有效刺激企业加大科技创新投资是提高公共科技创新投入绩效的重要前提,在本书的模型分析和计量分析中,都发现当前这种传导机制仍存在一定问题:如在政府公共

[①] 中国企业创新专项调查报告(2006)[R].中国国家统计局:http://www.stats.gov.cn/

[②] 潘建成.经济快速增长下的自主创新——2006·中国企业创新专项调查报告[J].经济界,2007(5):90-96.

科技创新投入中不同投向或者不同方式中有些部分存在乘数作用较小、对企业科技创新投资产生挤出效应等。当前,我国公共科技创新资金对企业科技创新活动的资助大部分在下游阶段,即技术引进和技术改造等,这一方面有可能导致挤出企业的科技创新投资,另一方面也可能超出政府干预市场的界限,产生"政府失灵"现象,从而导致科技创新资源配置的低效率。企业在技术改造和技术引进之后如果没有进一步的科技创新活动,就不能产生新的技术和知识,也不会充分享受到技术、知识的溢出等外部性效应发挥作用的好处。所以,需要进一步优化制度设计,建立合理的以鼓励实质性科技创新为重点的公共科技创新投入补贴制度,激励企业积极从事科技创新活动,产出科技创新成果,加快成果转化,充分发挥科技创新投入的乘数作用,更大程度促进企业产出、出口贸易和经济增长。

二、拓宽投入渠道,加大公共科技创新投入和全社会投入水平

(一) 以进一步加大公共科技创新投入引导全社会加大科技创新投入

一要大幅度提升我国公共科技创新投入水平。政府的公共科技创新投入在一个国家的全部社会科技创新投入中处于核心和导向的地位,在科技创新初级阶段和起飞阶段更应发挥科技创新投入的主体地位,应持续保持大幅度增长。即便在科技创新高级阶段由企业发挥总体上的主体地位,但是在基础研究和资助高等院校方面仍应由公共科技创新投入资助为主。但是,我国目前财政用于科技创新资金的增长速度跟不上财政收入的增长速度,占全部财政支出的比重也处于下降趋势,显示出与经济发展不协调的态势。所以,要高度重视增加公共科技创新投入的重要性和紧迫性,做好公共科技创新投入的财政预算。一是加强科技主管部门的全局调控和统筹协调,做好公共科技创新投入目标与公共科技创新经费预算分配之间的衔接,确保目标任务的实现建立在科学有效的预算分配基础之上。二是提高公共科技创新资金财政预算的科学性,综合考虑经济周期、近年来收支变化趋势等,在科学把握财政收入额度的基础上,对照法定增长要求,考虑以往历史

"欠账"因素,确保公共科技创新投入稳定增长。

二要在逐步加大公共科技创新投入力度后再以之引导企业进一步加大企业的科技创新投资,使企业逐步取代政府成为科技创新投资的中坚力量,使企业可以根据市场发展来决定科技创新活动的方向,避免科技创新活动与市场脱节。使企业可凭借产业化的科技创新成果在激烈的市场竞争中保持技术领先地位并获取相应的产品收益,以实际效果来提高企业科技创新投资和开展科技创新活动的积极性,从而实现企业科技创新与经济增长的良性循环。此外,应该发挥国有和民营大型企业在我国科技创新活动中的主导和带头作用,培育若干科技创新能力强、企业经营业绩好、市场份额大、在全球同行业中居于领先位置的科技创新主体。与此同时,还应该重视中小企业的科技创新活动,使小企业的科技创新活动为大企业,为全社会科技创新提供足够的发展空间和发展潜力。

(二) 进一步加大中央财政科技拨款资助基础研究和高等院校的力度

一要将中央财政科技拨款向基础研究倾斜。基础研究是整个科技创新活动的基础和源泉,应该用战略性的眼光来评价基础研究对经济发展的贡献。当前阶段我国在国际上有重大影响的基础学科的创新成果不多,这与我国改革开放以来制定的以经济快速增长为核心的战略有一定的关系。2012年召开的全国科技创新大会已经提出建设创新型国家的目标,要求我们基于建设创新型国家的战略目标来重新定位科技创新,日本和韩国都已进入了大力鼓励以原创性为主的创新阶段,我国必须加大投入基础研究力度,为建设创新型国家奠定基础。在基础研究的成果是公共品的前提下,不能用市场经济的运行和管理方式来发展基础研究。发达国家的经验显示,政府为基础研究投入充足的财政经费非常重要。我国政府必须对基础研究进行稳定的财力支持,要让从事基础研究的学者和专家有体面的生活,有稳定的研究支持,以及自由的学术氛围。应加大财政科技拨款中尤其是中央财政科技拨款中资助基础研究经费的占比,不断加大对战略性新兴产业、世界前沿的高技术研究、社会需求的公益性研究等的支持,在公共科技创新投入保持高速增长的情况下加大幅度向基础研究倾斜[①]。

二要增加公共科技创新投入对高等院校的支持。从国际经验来看,基础研究的最主要阵地在高等院校。二战后,美国联邦政府对高等院校稳定的、高强度的经费支持使得高等院校成为美国最大的基础研究系统,全世界获得诺贝尔奖奖金的学者一半以上出自美国高等院校。美国高等院校的基础研究经费占全美国基础研究经费的比例从20世纪50年代的不到40%迅速上升到70年代的60%左右并保持到今天。21世纪以来,美国的研发费执行结构中,高等院校占14%~20%。2011年,我国的研发费执行结构中,高等院校占比仅为7.9%。很显然,与发达国家相比,我国的研发经费分配执行结构中,高等院校比例偏低。在我国建设创新型国家的战略目标下,增加对高等院校科技创新的投入,增强我国高等院校的知识创新能力,增强我国高等院校在整个国家科技创新体系中研发和人力资本积累的基础保障作用,具有重大意义。所以,建议进一步加大公共科技创新资金对高等院校基础研究的投入,特别是要形成对研究型大学基础研究的稳定支持机制,使高等院校进一步成为我国基础研究的主力军,以此来强化发挥公共科技创新投入在我国全社会知识积累中的重要作用[②]。

(三) 进一步加大研发费加计扣除和高新技术企业减免税力度

本书第三章的理论模型分析和第六章的计量分析已经证明,政府鼓励科技创新的税收激励是政府公共科技创新投入不同方式中对企业科技创新激励的负面效应最小的,同时也是促进出口贸易和经济增长正效应最大的。当前,我国的科技创新税收激励政策制定得比较多,但是总体上立法层次偏低,缺乏系统性、连续性,税收优惠的方式和手段比较简单。实际调查情况也反映出我国鼓励企业科技创新税收激励政策对刺激企业科技创新投入作用还不够明显,如第二次全国R&D资源清查结果显示,2009年,我国工业企业研发投入经费3 775.7亿元,该年享受各级政府为鼓励企业增加科技投入、开发新产品、新技术和新工艺而减免的各项税金总额共392.9亿元,

---

① 赵立雨.我国R&D投入绩效评价与目标强度研究[D].西安:西北大学博士论文,2010:139-142.
② 赵立雨.我国R&D投入绩效评价与目标强度研究[D].西安:西北大学博士论文,2010:139-142.

减免税金占研发经费总支出的比例为8.5%,企业的受益面仅为1.9%[①],可见政策受益面相当小。

为改变这种鼓励企业科技创新税收优惠政策受益面小的现状,建议改革科技企业科技创新税收优惠政策,加大间接投入中研发费加计扣除和高新技术企业减免税力度。可以借鉴美国给从事科技创新活动的企业以税收优惠的办法,注重科技企业科技创新费用的税前扣除,扩大鼓励企业科技创新减免税的面,减免税的额度取决于企业实际的科技创新经费支出,并允许企业在以后一定时间内逐步实现其过去未能使用和尚未使用的免税额度。同时结合企业所得税和企业财务制度改革,鼓励企业建立科技创新专项资金制度,允许企业研发用仪器设备加速折旧,还可以总结2012年开始在上海市试点的营业税改增值税的工作经验,逐步扩大实施消费型增值税的享受面,将科技企业购置的研发设备已征税款普遍纳入增值税抵扣范围。

三、优化资金管理,提升我国公共科技创新资金绩效

(一)进一步严格公共科技创新资金管理

一要进一步明确公共科技创新投入主要支持定位与保障领域。按照公共财政的要求,公共科技创新投入的目标是提供全体社会成员、国民经济对科学技术领域的共同需要的公共服务。因此,公共科技创新投入在服务定位上应注重以下几点:第一是重点保障公共领域,优先保证基础性、公益性,私人无法提供的科学研究领域;第二是资源优化配置,对一些风险高而回收期长、私人收益低而社会效益高的项目给予公共科技创新资助;第三是注重引导,使公共科技创新资金发挥提供有利于创新的环境,引导企业乃至全社会加大科技创新投入的作用;第四是公共科技创新投入的资金分配、使用要依法进行,民主决策,公平公正,公开透明,接受社会的监督;第五是在超常规的现代化发展战略下,科技创新投入方面也要体现赶超战略的特定要求。结合目前实际情况,我国公共科技创新投入应在以下方面作出调整:一是进一步加大对基础研究的支持力度;二是重点支持公益性及战略性、前

---

① 第二次全国科学研究与试验发展(R&D)资源清查主要数据公报[R]. 中国国家统计局: http://www.stats.gov.cn/tjgb/rdpcgb/qgrdpcgb/

瞻性高技术方面的应用研究,以及重大、共性、关键性技术开发;三是合理介入产业科技创新,加强产、学、研横向联合,并给予企业科技创新一定的经费、税收优惠等政策上的支持①。

  二要改进公共科技创新资金管理模式。公共科技创新资金的分配要按照"有所为,有所不为"的原则,集中财力,保证重点,兼顾一般。所以,应对公共科技创新资金的分配方法、规则进行创新,根据所资助对象的性质和特点,建立多种形式的支出形式,最大限度地发挥公共科技创新资金的基础作用和引导作用。目前,中国的公共科技创新资金大部分实行了竞争性的分配方式,但是,单纯地过度地依赖竞争来分配公共科技创新资金,也会影响公共科技创新资金的使用效率。因此,要以分类管理突出重点的原则,实行保障与竞争并重的经费分配方式分配公共科技创新资金。对基础性研究,首先要改善科学事业单位的科研基础条件,保障其基本支出的需要,研究经费则通过竞争国家研究基金项目获取,以此实现"稳定支持"、"自由探索"的目标。对应用研究,采用竞争性招投标的方式,最大限度地节约财政资金。对于产业扶持类的项目,灵活运用政府采购、支持产学研合作和鼓励科技创新税收优惠等方式激励和引导企业加大科技创新资金投入,充分发挥公共科技创新资金的引导作用②。

(二) 进一步加强鼓励企业科技创新的税收优惠管理

  一要进一步完善鼓励企业科技创新的税收优惠政策实施机制。我国现有的科技创新相关税收政策,都是通过对一些税收法规的某些条款修订、补充逐步形成的,所以散见于多个单行法规或者税收文件中。这样就给贯彻落实税收优惠政策带来了诸多不便,一方面导致企业对税收优惠政策难以全面掌握;另一方面,很多鼓励企业科技创新的税收优惠政策缺乏长期稳定性,有些是先在条例、细则中有规定,然后又增加补充规定或者修改某个税收文件,有的规定事实上作废也不作明示,使科技创新税收优惠制度体系不完整、表达不规范。所以,建议提高鼓励企业科技创新税收优惠政策的法律层级,以税收法定原则增强鼓励企业科技创新税收优惠政策的透明度和规

---

① 张金胜.中国政府财政科技投入适度规模[D].西安:西北大学博士学位论文,2011.
② 张金胜.中国政府财政科技投入适度规模[D].西安:西北大学博士学位论文,2011.

范度。改变过去零散发布政策的方式;由全国人大制定既科学又合理、既统一又规范的分税种的科技创新税收优惠政策实体法,并根据经济条件的变化及时调整。同时,由国务院制定一个特别优惠法案,把分散的鼓励企业科技创新投入的税收优惠政策集中起来,统一颁布施行,便于企业了解税收优惠的具体内容及办理程序。

二要进一步提高实施税收优惠政策的效率。税务部门除给予企业优惠税款外,还应该监督企业将国家给予的优惠税款专款专用到国家鼓励的科技创新方向上去,使税收优惠政策切实促进科技创新。一方面,完善减免税申请、调查以及核实制度等,加强对享受税收优惠企业和税收优惠行为的认定,防止不良企业利用税收优惠政策逃税;另一方面,为享受税收优惠的企业建立专门档案,实行项目化目标管理;同时,要加强对减免税的税务稽查,避免执行税收优惠政策的随意性。建议实行电子报税和在线咨询服务,完善税收联网审计制度,优化税收优惠政策审批流程,缩短审批周期。建议建立我国税式支出相关管理制度,进一步提高实施税收优惠政策的效率。税式支出指的是不列入预算、实际不发生支出程序、以税收优惠的形式所发生的间接支出方式。税式支出比预算支出的时效性更强,不会发生预算支出的"时滞"效应,还可以使税收优惠政策方向更加明确、绩效更加便于评价、调整更加容易实施、公开性和透明度也更高[①]。

(三) 进一步完善公共科技创新投入的评价监督体系

一要强调公共科技创新投入评价监督指标体系的科技创新导向。建议按照科学研究活动内在规律性的要求,对科技创新评价指标体系进行合理调整,增加创新性内容指标占综合分值的比重。创新性内容既包括预期的在已有发现基础上的新进展和突破,也要包括可能暂时不能被接受的有争议的发现,以及研究过程中产生的意外的新发现。通过将这些新的指标纳入评分标准,在制度安排上体现科技创新规律的内在要求,鼓励企业和科研人员专注于科技创新和科技创新成果转化。

二要引入多层次机制对科技创新成果实施评价。针对科技创新不确定性、延续性、结果多层次性的特点,建议改进目前对科研项目验收中简单套

---

① 李丽青. 企业 R&D 投入与国家税收政策研究[D]. 西安:西北大学博士论文,146-151.

用工程性、事务性项目按规定期限验收、给出验收结论的方式，引入更为灵活、更多层次的验收评价机制。在制度设计上，允许科研人员对已完成验收的科研项目申请再次甚至多次后续验收评定，以鼓励他们对该项目研究进行持续性和更深入的探索。政府要把注意力更多地放在确定科技创新发展方向、促进资源合理布局、提供科技创新支撑服务和创造有利环境等方面，在制度、体系的构建上多下功夫，减少对项目的直接管理。将项目规划与计划、评审咨询与立项决策、项目招标与项目下达、项目执行与评估监督等工作相分离，明确各个主体的责权，建立科学合理、公开透明的监督制约机制。利用全国统一的科技计划信息管理平台，实行网上申报、评审，确保项目申请者机会均等，评审标准一致，不涉及国家保密的项目信息要向社会公开，接受社会监督。强化第三方评价监督机制，完善专家信息库，促进专家抽取、轮换、回避、信誉、问责制度的有效落实，充分发挥专家在专业技术信息方面的优势和作用[1]。加快科技创新评估中介机构的建设，完善科技创新评估体系。建立诚信制度，遏制科技创新活动中的机会主义行为，促进科技创新管理的公正、规范和高效。

---

[1] 张金胜.中国政府财政科技投入适度规模[D].西安：西北大学博士学位论文,2011.

附录：第三章命题的证明

由隐函数求导法则，企业均衡条件(3-15)、(3-16)式可以改写为：

$$f_1(k,n) = (1-S_n)[\gamma+\rho+\lambda p(n,\Gamma_1)+\lambda p(\Gamma_1+\Gamma_2)] - \frac{\lambda p(n,\Gamma_3)}{n} \cdot (1-\alpha)\alpha L^{1-\alpha}k^\alpha = 0, \quad (\text{i})$$

$$f_2(n,k) = \gamma+\rho+\delta+\tau_k - \alpha^2 L^{1-\alpha}k^{\alpha-1} = 0,$$

所以：$\frac{\partial f_1}{\partial k} = -\frac{\lambda p(n,\Gamma_3)}{n} \cdot (1-\alpha)\xi,$

$$\frac{\partial f_1}{\partial n} = (1-S_n)\left(\frac{d\Upsilon}{dn}+\lambda p(n,\Gamma_3)\right) + \frac{(1+b\Gamma_3)}{2n^2\sqrt{b}}\lambda(1-\alpha)\alpha L^{1-\alpha}k^\alpha,$$

$$\frac{\partial f_2}{\partial k} = \frac{(1-\alpha)}{k}\xi, \quad \frac{\partial f_2}{\partial n} = \frac{\partial \Upsilon}{\partial n} = \frac{1}{2} \cdot \left(\frac{\beta\Upsilon}{n_A}\right)\left[1+\left(\frac{1-\beta}{\beta}\right) \cdot \frac{n_A}{n_B}\right],$$

其中 ξ 为厂商均衡时的利润，其表达式为 $\xi = \alpha^2 L^{1-\alpha}k^{\alpha-1}$。

可得雅克比行列式：

$$\det(J_F) = \begin{vmatrix} \frac{\partial f_1}{\partial k} & \frac{\partial f_1}{\partial n} \\ \frac{\partial f_2}{\partial k} & \frac{\partial f_2}{\partial n} \end{vmatrix} = -\frac{\lambda p(n,\Gamma_3)}{n}(1-\alpha)\xi \cdot \frac{\partial \Upsilon}{\partial n} - \left(\frac{1-\alpha}{k}\right) \cdot \xi \cdot \left[(1-S_n)\left(\frac{\partial \Upsilon}{\partial n}+\frac{\sqrt{b}}{2} \cdot \lambda\right) + \frac{\lambda(1+b\Gamma_3)}{2n^2\sqrt{b}} \cdot\right.$$

(ii) $(1-\alpha)\alpha L^{1-\alpha}k^{\alpha}]$,

可知,$\det(J_F)<0$。

一、命题一的证明

对 γ 求 $(\Gamma_{b1}+\Gamma_{b2})$ 的偏导可得：

$$\frac{\partial \gamma}{\partial(\Gamma_{b1}+\Gamma_{b2})}=\left(\frac{\beta\gamma}{n_A}\right)\frac{\partial n_A}{\partial(\Gamma_{b1}+\Gamma_{b2})}+\left(\frac{1-\beta}{\beta}\cdot\gamma\right)\frac{\partial n_B}{\partial(\Gamma_{b1}+\Gamma_{b2})}=\left(\frac{(1-\beta)\gamma}{n_B}\right)\left[1+\frac{1}{2}\left(1+\left(\frac{\beta}{1-\beta}\right)\cdot\frac{n_B}{n_A}\right)\right]$$

(iii) $\dfrac{\partial n}{\partial(\Gamma_{b1}+\Gamma_{b2})}$。

根据克莱姆法则可得：

$$\frac{dn}{d(\Gamma_{b1}+\Gamma_{b2})}=-\frac{\left(\frac{1-S_n}{k}\right)\cdot\frac{\lambda b^{\frac{1}{2}}}{2}\cdot\left(\frac{b(\Gamma_{a1}+\Gamma_{a2})^{\frac{1}{2}}}{1+b(\Gamma_{b1}+\Gamma_{b2})}\right)+\left(\frac{1-S_n}{n}+\frac{\lambda p(n,\Gamma_3)}{n}\right)\left(\frac{1-\beta}{n_B}\cdot\gamma\right)}{\left(\frac{\lambda p(n,\Gamma_3)}{n}+\frac{1-S_n}{k}\right)\cdot\frac{\lambda b^{\frac{1}{2}}}{2}+\frac{\lambda(1+bc_3\Gamma)}{2n^2\sqrt{b}}\cdot(1-\alpha)\alpha L^{1-\alpha}k^{\alpha-1}}<0,$$

代入(iii)式：

$$\frac{d\gamma}{d(\Gamma_{b1}+\Gamma_{b2})}=$$

$$\frac{\left(\frac{1-\beta}{n_B}\cdot\gamma\right)\left[\left(\frac{1-S_n}{k}\right)\cdot\frac{\lambda b^{\frac{1}{2}}}{2}\left(1-\frac{1}{2}\left(1+\left(\frac{\beta}{1-\beta}\right)\cdot\frac{n_B}{n_A}\right)\cdot\frac{\partial\gamma}{\partial n}+\left(\frac{1-S_n}{k}\right)\cdot\left(\frac{b(\Gamma_{a1}+\Gamma_{a2})^{\frac{1}{2}}}{1+b(\Gamma_{b1}+\Gamma_{b2})}\right)\cdot\frac{\lambda b^{\frac{1}{2}}}{2}+\frac{\lambda(1+bc_3\Gamma)}{2n^2\sqrt{b}}\cdot(1-\alpha)\alpha L^{1-\alpha}k^{\alpha-1}\right]}{\left(\frac{\lambda p(n,\Gamma_3)}{n}+\frac{1-S_n}{k}\right)\cdot\frac{\lambda b^{\frac{1}{2}}}{2}\cdot\frac{\partial\gamma}{\partial n}+\left(\frac{1-S_n}{k}\right)\cdot\frac{\lambda b^{\frac{1}{2}}}{2}+\frac{\lambda(1+bc_3\Gamma)}{2n^2\sqrt{b}}\cdot(1-\alpha)\alpha L^{1-\alpha}k^{\alpha-1}},$$

于是可知：(1) $\Gamma_{a1}=0$，$\Gamma_{a2}=0$ 时，$\Gamma_{a1}+\Gamma_{a2}=0$，$\dfrac{\partial \gamma}{\partial(\Gamma_{b1}+\Gamma_{b2})}>0$；

(2) 当 $\Gamma_{a1}+\Gamma_{a2}>0$ 时，当且仅当

$$\left(\frac{1-S_n}{k}\right)\cdot\frac{\lambda b^{\frac{1}{2}}}{2}\left(1-\frac{1}{2}\left(1+\left(\frac{\beta}{1-\beta}\right)\cdot\frac{n_B}{n_A}\cdot\left(\frac{b(\Gamma_{a1}+\Gamma_{a2})}{1+b(\Gamma_{b1}+\Gamma_{b2})}\right)^{\frac{1}{2}}\right)\right)+\frac{\lambda(1+bc_3\Gamma)}{2n^2\sqrt{b}}\cdot(1-\alpha)\alpha L^{1-\alpha}k^{\alpha-1}>0 \text{ 时,}$$

$$\frac{\partial \gamma}{\partial(\Gamma_{b1}+\Gamma_{b2})}>0.$$

上式可以进一步推出：

$$\frac{1}{2}\left(1+\left(\frac{\beta}{1-\beta}\right)\cdot\frac{n_B}{n_A}\right)\cdot\left(\frac{b(\Gamma_{a1}+\Gamma_{a2})}{1+b(\Gamma_{b1}+\Gamma_{b2})}\right)^{\frac{1}{2}}<1.$$

又因为：

$$\frac{\partial\left(\dfrac{n_B}{n_A}\right)}{\partial n}=\frac{2b[b(\Gamma_{a1}+\Gamma_{a2}-\Gamma_{b1}-\Gamma_{b2})+1]}{[(n+\Gamma_3+2(\Gamma_{a1}+\Gamma_{a2}))+1]^2},$$

还由已知：$\Gamma_1+\Gamma_2=\Gamma_{a1}+\Gamma_{b1}+\Gamma_{b2}>\dfrac{1}{b}.$

可以得到：

$$b(\Gamma_{a1}+\Gamma_{a2}-\Gamma_{b1}-\Gamma_{b2})+1>b\left(\Gamma_{a1}+\Gamma_{a2}-\frac{1}{b}+\Gamma_{a1}+\Gamma_{a2}\right)=2b(\Gamma_{a1}+\Gamma_{a2})>0,$$

因此 $\dfrac{n_B}{n_A}$ 是 n 的单调增函数，所以 $\lim\limits_{n\to\infty}\dfrac{n_B}{n_A}=1$，

即在 $\Gamma_{a1}+\Gamma_{a2}>0$ 时，当 $\dfrac{1}{2(1-\beta)}\left(\dfrac{b(\Gamma_{a1}+\Gamma_{a2})}{1+b(\Gamma_{b1}+\Gamma_{b2})}\right)^{\frac{1}{2}}<1$ 时，$\dfrac{\partial \gamma}{\partial(\Gamma_{b1}+\Gamma_{b2})}>0.$

对 γ 求 $(\Gamma_{a1}+\Gamma_{a2})$ 的偏导可得：

(iv)

（v）

$$\frac{\partial \gamma}{\partial (\Gamma_{a1}+\Gamma_{a2})}=\left(\frac{\beta Y}{n_A}\right)\left[1+\frac{1}{2}\left(1+\left(\frac{1-\beta}{\beta}\right)\frac{n_A}{n_B}\right)\frac{\partial n}{\partial (\Gamma_{a1}+\Gamma_{a2})}\right]。$$

$$\frac{\partial \gamma}{\partial (\Gamma_{a1}+\Gamma_{a2})}=$$

$$\frac{\beta Y}{n_A}\left[\left(\frac{1-S_n}{k}\right)\cdot\frac{\lambda b^{\frac{1}{2}}}{2}\left(1-\frac{1}{2}\left(1+\left(\frac{1-\beta}{\beta}\right)\cdot\frac{1-S_n}{k}\right)\cdot\frac{n_B}{n_A}\cdot\left(\frac{1+b(\Gamma_{b1}+\Gamma_{b2})}{b(\Gamma_{a1}+\Gamma_{a2})}\right)^{\frac{1}{2}}\right)\right)+\frac{\lambda(1+bc_3\Gamma)}{2n^2\sqrt{b}}\cdot(1-\alpha)\alpha L^{1-\alpha}k^{\alpha-1}\right],$$

由上式可知，当且仅当

$$\left(\frac{1-S_n}{k}\right)\cdot\frac{\lambda b^{\frac{1}{2}}}{2}\left(1-\frac{1}{2}\left(1+\left(\frac{1-\beta}{\beta}\right)\cdot\frac{1-S_n}{k}\right)\cdot\frac{n_B}{n_A}\cdot\left(\frac{1+b(\Gamma_{b1}+\Gamma_{b2})}{b(\Gamma_{a1}+\Gamma_{a2})}\right)^{\frac{1}{2}}\right)\right)+\frac{\lambda(1+bc_3\Gamma)}{2n^2\sqrt{b}}\cdot(1-\alpha)\alpha L^{1-\alpha}k^{\alpha-1}>0,$$

$$\frac{\partial \gamma}{\partial (\Gamma_{a1}+\Gamma_{a2})}>0。$$

即当 $1-\frac{1}{2}\left(1+\left(\frac{1-\beta}{\beta}\right)\cdot\frac{n_B}{n_A}\cdot\left(\frac{1+b(\Gamma_{b1}+\Gamma_{b2})}{b(\Gamma_{a1}+\Gamma_{a2})}\right)^{\frac{1}{2}}\right)>0$ 时，$\frac{\partial \gamma}{\partial (\Gamma_{b1}+\Gamma_{b2})}>0$;

同理可以得到：当 $\left(\frac{1-\beta}{\beta}\right)\left(\frac{1+b(\Gamma_{b1}+\Gamma_{b2})}{b(\Gamma_{a1}+\Gamma_{a2})}\right)^{\frac{1}{2}}<1$ 时，$\frac{\partial \gamma}{\partial (\Gamma_{b1}+\Gamma_{b2})}>0$。

（vi）对 γ 求 (c_1+c_2) 的偏导可得：

$$\frac{\partial \gamma}{\partial (c_1+c_2)}=\left(\frac{\beta Y}{n_A}\right)\frac{\partial n_A}{\partial (c_1+c_2)}+\left(\frac{1-\beta}{\beta}\cdot\gamma\right)\frac{\partial n_B}{\partial (c_1+c_2)}=\frac{\partial \gamma}{\partial n}\left(\frac{\partial n}{\partial (c_1+c_2)}+\Gamma\right)。$$

根据克莱姆法则可得：

$$\frac{\partial n}{\partial (c_1+c_2)} = -\frac{\left(\frac{1-S_n}{k}\right) \cdot \frac{\lambda b^{\frac{1}{2}}}{2} \cdot \Gamma + \Gamma \left(\frac{1-S_n}{k} + \frac{\lambda p(n,\Gamma_3)}{n}\right) \frac{\partial \gamma}{\partial n}}{\left(\frac{\lambda p(n,\Gamma_3)}{n} + \frac{1-S_n}{k}\right) \cdot \frac{\partial \gamma}{\partial n} + \left(\frac{1-S_n}{k} + \frac{\lambda (1+bc_3\Gamma)}{2n^2\sqrt{b}}\right) \cdot (1-\alpha)\alpha L^{1-\alpha} k^{\alpha-1}} < 0_\circ$$

因此，

$$\frac{\partial n}{\partial (c_1+c_2)} + \Gamma = \frac{\Gamma \frac{\lambda(1+bc_3\Gamma)}{2n^2\sqrt{b}} \cdot (1-\alpha)\alpha L^{1-\alpha} k^{\alpha-1}}{\left(\frac{\lambda p(n,\Gamma_3)}{n} + \frac{1-S_n}{k}\right) \cdot \frac{\partial \gamma}{\partial n} + \left(\frac{1-S_n}{k} + \frac{\lambda(1+bc_3\Gamma)}{2n^2\sqrt{b}}\right) \cdot (1-\alpha)\alpha L^{1-\alpha} k^{\alpha-1}} > 0,$$

所以，$\dfrac{\partial \gamma}{\partial (c_1+c_2)} > 0_\circ$

二、命题二的证明

对 γ 求 Γ_{b3}、Γ_{a3} 的偏导可得：

$$\frac{\partial \gamma}{\partial \Gamma_{b3}} = \frac{\partial \gamma}{\partial \Gamma_{a3}} = \left(\frac{\beta \gamma}{n_A}\right) \frac{\partial n_A}{\partial \Gamma_{b3}} + \left(\frac{1-\beta}{\beta} \cdot \gamma\right) \frac{\partial n_B}{\partial \Gamma_{b3}} = \frac{\partial \gamma}{\partial n} \left(\frac{\partial n}{\partial \Gamma_{b3}} + 1\right)_\circ$$

根据克莱姆法则可得：

$$\frac{\partial n}{\partial \Gamma_{a3}} = \frac{\partial n}{\partial \Gamma_{b3}} = \frac{(1-\alpha)\xi}{det(J_F)} \cdot \left[\left(\frac{1-S_n}{k}\right) \cdot \frac{\lambda b^{\frac{1}{2}}}{2} + \left(\frac{1-S_n}{k} + \frac{\lambda p(n,\Gamma_3)}{n}\right) \frac{\partial \gamma}{\partial n} - \frac{\lambda b^{\frac{1}{2}}}{2n}(1-\alpha)\alpha L^{1-\alpha} k^{\alpha}\right]_\circ$$

所以，

(vii)

$$\frac{\partial n}{\partial \Gamma_{b3}}+1=\frac{\lambda\frac{(1+b+bc_3\Gamma)}{2n^2\sqrt{b}}\cdot(1-\alpha)aL^{1-\alpha}k^{\alpha}}{\left(\frac{\lambda p(n,\Gamma_3)}{n}+\frac{1-S_n}{k}\right)\cdot\frac{\partial \gamma}{\partial n}+\frac{\lambda b^{\frac{1}{2}}}{2}+\frac{\lambda(1+bc_3\Gamma)}{2n^2\sqrt{b}}\cdot(1-\alpha)aL^{1-\alpha}k^{\alpha-1}}>0, \quad\text{(viii)}$$

因此，$\dfrac{\partial \gamma}{\partial \Gamma_{a3}}=\dfrac{\partial \gamma}{\partial \Gamma_{b3}}>0$。

对 γ 求 c_3 的偏导可得：

$$\frac{\partial \gamma}{\partial c_3}=\left(\frac{\beta\gamma}{n_A}\right)\frac{\partial n_A}{\partial c_3}+\left(\frac{1-\beta}{\beta}\cdot\gamma\right)\frac{\partial n_B}{\partial c_3}=\frac{\partial \gamma}{\partial n}\left(\frac{\partial n}{\partial c_3}+\Gamma\right).$$

根据克莱姆法则可得：

$$\frac{\partial n}{\partial c_3}=\frac{\left(\frac{1-S_n}{k}\right)\cdot\frac{\lambda b^{\frac{1}{2}}}{2}\Gamma+\Gamma\left(\frac{1-S_n}{k}+\frac{\lambda p(n,\Gamma_3)}{n}\right)\cdot\frac{\partial \gamma}{\partial n}-\frac{\lambda b^{\frac{1}{2}}}{2n}\cdot\frac{\partial \gamma}{\partial n}+\frac{\lambda(1+bc_3\Gamma)}{2n}\cdot\Gamma(1-\alpha)aL^{1-\alpha}k^{\alpha-1}}{\left(\frac{\lambda p(n,\Gamma_3)}{n}+\frac{1-S_n}{k}\right)\cdot\frac{\partial \gamma}{\partial n}+\frac{\lambda b^{\frac{1}{2}}}{2}+\frac{\lambda(1+bc_3\Gamma)}{2n^2\sqrt{b}}\cdot(1-\alpha)aL^{1-\alpha}k^{\alpha-1}},$$

故，$\dfrac{\partial n}{\partial c_3}+\Gamma=\dfrac{\Gamma\dfrac{\lambda(1+bc_3\Gamma)}{2n^2\sqrt{b}}\cdot(1-\alpha)aL^{1-\alpha}k^{\alpha-1}}{\left(\frac{\lambda p(n,\Gamma_3)}{n}+\frac{1-S_n}{k}\right)\cdot\frac{\partial \gamma}{\partial n}+\frac{\lambda b^{\frac{1}{2}}}{2}+\frac{\lambda(1+bc_3\Gamma)}{2n^2\sqrt{b}}\cdot(1-\alpha)aL^{1-\alpha}k^{\alpha-1}}>0,$

所以，$\dfrac{\partial \gamma}{\partial c_3}>0$。

三、命题三的证明

对 γ 求 S_n 的偏导可得：

$$\frac{\partial \gamma}{\partial S_n} = \frac{\beta \gamma}{n_A} \cdot \frac{\partial n_A}{\partial S_n} + \frac{(1-\beta)\gamma}{n_B} \cdot \frac{\partial n_B}{\partial S_n} = \frac{\partial \gamma}{\partial n} \left[\frac{\partial n}{\partial S_n} \left(1 + \frac{c_1 + c_2 + c_3}{c_4} \cdot S_n \right) + \frac{c_1 + c_2 + c_3}{c_4} \cdot n \right], \quad (\text{ix})$$

根据克莱姆法则可得：

$$\frac{\partial n}{\partial S_n} = -\frac{1}{det(J_F)} \begin{bmatrix} -\frac{\partial f_1}{\partial k} & \frac{\partial f_1}{\partial S_n} \\ -\frac{\partial f_2}{\partial k} & \frac{\partial f_2}{\partial S_n} \end{bmatrix} = -\frac{1}{det(J_F)} \cdot \left(\frac{1-\alpha}{k} \cdot \xi \right) [\gamma + \rho + \lambda p(n, \Gamma_3) + \lambda p(\Gamma_1, \Gamma_2)] > 0.$$

因为 $\frac{\partial n}{\partial S_n} > 0$，所以 $\frac{\partial \gamma}{\partial S_n} > 0$。

对 γ 求 c_4 的偏导可得：$\frac{\partial \gamma}{\partial c_4} = \left(\frac{\beta \gamma}{n_A} \right) \frac{\partial n_A}{\partial c_4} + \left(\frac{1-\beta}{\beta} \cdot \gamma \right) \frac{\partial n_B}{\partial c_4}$。

因为，$n_A = \frac{n}{2} \left((1-S_n) + \frac{S_n}{c_4} \right) + \frac{1}{b}$，所以 $\frac{\partial n_A}{\partial c_4} = \frac{1}{2} \cdot \frac{\Gamma}{c_4} \left((1-S_n) + \frac{S_n}{c_4} \right) + \frac{n}{2} \left(-\frac{S_n}{c_4^2} \right)$，

又因为 $S_n n = c_4 \Gamma$，所以 $\frac{\partial n}{\partial c_4} = \frac{\Gamma}{S_n}$。

所以：$\frac{\partial n_A}{\partial c_4} = \frac{1}{2} \cdot \frac{\Gamma}{c_4} \left((1-S_n) + \frac{S_n}{c_4} \right) + \frac{n}{2} \left(-\frac{S_n}{c_4^2} \right)$，

同理：$\frac{\partial n_B}{\partial c_4} = \frac{1}{2} \cdot \frac{\Gamma}{c_4} \left((1-S_n) + \frac{S_n}{c_4} \right) + \frac{n}{2} \left(-\frac{S_n}{c_4^2} \right)$。

将 $\frac{\partial \gamma}{\partial n}, \frac{\partial n_A}{\partial c_4}, \frac{\partial n_B}{\partial c_4}$ 代入（x）式可以得到：

$$\frac{\partial \gamma}{\partial c_4} = \frac{\partial \gamma}{\partial n} \cdot \left[\frac{\Gamma}{c_4} \left(\frac{S_n}{S_n} + (1-S_n) \right) - \frac{S_n n}{c_4^2} \right] = \frac{\partial \gamma}{\partial n} \left(\frac{1-S_n}{S_n} \Gamma \right) > 0. \quad (\text{x})$$

附录：第三章命题的证明

四、命题四的证明

对 γ 求 Γ 的偏导可得：

$$\frac{\partial \gamma}{\partial \Gamma} = \left(\frac{\beta Y}{n_A}\right)\frac{\partial n_A}{\partial \Gamma} + \left(\frac{1-\beta}{\beta} \cdot \gamma\right)\frac{\partial n_B}{\partial \Gamma} = \frac{\partial \gamma}{\partial n}\left(\frac{\partial n}{\partial \Gamma} + c_1 + c_2 + c_3\right), \quad (Xi)$$

根据克莱姆法则可得：

$$\frac{\partial n}{\partial \Gamma} =$$

$$-\frac{\left(\frac{1-S_n}{k}\right) \cdot \frac{\lambda b^{\frac{1}{2}}}{2}(c_1+c_2+c_3) + (c_1+c_2+c_3)\left(\frac{1-S_n}{k}\right)\left(\frac{1-S_n}{k}\right) \cdot \frac{\lambda(1+bc_3\Gamma)}{2n^2\sqrt{b}} \cdot (1-\alpha)\alpha L^{1-\alpha}k^{\alpha-1}}{(c_1+c_2+c_3)\left(\frac{\lambda p(n,\Gamma_3)}{n}+\frac{1-S_n}{k}\right) \cdot \frac{\partial \gamma}{\partial n} + (c_1+c_2+c_3) \cdot \frac{\lambda(1+bc_3\Gamma)}{2n^2\sqrt{b}} \cdot (1-\alpha)\alpha L^{1-\alpha}k^{\alpha-1}}$$

> 0,

所以：$\frac{\partial n}{\partial \Gamma} + (c_1+c_2+c_3) =$

$$\frac{(c_1+c_2+c_3)\left(\frac{\lambda p(n,\Gamma_3)}{n}+\frac{1-S_n}{k}\right) \cdot \frac{\partial \gamma}{\partial n} + (c_1+c_2+c_3)\left(\frac{1-S_n}{k}\right) \cdot \frac{\lambda b^{\frac{1}{2}}}{2} - \frac{\lambda b^{\frac{1}{2}}}{2n} \cdot c_3(1-\alpha)\alpha L^{1-\alpha}k^{\alpha-1}}{(c_1+c_2+c_3)\left(\frac{\lambda p(n,\Gamma_3)}{n}+\frac{1-S_n}{k}\right) \cdot \frac{\partial \gamma}{\partial n} + (c_1+c_2+c_3) \cdot \frac{\lambda(1+bc_3\Gamma)}{2n^2\sqrt{b}} \cdot (1-\alpha)\alpha L^{1-\alpha}k^{\alpha-1}} > 0,$$

所以，$\frac{\partial \gamma}{\partial \Gamma} > 0$。

又因为，$\Gamma = \theta G$，同理可证 $\frac{\partial \gamma}{\partial \theta} > 0$。

参 考 文 献

1. 傅家骥.技术创新学[M].北京:清华大学出版社,1998.
2. 柳卸林.技术创新经济学[M].北京:中国经济出版社,1993.
3. 金履忠,张培刚.谈技术创新[R].科技部中国技术促进发展研究中心《调查报告》,1998(19).
4. 赵玉林.创新经济学[M].北京:中国经济出版社,2006.
5. 董景荣.技术创新扩散的理论、方法与实践[M].北京:科学出版社,2009.
6. 孟夏.经济增长的内生技术分析[M].天津人民出版社,2001.
7. 顾新一.技术创新与劳动生产率[J].科学学研究,1997(4).
8. 王永生.技术进步及其组织[M].中国发展出版社,2001.
9. 王稳.科技进步对经济效率增长的作用机制分析[J].中国软科学,2003(2).
10. 朱勇,吴易风.技术进步与经济的内生增长-新增长理论发展述评[J].中国社会科学,1999(1).
11. 赵静敏.科技创新与对外贸易增长方式的转变研究——基于江苏数据的计量分析[J].中国管理信息化,2010(7).
12. 范柏乃.城市技术创新透视——区域技术创新研究的一个新视角[M].北京:机械工业出版社,2003.
13. 纪玉山,吴勇民,白英姿.中国经济增长中的科技创新乘数效应:微观机理与宏观测算[J].经济学家,2008(1).
14. 万勇.区域技术创新与经济增长研究[D].厦门大学博士学位论文,2009.
15. 王立平,吕民乐.知识溢出的规模经济、范围经济与联结经济[J].科学·经济·社会,2005(4).
16. 许治.政府公共R&D与内生经济增长[D].西安:西北大学博士学位论文,2006.
17. 张金胜.中国政府财政科技投入适度规模[D].西安:西北大学博士学位论文,2011.
18. 董为民.公共财政与企业科技创新[J].财政研究,2011(11).
19. 高铁梅.计量经济分析方法与建模——Eviews应用及实例[M].北京:清华大学出版社,2009.
20. 董为民.公共财政与企业科技创新[J].财政研究,2011(11).
21. 殷华方,潘镇,鲁明泓.中央——地方政府关系和政策执行力:以外资产业政策为例

[J].管理世界,2007(7).

22. 潘镇,金中坤,徐伟.财政分权背景下地方政府科技支出行为研究[J].上海经济研究,2013(1).

23. 彭纪生,孙文祥,仲为国.中国技术创新政策演变与绩效实证研究(1977—2006)[J].科研管理,2008(4).

24. 李涛,周业安.中国地方政府间支出竞争研究——基于中国省级面板数据的经验研究[J].管理世界,2009(2).

25. 周黎安.中国地方官员的晋升锦标赛模式研究[J].经济研究,2007(7).

26. 潘镇,殷华方,姚晓霞,鲁明泓.探索中的手——中国外商直接投资政策及有效性研究[M].北京:经济管理出版社,2006.

27. 王文剑,覃成林.地方政府行为与财政分权增长效应的地区差异[J].管理世界,2008(1).

28. 陈国政.上海科技创新环境面临的问题与对策建议[J].上海经济研究,2013(2).

29. 潘建成.经济快速增长下的自主创新-2006·中国企业创新专项调查报告[J].经济界,2007(5).

30. 刘敏.科技创新的税收政策研究[M].大连:东北财经大学硕士论文.

31. 李丽青.企业R&D投入与国家税收政策研究[D].西安:西北大学博士论文,2006.

32. 唐晓燕.中国高新技术产业市场结构与技术创新[D].长春:吉林大学博士论文,2011.

33. 赵立雨.我国R&D投入绩效评价与目标强度研究[D].西安:西北大学博士论文,2010.

34. 陈璋,黄彪."引进式技术进步方式"下的中国经济增长与不平衡结构特征[J].经济理论与经济管理,2013(3).

35. 白春礼.世界主要国立科研机构概况[M].北京:科学出版社,2013.

36. 彭学龙,赵小东.政府资助研发成果商业化——美国《拜杜法案》对我国的启示[J].电子知识产权,2005(7).

37. 徐峰.美国科技管理体制的形成与发展研究[J].科技管理研究,2005(6).

38. 张华胜,彭春燕,成微.美国政府科技政策及其对经济影响[J].中国科技论坛,2009(3).

39. 梁伟.美国科技创新体系中的政府作用[J].全球科技经济瞭望,2008,23(3).

40. 胡智慧.21世纪日本科技政策[J].铁路创新技术,2003(3).

41. 节艳丽,杨舰.新时期日本科技政策的转型[J].科学学研究,2003,21(6).

42. 杨和义.日本知识产权立国战略五年特征研究[J].中共中央党校学报,2008(6).

43. 尉蔚.韩国的科技实力究竟如何?[J].经济学家茶座,2004(2).

44. 韩国-国际科技合作政策与战略研究课题组.国际科技合作政策与战略[M].北京:

科学出版社,2003.

45. 鲁志国. R&D 投资作用于技术创新的传导机制分析[J]. 深圳大学学报(人文社会科学版),2005(9).

46. 牟春光,刘云. 韩国科技政策的演变特点及其启示[J]. 国防技术基础,2008(7).

47. 邓练兵,张传杰,罗芳. 中韩两国 R&D 投入状况比较与启示[J]. 当代经济,2009(8).

48. 张宏洲,冯学钢. 基于内生增长视角的提升我国科技创新能力对策研究[J]. 现代管理科学,2013(4).

49. 张宏洲. 财政科技创新投入作用机制研究[J]. 江苏科技信息,2013(6).

50. 张宏洲,冯学钢. 政府资助研发促进国际贸易与经济增长影响研究[J]. 上海管理科学,2013(3).

51. 洪银兴. 关于创新驱动和协同创新的若干重要概念[J]. 经济理论与经济管理,2013(5).

52. [美]约瑟夫·熊彼特. 经济发展理论[M]. 北京:商务印书馆,1990.

53. [英]亚当·斯密. 国民财富的性质和原因的研究[M]. 北京:商务印书馆,1979.

54. [德]卡尔·马克思. 资本论(第二卷)[M]. 北京:人民出版社,1974.

55. [英]大卫·李嘉图. 政治经济学与赋税原理[M]. 北京:商务印书馆,1976.

56. [美]斯蒂格利茨. 社会主义向何处去:经济体制转型的理论和证据. 周立群等译[M]. 长春:吉林人民出版社,1998.

57. [美]埃蒙德·费尔普斯. 大繁荣——大众创新如何带来国家繁荣. 余江译[M]. 北京:中信出版社,2013.

58. [美]国家科学技术委员会. 技术与国家利益[M]. 北京:科学技术文献出版社,1999.

59. [美]亨利·埃茨科威茨. 三螺旋[M]. 北京:东方出版社,2005.

60. [日]日本通产省政策史编撰委员会. 日本通商产业政策史(第14卷)[M]. 北京:中国青年出版社,1996.

61. Aghion, P. David, A. Foray, D., Science, Technilogy and Innovation for Economic Growth: Linking Policy Research and Practice in "STIG Systems"[J]. Research Policy. 2009(38).

62. Rogeers, S. E. Diffision of Innovation 4th edn [M]. New York: The Free Press. 1995.

63. Freeman, C., Soete, L. The Economics of Industrial Innovation, 3rd edn [M]. London: Printer, 1997.

64. Solow, R. Innovation in the Capitalist Process: a Critique of the Schumpeterian Theory[J]. The Quarterly Journal of Economics, 1951, 65(3).

65. Pavitt, K. Patterns of Technical Change: Towards a Taxonomy and a Theory[J].

Research Policy,1984(13).

66. Evangelista,R. Knowledge and Investmant[M]. Cheltenhan:Edward Elgar,1999.

67. SPRU. Innovation Outputs in European Industry(CIS)[R]. Report to the European Innovation Monitoring System,1996.

68. European Commission. Statistics on Innovation in Europe(eue ks－32－00－894－EN-1)[M]. Luxemboueg,2001.

69. Romer, P. M. Increasing Returns and Long-Run Growth[J]. Journal of Political Economy,1986,Vol. 94(5).

70. Uzawa, H. Optimum Technical Change in an Aggregative Model of Economic Growth[J]. Internal Economic Research. 1965.

71. Lucas, R. E. B. On the Mechanics of Economic Development [J]. Journal of Monetary,Economica,1998(22).

72. Fagerberg, J. Technology, Growth and Competitiveness: Selected Esseys [C]. Cheltenham:Edward Elgar,2002.

73. Morales. Research Policy and Endogenous Growth[J]. Spanish Economic Review, 2004(3).

74. Aghion,P. and Howitt,P. A Model of Growth Through Creative Destruction[J]. Econometrica,1992,Vol. 60,No. 2.

75. Howitt, P. , P. Aghion. Capital Accumulation and Innovation as Complementary Factors in Long-Run Growth[J]. Journal of Economic Growth,1998(3).

76. Aghion, P. , P. Howitt. Capital, Innovation, and Growth Accounting [J]. Oxford Review of Economic Policy,Vol:23,2007(11).

77. Jorgenson D. W. Capital Theory and Investment Behavior[J]. American Economic Assoiction,1963(5).

78. Keen, M. , M. Marchand. Fiscal Competition and the Pattern of Public Spending [J]. Journal of Public Economics,1997,66(1).

79. Grossman, G. and Helpman, E. Quality Ladders in the Theory of Growth[J]. Review of Economic Studies,1991(8).

80. Tsui,Kai-yuen,Youqiang,Wang. Between Separate Stoves and a Single Menu:Fiscal Decentralization in China[J]. China Quarterly,2004,177(3).

81. Mansfield, E. Industrial Research and Innovation [J]. Quarterly Journal of Econometric Analysis,1968.

82. Utterback J M. Innovation in industry and the diffusion of technology[J]. Science, 1974(183).

83. Enos,J. L. Petroleum Progress and Profits [M]. MIT Press,1962.

84. Freeman,C. The economics of industrial innovation Sec ed [M]. London,1982.

85. R. Mueser. Identifying Technical Innovations. IEEE Transactions on Engineering Management. 1985,32(4).

86. OECD,Governance of Public Research:Toward Better Practics[R/OL]. Http://books. google,2013 - 10 - 09.

后　　记

　　这一研究之所以开展，有一个重要的巧合，博士论文需要确定选题之时正是笔者新调任地区科技创新管理岗位工作之时。履新不久，经常会听到关于科技创新以及公共科技创新投入的各种不同的声音，既有正面的，也有负面的，这使我下定决心要把关于科技创新和公共科技创新投入对于一国或者一个地区经济增长的作用机理和作用绩效研究清楚，至少要基于特定边界条件把事情解释清楚。这样既可以为自己开展管理工作增强底气，也有利于争取方方面面对于科技创新的支持。经过一年多的艰苦工作，得到的研究结果印证了科技部门同仁的直观判断。在多个场合介绍了有关成果后，也得到了诸多学界朋友和政界同仁的肯定，这使我感到由衷的欣慰。

　　这一研究得以顺利完成，首先要感谢我的博导冯学钢教授。这一研究从方向的确定、写作计划的制订到最后论文定稿以及动员我找基金资助出版，都得益于冯老师的悉心指导。冯老师也是我的硕士导师，至今已培养我多年，对我的工作和学习给予了无微不至的关怀。他严谨的治学态度、勤奋的钻研精神，如春风化雨，让我受益匪浅，师恩浩荡，将铭记于心。也要感谢金润圭教授等数十位老师的谆谆教诲。感谢博士生阶段一起学习的兄弟姐妹们！感谢雷朋博士等一干好友给予我的激励和帮助！

　　也要感谢许多与本书研究方向相关科学领域的专家学者，他们为我奠定了理论研究边际创新的坚实基础，假如没有他们长期以来的研究成果，我是不可能完成这样一个研究的。无论是本书中直接引用的，还是长期以来对我的学术思维潜移默化地产生影响的，在此都郑重感谢。

　　还需要声明，由于笔者能力局限，本书中的理论研究、数学推导和计量分析难免有错漏之处，欢迎读者指正，笔者将在今后的研究中加以修正。

　　最后，要真挚感谢我的所有家人，特别是我的太太和女儿，感谢他们在我学习期间给我的大力支持和无私关怀，使我得以拥有一个良好的学习环境，他们也将永远是我人生中向上的动力。拙作付梓之际，我没有感到轻松和喜悦，因为这一阶段的研究使我更加明白，在当今这样一个飞速发展的时代，在通往真理的路途中，将面临更多的未知、困难和挑战，需要更多探索的勇气和努力。无论如何，我都将继续求索不已。